Carl Schulze

Die biblischen Sprichwörter der deutschen Sprache

Herausgegeben und eingeleitet von
Wolfgang Mieder

PETER LANG

Bern · Frankfurt am Main · New York · Paris

CIP-Kurztitelaufnahme der Deutschen Bibliothek

Schulze, Carl:
Die biblischen Sprichwörter der deutschen Sprache /
Carl Schulze. Hrsg. u. eingeleitet von Wolfgang
Mieder. – Nachdr. d. Ausg., Göttingen, Vandenhoeck
u. Ruprecht, 1860. – Bern; Frankfurt am Main;
New York; Paris: Lang, 1987.
  (Sprichwörterforschung; Bd. 8)
  ISBN 3-261-03620-6

NE: GT

BS
680
.P7
S37
1987

Herausgeber und Verlag danken der Bibliothèque de l'école de traduction et d'interpré-
tation, Université de Genève, die freundlicherweise ihr Original (Göttingen, Vanden-
hoeck und Ruprecht's Verlag, 1860) für diesen Nachdruck zur Verfügung gestellt hat.
Die Reproduktion erfolgte in Originalgrösse.

ISSN 0724-0090

© Verlag Peter Lang AG, Bern 1987
Nachfolger des Verlages der
Herbert Lang & Cie AG, Bern

Druck: Weihert Druck GmbH, Darmstadt

Die biblischen Sprichwörter der deutschen Sprache

Sprichwörterforschung

Herausgegeben von Wolfgang Mieder

Band 8

PETER LANG

Bern · Frankfurt am Main · New York · Paris

I

Einleitung

Mit diesem achten Band der Reihe zur „Sprichwörterforschung" kommt ein Werk zum Nachdruck, das zweifelsohne zur Grundlage der Quellenstudie und der Überlieferungsgeschichte vieler deutscher Sprichwörter und Redensarten gehört, die auf die Bibel zurückgehen. Beachtet man aber die wirklich internationale Verbreitung der Bibel, so kann mit Recht festgestellt werden, daß biblische Sprichwörter auch in viele andere Sprachen der Welt Eingang gefunden haben. Oft handelt es sich dabei um direkte Lehnübersetzungen aus der Bibel, doch zuweilen sind solche „Sprüche" aus der Bibel auch variiert worden. Außerdem bildeten sich Dialektvarianten heraus, und selbst ein großer Übersetzer wie Martin Luther hat mit seinen meisterhaften deutschen Übersetzungen nicht immer sofort den Nagel auf den Kopf getroffen. So haben die biblischen Sprichwörter in den Dialekten und Nationalsprachen eine interessante und höchst komplizierte Geschichte aufzuweisen, die die komparatistisch orientierte Parömiologie vor schwierige Aufgaben stellt. Mit seinem grundlegenden Werk *Die biblischen Sprichwörter der deutschen Sprache* (Göttingen: Vandenhoeck & Ruprecht, 1860) hat Carl Schulze im 19. Jahrhundert eine gewichtige Basis für die Erforschung dieser so weit verbreiteten Texte geschaffen.

Noch viel wäre auf dem Gebiete der Bibelsprichwörter zu erkunden, und so möge der vorliegende Nachdruck Anreiz sein zu einer Erneuerung der vergleichenden Erforschung der biblischen Sprichwörter. Sie gehören zum aktiven Sprachgebrauch Tausender von Menschen vieler Kulturen, und sie spielen auch heute noch eine große

Rolle im religiösen sowie moralischen Wertsystem unserer Gesellschaften. Oft hat man bei der Verwendung eines Bibelsprichwortes längst vergessen, daß es sich hier um ein „Zitat" aus der Bibel handelt. So werden diese Sprichwörter auch nicht unbedingt mit besonderem Respekt behandelt. Im Gegenteil, gerade die viel beziehungsweise zuviel zitierte Bibelweisheit wird heutzutage oft parodistisch oder satirisch verfremdet, sie wird verspottet oder auch wortspielerisch in witzige Aussagen umgeformt. Doch all dies zeigt nur, daß die ungemein populären biblischen Sprichwörter weiterhin ihre wiederholte Verwendung in einer säkularisierten und technologischen Welt finden.

Um den Zugang zur wissenschaftlichen Erforschung des Bibelsprichwortes zu erleichtern, folgt am Ende dieser Einleitung eine detaillierte Bibliographie über Sammlungen biblischer Sprichwörter, allgemeine Studien zum Bibelsprichwort, Untersuchungen über einzelne Sprichwörter im Alten und Neuen Testament, über Martin Luther und das Sprichwort sowie über das Sprichwort in der Predigt. Eine bibliographische Zusammenstellung der parömiologischen Schriften Carl Schulzes ist ebenfalls vorhanden und außerdem auch eine kurze Darstellung Schulzes als Sprichwortforscher. Hinzu kommen einige Überlegungen zum Ursprung und zur Überlieferung der biblischen Sprichwörter, ihr Weiterleben außerhalb der Bibel und ihre innovative Verwendung in der modernen Kommunikation.

Gewidmet sei dieser Nachdruck meinem Kollegen und Freund Helmut Walther (Wiesbaden), der mir wie bei anderen Projekten auch dieses Mal wieder mit viel Rat und Tat beigestanden hat. Trotz großer Entfernung arbeiten wir nun schon seit gut fünfzehn Jahren zusammen, und für all seine unermüdliche Hilfe möchte ich ihm hier meinen herzlichsten Dank aussprechen.

I.

Carl Schulze als Sprichwortforscher

Trotz großer Bemühungen ist es nicht gelungen, etwas über das Leben Carl Schulzes zu erforschen. Nicht einmal seine Lebensdaten waren zu ermitteln. Am Ende seiner ersten Veröffentlichung vom Jahre 1851 gibt er Aschersleben (südlich von Magdeburg) als Wohnsitz an, doch wie aus einem seiner kürzeren Beiträge hervorgeht, muß er mindestens seit 1863 in Berlin ansässig gewesen sein. Dort hat er wohl auch der Berliner Gesellschaft für das Studium der neueren Sprachen angehört, und so ist anzunehmen, daß er als Lehrer im Schuldienst tätig war. Seine Schriften sind von 1851 bis 1878 erschienen, so daß er offensichtlich ein Mann des 19. Jahrhunderts ist. Betrachtet man seine beachtliche Anzahl von Studien zum Sprichwort, so muß in der Tat überraschen, daß über diesen Wissenschaftler in den gängigen Biographien und in Verlagsarchiven nichts zu finden ist. Dafür erscheinen seine Schriften wiederholt in der Sekundärliteratur zahlreicher parömiologischer Untersuchungen, und sein Buch über *Die biblischen Sprichwörter der deutschen Sprache* (1860) ist selbstverständlich zu einem Standardwerk geworden.

Bereits Schulzes erster Aufsatz über „Ausdrücke für Sprichwort" (1851; vgl. die beigefügte Bibliographie) ist von großem Wert für die Sprichwörterforschung gewesen. Darin hat er Dutzende von Einführungsformeln zu Sprichwörtern aus der mittelhochdeutschen Literatur zusammengestellt, die einmal direkt auf frühe Sprichwörter und somit deren „Sprichwörtlichkeit" verweisen und zum anderen das semantische Feld der Begriffe zum Sprichwort belegen, wie zum Beispiel *wort, wörtelîn, spruch, sage, lêre, sprichwort, rede, rât* usw. Auch verbale Ausdrücke wie *man sprichet, si sprechent, man liset, ich hoere sagen, ich hân vernomen, ez geschiht* usw. sind verzeichnet. Solche Formeln sind für die Identifikation von Sprichwörtern aus der älteren Literatur ungemein wertvoll,[1] und sie spielen als didaktische Stilmittel, die den besonderen Wert und die Aussagekraft des zitierten Sprichwortes unterstreichen, auch im modernen mündlichen und schriftlichen Sprichwörtergebrauch eine erhebliche Rolle. In der Einleitung zu dieser Schrift spricht Schulze auch von seinem „seit jahren betriebenen quellenstudium der sprichwörter" (S. 375), so daß anzunehmen ist, daß er 1851 nicht mehr ein junger Gelehrter war. Da er nach 1878 nichts mehr veröffentlicht hat, dürfte er wohl um 1880 gestorben sein.

Es überrascht, daß Carl Schulze als seine zweite Veröffentlichung bereits sein großes Werk *Die biblischen Sprichwörter der deutschen Sprache* (1860) herausgebracht hat. Vorstudien zu diesem Buch sind nicht erschienen, und so wird Schulze die fünfziger Jahre zur Vorbereitung seines Manuskripts verwendet haben. Schulze hat sich bewußt auf solche Sprichwörter aus der Bibel beschränkt, „welche entweder vor Agricola als biblische angezogen [angesehen] werden, oder bei denen wortgetreue übereinstimmung des biblischen originales mit solchen sprichwörtern stattfindet, welche sich in den bekanntesten seit Agricola erschienenen sammlungen vorfinden, oder die uns aufmerksame beobachtung der volkssprache als solche bezeichnete" (S. 2). Jedes aufgenommene Sprichwort wurde also von Schulze erst auf seine „Volksläufigkeit" hin überprüft, und dies erklärt auch die

---

1 Vgl. zum Beispiel „Einleitungs- und Schlußformel" in Mathilde Hain, *Sprichwort und Volkssprache.* Gießen: Wilhelm Schmitz, 1951, S. 68-70; und „Kennzeichen der Sprichwörter" in Wolfgang Mieder, *Das Sprichwort im Werke Jeremias Gotthelfs.* Bern: Peter Lang, 1972, S. 34-42.

zuerst etwas niedrig erscheinende Anzahl von „nur" 296
biblischen Sprichwörtern, wovon 179 auf das Alte und
117 auf das Neue Testament entfallen. Wenn Paul Grün-
berg also in seinem Buch *Biblische Redensarten* (Heil-
bronn 1888) die weit größere Anzahl von 800 redensart-
lichen Texten aus der Bibel belegt, so ist dies nur mög-
lich, weil er sich nicht auf wirkliche Sprichwörter be-
schränkte, sondern volksläufige biblische Worte, zusam-
mengesetzte Wendungen, Gleichnisreden, Persönlichkei-
ten, Zitate sowie auf der Bibel beruhende Witze, Parodien
und Travestien einschloß. Er selbst spricht sogar nur von
rund 120 Zitaten und eigentlichen Sprichwörtern, die
ihm im volkssprachlichen Verkehr aufgefallen sind.[2]

Der Aufbau von Schulzes Sprichwörtersammlung
folgt den Büchern der Bibel, wobei jedes Sprichwort
durch die genaue Belegstelle aus der Bibel identifiziert
wird. Zitiert wird zuerst der lateinische Text aus der Vul-
gata, und dann folgt jeweils Martin Luthers Übersetzung.
Darauf werden Belege aus der älteren deutschen Literatur
sowie aus Sprichwörtersammlungen zitiert, die eine große
Belesenheit Schulzes erkennen lassen. Hier und da wer-
den auch Belege bis hin zu Goethe und Schiller verzeich-
net, und Schulze hat auch zuweilen eigene textkritische
Bemerkungen hinzugefügt. So kann man unter jedem
Bibelzitat auch gleich die Variantenbildungen des bibli-
schen Sprichwortes ablesen, worin eines der größten Ver-
dienste dieser Sammlung liegt. Zwar hat ein namenloser
Rezensent darauf hingewiesen, daß „die lebenden Mund-
arten, welche nicht benutzt sind, (sicher) noch manche
Ausbeute gewähren,"[3] aber selbst dieser kritische Leser

2 Vgl. Paul Grünberg, *Biblische Redensarten. Eine Studie über
den Gebrauch und Mißbrauch der Bibel in der deutschen
Volks- und Umgangssprache.* Heilbronn: Henninger, 1888, bes.
S. 47-50 und S. 59-60.
3 Vgl. die anonyme Rezension in *Anzeiger für Kunde der deut-
schen Vorzeit*, Neue Folge, 8 (1861), Sp. 257

weiß in seiner kurzen Besprechung des Buches positiv zu
erwähnen, daß die vielen deutschsprachigen Varianten
„nicht selten von Erläuterungen und Parallelstellen aus
fremden Sprachen begleitet (sind)."[4] Heutzutage könnte
man natürlich in einer erweiterten Ausgabe dieser Samm-
lung nicht nur die mundartlichen Belege registrieren, son-
dern auch die schriftlichen Zeugnisse vom 17. bis zum
20. Jahrhundert, einschließlich der Parodien biblischer
Sprichwörter in Aphorismen, Sponti-Sprüchen, Graffiti
usw., hinzufügen.[5]
Kann man einmal die Sprichwörter in der Sammlung
anhand der Bibelstellen auffinden, so erleichtern ein
alphabetisch nach Stichwörtern angelegtes Sprichwörter-
register sowie ein Verzeichnis der Bibelstellen das Auf-
finden der Sprichwörter. So ist an dieser Sammlung wirk-
lich kaum etwas auszusetzen. Nur einige auch für die histo-
rische und vergleichende Forschung wichtige Hinweise wur-
den in zwei Rezensionen mitgeteilt, die hier nachgedruckt
werden sollen. Die erste erschien bereits 1860 im *Archiv
für das Studium der neueren Sprachen und Literaturen*,
wahrscheinlich von Ludwig Herrig, dem Herausgeber der
Zeitschrift, verfaßt:[6]

> Der Verfasser liefert hiermit einen dankenswerthen, mit gros-
> sem Fleisse zusammengestellten Beitrag für das Quellenstu-
> dium unserer deutschen Sprichwörter, die noch immer eines
> gründlichen Sammlers harren; denn die vorhandenen Sammlun-
> gen erweisen sich leider nicht als ausreichend, und gar manches
> Goldkörnchen von Sprichwort liegt noch heute ungesehen und
> unbeachtet in den Schätzen unserer älteren Literatur verbor-
> gen. Unter den Quellen, aus denen unsere Volksweisheit
> schöpfte, nimmt die Bibel unstreitig eine der ersten Stellen ein.

4 Ebenda.
5 Vgl. die vielen modernen Belege in Wolfgang Mieder, *Anti-
   sprichwörter*. 2 Bde. Wiesbaden: Verlag für deutsche Sprache,
   1982 und 1985.
6 Die Rezension von H. (Ludwig Herrig?) erschien im *Archiv für
   das Studium der neueren Sprachen und Literaturen,* 28 (1860),
   99.

Nachdem der Verfasser in der Einleitung ein kleines Verzeichniss der hier einschlagenden Schriften vorangeschickt hat, dem wir noch „Mylius biblische Gleichnissreden und Sprüchwörter 1621. 8°. (751 S.)" und „Sprichwörter und Redensarten deutsch-jüdischer Vorzeit, von Tendlau, Frankfurt am Main, Keller 1860. (XII u. 425 S.)" hinzufügen möchten, deutet er kurz die kritischen Gesichtspunkte an, die ihn bei Aufnahme von Sprichwörtern in die vorliegende Sammlung leiteten, giebt einen Zusatz zu der bereits in der Zeitschrift für deutsches Alterthum von Haupt, B. VIII. mitgetheilten Aufstellung von „Ausdrücken für Sprichwort" und zuletzt Einiges über Verbreitung der biblischen Sprichwörter, über ihr Verhältnis zu einander und über ihren Inhalt. Die Gesammtzahl der im vorliegenden Werke behandelten Sprichwörter beträgt 296, von denen 179 auf das alte, 117 auf das neue Testament kommen. Wir möchten indessen die Nummern 21, 47, 205, 256, 58, 59, 262, 274, 77, 292 gestrichen wissen, denn die beigebrachten Beweisstellen gewähren durchaus keine Sicherheit. Ebenso ist es fraglich, ob z.B. Nr. 172 und 179 Quellen für deutsche Sprichwörter sind. Um die Sprichwörtlichkeit der verzeichneten Bibelworte zu beweisen, stellt nämlich der Verfasser in chronologischer Reihenfolge aus allen Schriften unserer älteren deutschen Literatur die betreffenden Stellen unter dem Texte der Vulgata und der Luther'schen Uebersetzung zusammen und giebt dadurch ein treues Bild, in welcher Fassung sich ein Sprichwort durch Jahrhunderte hindurch bewegt hat. Zugleich sind Nachweise gegeben, wo das auf diese Weise erhärtete Sprichwort in den bekannten Sammlungen erscheint. Zwei Register erleichtern das Aufsuchen der behandelten Sprichwörter. Ref. vermisst übrigens einen Anhang aller derjenigen Sprichwörter, die dem biblischen Grund und Boden entwachsen sind, z.B. die Sprichwörter über Adam, Eva, Moses, David, Hiob, Christus, Herodes, Judas, Petrus, oder Sprichwörter wie: der Glaube macht selig (Marc. 16, 10), Gott ist mit im Schiffe (Matth. 8, 23), der Verräther schläft nicht (Matth. 26), u.s.w.

Wir empfehlen schliesslich das Buch allen Freunden deutscher Sprache und Literatur angelegentlich, da es an vielen Stellen interessante Proben des sprachlichen Ausdrucks und der Dialectverschiedenheit aus allen Jahrhunderten der vorlutherischen Zeit bringt.

H.

Durchaus positiv urteilt auch folgende anonym erschienene Rezension aus dem *Literarischen Centralblatt* am Ende des Jahres 1860, die noch einige interessante mittelhochdeutsche Belege hinzufügt:[7]

Der Verfasser, wohl derselbe, der in der Zeitschrift für deutsches Alterthum 8, 376—384 eine Zusammenstellung der „Ausdrücke für Sprichwort" aus der altdeutschen Literatur gegeben, liefert einen werthvollen Beitrag zur Geschichte des deutschen Sprichworts, indem er die der Bibel entlehnten Sprichwörter von der ältesten Zeit bis zum Anfange des 16. Jahrhunderts mit Beispielen belegt. Der Wunsch, daß es W. Grimm vergönnt gewesen wäre, seinen seit langen Jahren gehegten Plan einer Sammlung altdeutscher Sprichwörter zu vollenden, wird auf's Neue beim Anblick dieser fleißigen, wenn auch unvollständigen Sammlung schmerzlich rege. Die Reihenfolge der Sprüche schließt sich an die Folge der biblischen Bücher an; Im Ganzen sind es 296 Sprichwörter, von denen 179 dem alten, 117 dem neuen Testamente entlehnt sind. Manchmal freilich scheint der Begriff „Sprichwort" etwas zu weit gefaßt; bei anderen Sprüchen sind die Belege zu allgemein und entfernen sich zu sehr von dem sprichwörtlichen Ausdruck, so daß nicht mehr an einen Zusammenhang mit der betreffenden Bibelstelle zu denken ist. Was nun das zusammengetragene Material betrifft, so muß zugestanden werden, daß der Verfasser fleißig und aufmerksam gelesen hat; dennoch ist ihm begreiflicher Weise Manches entgangen. Jeder Leser wird Gelegenheit zu Nachträgen haben; wir beschränken uns des Raumes wegen auf einige. Die Stelle Hiobs 7, 1 (Nr. 22) citiert der Ritterspiegel 221: Iob spricht daz eines menschin lebin si hi uf deseme ertrich in eine rittirschaft gegebin. — Bei Nr. 42 hätte an Heinrichs von Morungen Spruch (MF. 137, 9) ich sach daz ein sieche verboten wazzer tranc, erinnert werden können. — Zu Nr. 59 gehört Freidank 84, 6 wir gevallen alle uns selben wol, des ist daz lant der tóren vol, woraus mehrere der von Sch. citierten Stellen geflossen sind. — Nr. 78; hierher gehört die Stelle des niederdeutschen Cato (Zeitschrift 1, 545), die sich zunächst an den ovidischen vom Verfasser angeführten Spruch lehnt. — Nr. 98 hat der Stricker zum Gegenstand eines

7 Vgl. *Literarisches Centralblatt für Deutschland*, Nr. 51 (22. Dezember 1860), Sp. 820-821.

besonderen Gedichtes gemacht: Salomôn der wîsheit bote sagt, daß drei Dinge den Mann aus dem Hause treiben können, trouf, rouch, übel wîp. – Zu Nr. 128 hätten diejenigen Gedichte angeführt werden sollen, die von der Macht des Pfennigs handeln. – Nr. 142: das älteste Beispiel der deutschen Literatur gewähren die Dichtungen von Herzog Ernst; in der ältesten Ueberarbeitung des niederrheinischen Gedichtes 1782ff. swer swimmet wider wazzers stram, hengt ez im ein wîle wol, vür wâr ich iu daz sagen sol, er vert ze jungest doch zetal; in der lateinischen Prosa 208, 35, bei Odo 335^b. – Zu Nr. 143 vgl. noch Freidank 95, 18; 96, 9. – Zu 146 hätte besser als Freidank 97, 10 gepaßt 97, 26. – Nr. 152: gleichen Sinn und verwandten Ausdruck enthält der im jüngeren Hildebrandsliede (Lesebuch 1034, 25) vorkommende Spruch: wer sich an ein alten kessel reibt, der vecht so gerne ram. – Nr. 162 ebenfalls vom Stricker bearbeitet, Hahn 10, 1 driu dinc sint got unmaere und sint der werlde swaere; des armen hôhvart, diu daz birt daz er dâ von ze spotte wirt; daz ander ist des rîchen liegen, der al die werlt wil betriegen; das dritte der alt huoraere.– Zu 173 vgl. Karlmein. 505, 13 drôme dat is drogenheit. – Nr. 248: das älteste Vorkommen ist in Wernher's Maria (Fundgr. 2, 171, 21): si heten freisket selten, swer wider deme garte wâre strebende harte, ezn kôme im ze ungemah. Zwei andere dem Verfasser entgangene Stellen führt das mhd. Wb. 1, 482 an. – Zu 296 vgl. das Stricker'sche Beispiel im Leseb. 566, 15. – In Bezug auf die mhd. Texte ist die große Incorrectheit zu rügen; in den literarischen Angaben findet sich ebenfalls viel Unrichtiges. So wird S. 12 die Warnung dem Ende des 13. Jahrhunderts, S. 25 das Passional dem Konrad von Hennisfurt, S. 84 die heil. Elisabeth dem Konrad von Marburg zugeschrieben.

ß

Besonders dürfte sich Carl Schulze über eine dritte Besprechung Anfang des Jahres 1861 gefreut haben, die der große Sprichwortforscher und Sammler Karl Friedrich Wilhelm Wander (1803-1879) verfaßte. In seiner Sammelbesprechung über die „Neueste Sprichwörter-Literatur" heißt es:[8]

8 Vgl. Karl Friedrich Wilhelm Wander, „Neueste Sprichwörter-Literatur", *Rheinische Blätter für Erziehung und Unterricht*, Neue Folge, 7 (1861), 57-58 (der ganze Aufsatz auf S. 45-60). An dieser Stelle möchte ich meinem Kollegen und Freund Helmut Walther (Wiesbaden) für das Auffinden der vier hier zitierten Rezensionen danken.

[Die Sammlung] enthält nach Ordnung der Schriften, aus
denen sie entlehnt sind, die sämmlichen biblischen Sprichwör-
ter alten und neuen Testaments, an Zahl 296. Eine solche
Schrift in deutscher Sprache hat bisher gefehlt. Der Verfasser
hat sich die Arbeit auch keinesweges leicht gemacht; er ist
vielmehr mit einer anerkennenswerthen Gründlichkeit verfah-
ren. Wir finden nicht nur jedes Sprichwort in lutherischem,
sondern auch in lateinischem Text. Hr. S c h u l z e hat auch
auf den Ausdruck oder das Vorkommen derselben in der
frühern deutschen Literatur Bezug genommen und auf die be-
kanntesten größern deutschen Sprichwörter-Sammlungen
(Agricola, Frank, Egenolff, Körte, Simrock, Eiselein u.a.) ver-
wiesen.
   Als Beispiel lassen wir eins in kürzerer Behandlung und zwar
Nr. 29 folgen:
Ps. 16, 8. Custodi me ut pupillam oculi. Luth.: Behüte mich
wie einen Augapfel im Auge.
   Ich stelle diese Worte zu dem sprichwort: „ein gerechter ist
gottes augapfel." Simrock 3431: das bild ist ein echt bibli-
sches. der prophet Sacharja (2, 8) spricht: „w e r e u c h a n-
t a s t e t, der tastet gottes augapfel an." Salomo gibt den rath
(prov. 7, 2): „behalte mein gesetz wie deinen augapfel," und
Sirach (17, 18) sagt von gott: „er behält die guten werke wie
einen augapfel." in der Windberger psalmenübersetzung lauten
die worte: „behuete mich also den sehen des ougen." auch
Hugo von Langenstein wendet das bild an. Martina 138, 51:
diner gotlichin guote, daz si mich behuote als den ougaphil
der gesiht, dem niemer leit hie geschicht, wan kein lit ist so
zart elliv zit so wol bewart."
   die sprichw. redensart: jemanden wie seinen augapfel hüten"
wird noch heute gehört. in Niâlssaga cap. 136 liebt der mann
sein weib „wie die augen in seinem kopfe."
   In den Büchern des alten Testaments befinden sich 179, in
denen des neuen 117 Sprichwörter.

Trotz solchen Lobes hat sich Schulze offensichtlich nicht
auf seinen Lorbeeren ausgeruht, denn noch im selben
Jahr wie sein großartiges Buch brachte er den fortführen-
den Aufsatz „Deutsche Sprichwörter auf biblischem
Grunde" (1860) im *Archiv für das Studium der neueren
Sprachen und Literaturen* heraus, wo überhaupt alle seine

weiteren Beiträge erschienen. Schulze versteht diese Arbeit als „Anhang" (S. 129) zu seinem Buch, und zwar handelt es sich um „eine kleine sammlung von deutschen sprichwörtern, sprichwörtlichen redensarten und ausdrükken, die nicht unmittelbar der heiligen schrift entnommen, deren ursprung jedoch auf dieselbe zurückzuführen ist" (S. 129). Als vielleicht interessantestes Beispiel sei das auch außerhalb Deutschlands in Europa verbreitete Sprichwort „Als Adam hackt' [grub] und Eva spann, / wer war da der edelmann?" (Nr. 12, S. 130-131) erwähnt, das auf 1. Mose 3,17-23 zurückgeht.[9] Auch die sehr bekannte Redensart „von Pontius zu Pilatus (eigentlich wohl − von Herodes zu Pilatus) weisen, laufen" (Nr. 113, S. 141) ist hier zu finden, die auf Matthäus 27,2 beruht. Im ganzen hat Schulze 156 solcher auf der Bibel beruhenden Sprichwörter und Redensarten zusammengesucht, und für jeden Text gibt er wiederum Bibelbelege, deutsche sowie fremdsprachige Varianten und Belegstellen aus Sprichwörtersammlungen. Dabei fällt auf, daß viele der Texte biblische Namen wie Adam und Eva, Herodes, Hiob, Judas[10], Christus, Moses, Petrus, Alomo, Samson, Thomas usw. enthalten,[11] was für die Onomastik sowie die Parö-

---

9 Vgl. Sylvia Resnikow, „The Cultural History of a Democratic Proverb: ‚Whan Adam dalf, and Eve span, / Who was thanne a gentelman'?" *Journal of English and Germanic Philology*, 36 (1937), 391-405; Leopold Schmidt, „‚Als Adam grub und Eva spann‚" *Das deutsche Volkslied*, 46 (1944), 36-40; und Albert B. Friedman, „‚When Adam Delved ...': Contexts of an Historic Proverb", *Harvard English Studies*, 5 (1974), 213-230.

10 Vgl. die große Zusammenstellung solcher „Judas"-Redensarten bei Wayland D. Hand, „A Dictionary of Words and Idioms Associated with Judas Iscariot", *University of California Publications in Modern Philology*, 24, Nr. 3 (1942), 289-356.

11 Von besonderem Interesse ist diesbezüglich die wenig beachtete aber sehr reichhaltige Arbeit von Otto Paul Straubinger, *Given Names in German Proverbs*. Diss. University of California at Los Angeles, 1946.

miologie von großem Interesse ist, da sich mit diesen Namen stereotypische Vorstellungen verbinden, die durch die oft (zu oft?) zitierten Texte bis heute erhalten geblieben sind.

Die ein Jahr später erschienene Arbeit über „Johann Agricola und Sebastian Franck und ihre Plagiatoren" (1862) weist Schulze als kenntnisreichen Parömiographen aus, der hier die verschiedenen Ausgaben von Johannes Agricolas (1492?-1566) Sprichwörtersammlungen bespricht und zeigt, wie der Frankfurter Verleger Christian Egenolff (1502-1555) einen erfolgreichen Raubdruck aus Agricola und Sebastian Franck (1499-1542) zusammenstellte, der unter dem Titel *Sprichwörter / Schöne / Weise Klugreden* (1548ff.) viele Auflagen erlebte.[12] Schulze weist ebenfalls nach, daß Eucharius Eyering (1520-1597) für seine dreibändige Sammlung *Proverbiorum Copia* (Eisleben 1601/03) fast die ganze Sammlung von Agricola kopiert hat, indem er sie mehr oder weniger wörtlich in Reimverse umformte. Dieser Beitrag resultierte in einem kritischen „Nachtrag" von dem großen Agricola-Kenner Friedrich Latendorf,[13] wozu Schulze in seiner kurzen Schrift „Noch einmal 'Agricola und Franck' (Ein nachtrag zum nachtrage)" (1863) Stellung nahm. Hier tritt ein kleiner Gelehrtenstreit über

---

12 Vgl. den von Hans Henning herausgegebenen Nachdruck: Christian Egenolff, *Sprichwörter / Schöne / Weise Klugreden.* München-Pullach: Dokumentation, 1968.

13 Vgl. Friedrich Latendorf, „Johann Agricola und Sebastian Franck und ihre Plagiatoren (Ein Nachtrag)", *Archiv für das Studium der neueren Sprachen und Literaturen,* 32 (1862), 474-476. Vgl. auch sein größeres Werk über *Agricola's Sprichwörter, ihr hochdeutscher Ursprung und ihr Einfluß auf die deutschen und niederländischen Sammler.* Schwerin: Bärensprung, 1862. Ich danke wiederum Herrn Helmut Walther für die Entdeckung der beiden „Nachträge" von Latendorf und Schulze.

gewisse Agricola-Ausgaben zutage, der heute von geringer Bedeutung erscheint.

Dafür ist Schulzes umfangreiche Studie über „Die sprichwörtlichen Formeln der deutschen Sprache" (1871-1875), die über einen Zeitraum von fünf Jahren im *Archiv* erschien und zusammen 162 Seiten umfaßt, eine umso großartigere Leistung. Der erste Teil ist eine ausgezeichnete theoretische Darstellung über sogenannte Zwillingsformeln (z.B. Mann und Maus, Haus und Hof, Sünde und Schande usw.) sowie Drillingsformeln (z.B. Wort, Wille, Werk; Krieg, Kummer, Kost; Sünde, Schande, Schaden usw.), wofür Schulze vor allem den Gleichklang (Alliteration) und die Ablautung als Merkmale herausgearbeitet hat. Das reichhaltige Material ist in drei Klassen aufgeteilt, nämlich anreimende, ausreimende und reimlose Formeln, und innerhalb jeder Klasse werden die Formeln alphabetisch in sieben Unterklassen gruppiert (Substantive, Verben, Adjektive, Adverben, Präpositionen, Pronomen und Interjektionen). Für jeden Text hat Schulze genaue Quellenangaben aus der zitierten deutschen Literatur hinzugefügt, und oft verweist er auf Sprichwörtersammlungen, die diese sprichwörtlichen Formeln zum Teil enthalten. Es handelt sich um eine hervorragende Sammlung, die es verdiente, in Buchform mit Ergänzungen und einem übersichtlichen Register neu herausgegeben zu werden.[14]

14 Eine Neuausgabe müßte zum Beispiel folgende Sammlungen berücksichtigen: Theodor Heinze, *Die Alliteration im Munde des deutschen Volkes*. Anklam: Richard Poettcke, 1882 (= Schulnachrichten des Gymnasiums zu Anklam 1881, S. 1-31); und Hans Forster, „Der Binnenreim (Reimformel)", *Sprachspiegel*, 37 (1981), 34-42, 75-80, 109-112, 143-146, 166-172. Vgl. auch noch Alan Dundes, „The Henny-Penny Phenomenon: A Study of Folk Phonological Esthetics in American Speech", *Southern Folklore Quarterly*, 38 (1974), 1-9; und Wolfgang Mieder, „Drillingsformeln: Texte, Titel und Tendenzen", in W. Mieder, *Sprichwort, Redensart, Zitat. Tradierte*

Darauf folgte ein anderes großes Sammelprojekt, das
in den beiden nächsten Jahrgängen des *Archivs* abge-
druckt wurde. Dieses Mal handelt es sich um „Deutsche
Spruchweisheit auf Münzen, Medaillen und Marken"
(1876-1877), die Schulze aus vielen Quellen zusammenge-
sucht hat. Die Belege sind alphabetisch nach dem Anfangs-
wort angeordnet, und für jeden Text gibt Schulze wie im-
mer genaue Quellenangaben. Im Falle von Sprichwörtern,
wie zum Beispiel „An Gottes Segen ist alles gelegen"
(S. 73), „Eintracht überwindet alles" (S. 20) oder „Zu
viel ist ungesund" (S. 344), verweist Schulze selbstver-
ständlich auf deutsche Sprichwörtersammlungen. Auch
diese einzigartige Sammlung ist eine Fundgrube für die
historische Sprichwörterforschung.

Der letzte Beitrag Carl Schulzes über das „Spruchbuch
der jungen Pfalzgräfin Anna Sophia, nachherigen Aebtis-
sin von Quedlinburg, vom Jahre 1630" (1878) ist ebenfalls
im *Archiv* erschienen. Hier dreht es sich um den Nach-
druck der deutschen Texte einer Sammlung lateinischer
und deutscher Sprichwörter, die im Jahre 1630 für die
elfjährige Anna Sophia (1619-1680) als „Schulbuch" zu-
sammengestellt wurde. Im ganzen enthält diese Samm-
lung 420 Sprichwörter, und für viele hat Schulze wieder
Hinweise auf Sprichwörtersammlungen vor 1630 hinzu-
gefügt. Wie wertvoll so eine an sich unbekannte Samm-
lung sein kann, geht zum Beispiel daraus hervor, daß die
Variante „Früestund hat gold im Mund" zu dem Sprich-
wort „Morgenstunde hat Gold im Munde" sonst nirgend-
wo belegt ist.[15]

Formelsprache in der Moderne. Bern: Peter Lang, 1985,
S. 131-139.

15 Für weitere Varianten vgl. „Rund um das Sprichwort ‚Morgen-
stunde hat Gold im Munde'" in Wolfgang Mieder, *Deutsche
Sprichwörter in Literatur, Politik, Presse und Werbung.* Ham-
burg: Hermann Buske, 1983, S. 105-112.

Abschließend kann festgestellt werden, daß der „unbekannte" Carl Schulze sich als Parömiograph große Verdienste erworben hat. Er war nicht so sehr Theoretiker, sondern vielmehr ein fleißiger und gewissenhafter Sammler, der wirklich etwas Neues mit seinen wissenschaftlich fundierten Sammlungen von sprichwörtlichen Formeln und Sprüchen auf Münzen und Medaillen bot. Seine Aufsätze über die Einführungsformeln von Sprichwörtern sowie über Redensarten und Sprichwörter, die sich auf die Bibel beziehen, sind ebenfalls von bleibendem Wert. Doch vor allem haben *Die biblischen Sprichwörter der deutschen Sprache* als ein parömiographisches Standardwerk zu gelten. Für die historische und vergleichende Sprichwörterforschung ist diese Sammlung ein unentbehrliches Hilfsmittel, das durch den nun vorliegenden Nachdruck zu noch größerer Geltung gelangen möge.

II.

Die biblischen Sprichwörter

Es ist unmöglich, in dieser kurzen Einleitung den ganzen Fragenkomplex zum Bibelsprichwort detailliert darzustellen. Hier sollen nur einige wichtige Aspekte berührt werden, die die Bedeutung von Carl Schulzes Buch über *Die biblischen Sprichwörter der deutschen Sprache* (1860) hervorheben. Als das wohl meistgelesene Buch hat die Bibel besonders nach ihrer Übersetzung in die verschiedenen Nationalsprachen ungemein viel altes Weisheitsgut überliefert und verbreitet. Dabei ist zu beachten, daß viele biblische Sprichwörter nicht erst seit der Bibel belegt sind, sondern daß sie bereits mündlich und schriftlich tradiert wurden, bevor sie im hebräischen und griechischen Urtext der Bibel erschienen, deren lateinische Übersetzung dann durch weitere Übersetzungen in die Vulgärsprachen diese alten Sprichwörter zu gesamteuropäischen oder gar internationalen Sprichwörtern machte. Es gibt aufschlußreiche Studien von William Alexander Elmslie, Edmund Gordon, John Mark Thompson und Galit Hasan-Rokem (vgl. die beigefügte Bibliographie), die diese älteren Sprichwörter erforscht haben. In deutscher Sprache ist besonders Moritz Callman Wahls Buch über *Das Sprichwort der hebräisch-aramäischen Literatur mit besonderer Berücksichtigung des Sprichwortes der neueren Umgangssprachen* (Leipzig 1871) zu erwähnen, der für die Sprichwörter Salomos, Sirachs, des Matthäus Evangeliums und des Talmuds „vergleichende Anthologien" zusammengestellt hat, die für jedes Sprichwort hebräische, griechische und lateinische Frühtexte zitieren, worauf Übersetzungen ins Deutsche, Englische, Französische und Italienische folgen. Wahl hat also Carl Schulzes um über zehn Jahre früheres Werk um die hebräisch-griechische Komponente erweitert, und natürlich gehen auch die Belege aus dem Englischen, Französischen und Italienischen über Schulze hinaus. Dafür sind jedoch seine deutschsprachigen Belege meistens auf je zwei bis drei alt- und neuhochdeutsche Texte begrenzt. Da geht Schulze bedeutend weiter, und überhaupt hat er ja die Bibel konsequent nach „allen" heute noch geläufigen Sprichwörtern durchforscht, während Wahl nur eine Auswahl gibt. Selbstverständlich aber wird jeder historisch-vergleichend arbeitende Forscher beide Werke von Schulze und Wahl zur Hand nehmen wollen.

In neuerer Zeit hat man solche vergleichenden Sammlungen auch für andere Sprachen (vgl. die beigefügte Bibliographie) ausgearbeitet, aber Schulzes und Wahls Bücher sind für die deutsche Sprache unübertroffen. Eine kleinere Arbeit von J. Alan Pfeffer über „Das biblische Zitat im Volksmund der Germanen und Romanen" (1975)[16] muß hier besonders hervorgehoben werden, denn es bietet für einige Bibelsprichwörter vergleichende Belege aus dem Dänischen, Deutschen, Englischen, Niederländischen, Norwegischen und Schwedischen sowie aus dem Französischen, Italienischen, Portugiesischen, Rumänischen und Spanischen. Dabei weist er nach, daß ein beachtlicher Teil der gängigen Bibelsprichwörter seit der lateinischen Vulgata in all diesen Sprachen wortwörtlich miteinander übereinstimmt, wie zum Beispiel „Auge um Auge, Zahn um Zahn" (2. Moses 21,24; 3. Moses 24,20; 5. Moses 19,21; Matthäus 5,38) oder „Der Geist ist willig, aber das Fleisch ist schwach" (Matthäus 26,41).[17]

---

16 J. Alan Pfeffer, „Das biblische Zitat im Volksmund der Germanen und Romanen", in *Teilnahme und Spiegelung. Festschrift für Horst Rüdiger*, hrsg. von Beda Allemann und Erwin Koppen. Berlin: Walter de Gruyter, 1975, S. 99-111.
17 Ebenda, S. 99-100.

Pfeffer bespricht aber auch Varianten unter diesen Lehn-
übersetzungen, die „sich auf verschiedene Übersetzungen
einer Bibelstelle oder auf verschiedene Teile eines Textes
zurückführen (lassen)."[18] So heißt es zum Beispiel in
der Vulgata „ferrum ferro exacuitur" (Sprüche 27,17)
und im deutschen Volksmund „Eisen wetzt Eisen",
während Martin Luther „Ein Messer wetzt das andere"
übersetzt hat. Pfeffer bietet zahlreiche Beispielreihen die-
ser Art und weist nach, daß die poetische Gestaltungs-
kraft des jeweiligen Bibelübersetzers sowie die Rezeption
des Bibelsprichwortes im Volk zu interessanten Varianten
der gleichen Bibelstelle in den verschiedenen europäischen
Sprachen geführt hat.[19]

Was nun die Zahl der eigentlichen biblischen Sprich-
wörter angeht, so wurde bereits erwähnt, daß Carl Schulze
296 Sprichwörter für biblisch hält, wovon 179 aus dem
Alten und 117 aus dem Neuen Testament stammen (vgl.
S. 7). Moritz Wahl möchte jedoch diese Zahl auf das Dop-
pelte erhöhen,[20] was vielleicht möglich wäre, wenn man
auch solche Sprichwörter hinzurechnen würde, die Schulze
bewußt unterschlagen hat, da sie in der deutschen Spra-
che nicht geläufig geworden sind. Alan Pfeffer meint
neuerdings, daß „etwa drei- bis vierhundert Zitate aus
dem Alten und Neuen Testament im Munde dieser (der
europäischen) Völker umlaufen."[21] Wenn Paul Grünberg
in seiner interessanten Studie über *Biblische Redensarten*
(Heilbronn 1888) sogar von „800 Nummern, die durch
ergänzende Beobachtungen sich gewiß leicht auf 1000

---

18 Ebenda, S. 101.
19 Ebenda, S. 110.
20 Vgl. Moritz Callman Wahl, *Das Sprichwort der hebräisch-ara-
   mäischen Literatur mit besonderer Berücksichtigung des
   Sprichwortes der neueren Umgangssprachen.* Leipzig: Oskar
   Leiner, 1871, S. 22.
21 Pfeffer (wie Anm. 16), S. 99.

und noch mehr würden bringen lassen",[22] spricht, so handelt es sich dabei um Texte, die in irgendeiner Form (also nicht nur Sprichwörter) durch die Bibel Eigentum der Volks- und Umgangssprache geworden sind. Grünberg teilt sein Material in sechs Gruppen ein, wobei die Gruppe „Citate und Sprichwörter" nur 120 Nummern enthält. Grünberg zitiert nur einige wenige davon, wie zum Beispiel aus dem Alten Testament „Bleibe im Lande und nähre dich redlich" (Psalm 37,3), „Unrecht Gut gedeihet nicht" (Sprüche 10,2) und „Hochmut kommt vor dem Fall" (Sprüche 16,18); aus dem Neuen Testament „Ein Prophet gilt nichts in seinem Vaterlande" (Matthäus 13, 57), „Geben ist seliger denn Nehmen" (Apostelgeschichte 20,35) und „Wer nicht arbeiten will, der soll auch nicht essen" (2. Thessalonicher 3,10).[23] Sein wohl mehr auf Feldforschung beruhendes Ergebnis, als dies bei Schulze, Wahl oder Pfeffer der Fall war, ergibt folgende Statistik: „1) Einfache biblische Werte und Begriffe: 120 Nummern. 2) Zusammengesetzte Wendungen und Redensarten: 200 Nummern. 3) Bilder- und Gleichnisrede: 150 Nummern. 4) Typen aus der biblischen Geschichte: 130 Nummern. 5) Citate und Sprichwörter: 120 Nummern. 6) Biblische Witze, Parodieen und Travestieen: 80 Nummern."[24]

Selbstverständlich würde Schulze solchen Zahlen zugestimmt haben, denn auch er war sich schließlich bewußt, daß es eben auch viele Redensarten in der deutschen Sprache gibt, die nicht direkt aus der Bibel stammen sondern nur auf Bibelstellen anspielen. Aus diesem Grunde veröffentlichte er bereits 1860 seinen Beitrag „Deutsche Sprichwörter auf biblischem Grunde", worin 156 solcher Texte zusammengestellt sind. Im Jahre 1890 hat Franz Söhn eine weitere „Sammlung von Worten,

22 Grünberg (wie Anm. 2), S. 59.
23 Ebenda, S. 48-49.
24 Ebenda, S. 59.

Redewendungen, Bildern und sprichwörtlichen Redens-
arten, welche die Sprache unseres Volkes der Bibel ent-
lehnt hat"[25] (ohne Hinweis auf Schulze oder Grünberg)
veröffentlicht, worin auch 41 wirkliche Bibelsprichwörter
registriert werden.[26] Von diesen Sprichwörtern sind fol-
gende auch heute noch besonders beliebt, was die vielen
modernen Parodien erkennen lassen: „Bleibe im Lande
und nähre dich redlich" (Psalm 37,3), „Recht muß Recht
bleiben" (Psalm 94,15), „Unrecht Gut gedeihet nicht"
(Sprüche 10,2), „Hochmut kommt vor dem Fall" (Sprü-
che 16,18), „Jedes Ding hat seine Zeit" (Prediger 3,1),
„Wer Wind säet, wird Sturm ernten" (Hosea 8,7), „Nie-
mand kann zwei Herren dienen" (Matthäus 6,24), „Wes
das Herz voll ist, des geht der Mund über" (Matthäus
12,34), „Wer andern eine Grube gräbt, fällt selbst hin-
ein" (Sprüche 26,27), „Ein Prophet gilt nichts in seinem
Vaterlande" (Matthäus 13,57), „Der Glaube versetzt
Berge" (Matthäus 17,20) und „Der Geist ist willig, aber
das Fleisch ist schwach" (Matthäus 26,41). Zweifelsohne
gehört dieses Dutzend Bibelsprichwörter zu den popu-
lärsten Sprichwörtern in der deutschen Sprache über-
haupt, doch verwundert es uns, daß gerade das heute so
oft zitierte und parodierte Sprichwort „Der Mensch lebt
nicht vom Brot allein" (Matthäus 4,4) hier fehlt.

Wie verteilt sich nun dieser Sprichwörterreichtum
über die Bibel? Carl Schulze erwähnt nur kurz, daß be-
sonders die Sprüche Salomos und das Matthäus Evange-
lium viele Sprichwörter enthalten, und dann folgen die
Sprüche des Sirach, die Evangelien Lukas, Markus und

---

25 Franz Söhns, „Die Bibel und das Volk. Eine Sammlung von
   Worten, Redewendungen, Bildern und sprichwörtlichen Re-
   densarten, welche die Sprache unseres Volkes der Bibel ent-
   lehnt hat", *Zeitschrift für den deutschen Unterricht*, 4 (1890),
   9-29.
26 Ebenda, S. 26-29.

Johannes, die Psalmen, das Buch Hiob und schließlich die
Römer- und Korintherbriefe (vgl. S. 7).[27] Dem Inhalt
nach enthalten diese Sprichwörter meist typische Lebens-
erfahrungen, die als Lehren und Regeln zu einem aufrich-
tigen Leben im sittlichen und religiösen Sinne führen sol-
len. Der weise Salomo und natürlich Christus sind dabei
die volkssprachlichsten Lehrer, die ihre „Weisheit" in
leicht eingängigen Sprüchen unters Volk brachten. Für
die textkritische Bibelgeschichte ist dabei beispielsweise
von besonderem Interesse, wie sich die vier Evangelien in
bezug auf Sprichwörter unterscheiden,[28] und diesbezüg-
lich gibt es auch für einzelne Sprichwörter umfangreiche
formgeschichtliche Studien. Als examplarische Arbeit sei
wenigstens verwiesen auf Georg Aicher, *Kamel und Na-
delöhr. Eine kritisch-exegetische Studie über Mt. 19,24
und Parallelen* (Münster 1908), worin das Sprichwort
„Es ist leichter, daß ein Kamel durch ein Nadelöhr gehe,
denn daß ein Reicher ins Reich Gottes komme" auf 64
Seiten einer eingehenden philologischen Untersuchung
unterworfen wird.[29] Es existieren aber auch detaillierte
Einzelstudien zu folgenden Bibelsprichwörtern: „So
gebet dem Kaiser, was des Kaisers ist, und Gott, was
Gottes ist" (Markus 12,17), „Wer nicht mit mir ist, ist

27 Vgl. auch Grünberg (wie Anm. 2), S. 59-60.
28 Hierzu vgl. besonders Rudolf Bultmann, „Dominical Sayings",
   in R. Bultmann, *The History of the Synoptic Tradition*. Ox-
   ford: Basil Blackwell, 1963, S. 69-205; und William A. Beards-
   lee, „Uses of the Proverb in the Synoptic Gospels", *Interpreta-
   tion. A Journal of Bible and Theology*, 24 (1970), 61-73; jetzt
   auch abgedruckt in *The Wisdom of Many. Essays on the Pro-
   verb*, hrsg. von Wolfgang Mieder und Alan Dundes. New York:
   Garland Publishing, 1981, S. 161-173.
29 Vgl. aber auch Paul S. Minear, „The Needle's Eye: A Study in
   Form Criticism", *Journal of Biblical Literature*, 61 (1942),
   157-169. Weitere kürzere Arbeiten zu diesem Sprichwort sind
   in der beigefügten Bibliographie am Ende unserer Einleitung
   verzeichnet.

wider mich" (Markus 9,40), „Was siehest du aber den
Splitter in deines Bruders Auge, und wirst nicht gewahr
des Balkens in deinem Auge?" (Matthäus 7,3; als Sprich-
wort: Man sieht den Splitter im fremden Auge, aber im
eigenen den Balken nicht), „Alles nun, was ihr wollt, daß
euch die Leute tun sollen, das tut ihr ihnen auch" (Mat-
thäus 7,12), „Wes das Herz voll ist, des gehet der Mund
über" (Matthäus 12,34) usw. (vgl. die beigefügte Biblio-
graphie).

Es sei mir gestattet, hier meine eigene kleine Studie
zu dem zuletzt genannten Sprichwort vorzulegen, die das
bisher Gesagte und mehr an Hand eines umfassenden Bei-
spiels zeigen soll.[30] Dargestellt wird, welche große Bedeu-
tung gerade der Bibelübersetzer Martin Luther für die
biblischen Sprichwörter der deutschen Sprache hatte.[31]
Es wird aber auch verdeutlicht, wie die Übersetzung des
lateinischen Textes deutsche Varianten hervorbrachte,
die erst allmählich zu einer Standardform führten. Ge-
zeigt wird außerdem, welche Rolle dieses Sprichwort in
der Predigt[32] sowie der Literatur spielte, wie es in Sprich-
wörtersammlungen und Wörterbüchern registriert wurde,
und wie dieses Sprichwort heutzutage von Aphoristikern,
Sprüche- und Graffitischreibern parodistisch entstellt
wird. Es folgt also eine textkritische Geschichte des deut-
schen Bibelsprichwortes „Wes das Herz voll ist, des geht
der Mund über" (Matthäus 12,34), die sich vom ersten
deutschsprachigen Beleg bis zum heutigen Tage erstreckt.
Bisher hören die formgeschichtlichen Studien gewöhnlich
bei Luther auf, doch sollte man solche Untersuchungen

30 Diese Arbeit erschien zuerst mit dem Titel „Martin Luther und
die Geschichte des Sprichwortes ‚Wes das Herz voll ist, des
geht der Mund über'" im *Sprachspiegel*, 39 (1983), 66-74.
31 Vgl. dazu die Sektion „Martin Luther und das Sprichwort" in
der beigefügten Bibliographie.
32 Vgl. die beigefügte Bibliographie über „Das Sprichwort in der
Predigt".

in der Tat bis zum modernen Gebrauch dieser Bibel-
sprichwörter ausdehnen, um ihr Weiterleben in der säku-
larisierten Welt zu belegen.

Bekanntlich gibt Martin Luther in seinem berühmten
Sendbrief vom Dolmetschen (1530) seine inzwischen zum
geflügelten Wort gewordene Theorie des Übersetzens be-
kannt, das heißt „man mus nicht die buchstaben jnn der
lateinischen sprachen fragen, wie man sol deutsch reden,
wie diese Esel [die Papisten] thun, Sondern man mus die
mutter ym hause, die kinder auff der gassen, den gemei-
nen man auff dem marckt drumb fragen, und den selbi-
gen auff das maul sehen, wie sie reden, und darnach dol-
metschen, so verstehen sie es denn, und mercken, das
man deutsch mit jhn redet."[33] Als Beispiel läßt Luther
auf diese Aussage das Übersetzungsproblem der Bibel-
stelle aus Matthäus 12,34 folgen:[34]

> Als wenn Christus spricht: Ex abundantia cordis os loquitur.
> Wenn ich den Eseln sol folgen, die werden mir die buchstaben
> furlegen, und also dolmetzschen: Auß dem uberflus des hert-
> zen redet der mund. Sage mir, ist das deutsch geredt? Welcher
> deutscher verstehet solchs? Was ist uberflus des hertzen fur
> ein ding? Das kan kein deutscher sagen, Er wolt denn sagen,
> es sey das einer allzu ein gros hertz habe oder zu vil hertzes
> habe, wie wol das auch noch nicht recht ist: denn uberflus
> des hertzen ist kein deutsch, so wenig, als das deutsch ist,
> Uberflus des hauses, uberflus des kacheloffens, uberflus der
> banck, sondern also redet die mutter ym haus und der gemei-
> ne man: *Wes das hertz vol ist, des gehet der mund uber*, das
> heist gut deutsch geredt, des ich mich geflissen, und leider
> nicht allwege erreicht noch troffen habe, Denn die lateini-
> schen buchstaben hindern aus der massen, seer gut deutsch zu
> reden.

Indem Luther selbst behauptet, daß das Volks „Wes das
Herz voll ist, des gehet der Mund über" sagen würde,

33 Vgl. Martin Luther, *Werke*. Weimar: Hermann Böhlau, 1909,
   Bd. 30, S. 637.
34 Ebenda.

weist er indirekt darauf hin, daß es sich hier um ein gängiges Sprichwort handelt. Luther benutzt dieses Sprichwort schon in der ersten Ausgabe seiner Übersetzung des Neuen Testaments im Jahre 1522, und in diesem Wortlaut ist es vor ihm nicht überliefert. Am nächsten kommt die sieben Jahre frühere Verdeutschung des lateinischen Textes durch Johann Geiler von Kaisersberg in seinem *Evangelienbuch* (Straßburg 1515), wo es heißt: „(ex habundantia cordus os loquor) was das hertz vol ist, des loufft der mund vber."[35] Mit Recht betont W. Kurrelmeyer, daß Luther diese Textstelle aus Geilers Schrift höchstwahrscheinlich kannte, auch wenn er in seinem *Sendbrief* vielleicht das mündlich umlaufende Sprichwort zitierte. Arno Schirokauer konnte sogar nachweisen, daß die Verbwahl „gehet" statt „loufft" schon vor Luther schriftlich überliefert ist. In Hieronymus Emsers *Quadruplica auf Luthers Jungest gethane antwurt, sein reformation belangend* (Leipzig 1521) heißt es nämlich: „Dann wie Christus vnd das gemeyn sprichwort sagt, was das hertz vol ist, gehet der mund vber, ex cordis enim abundantia os loquitur, Mathei XII."[36] Diese an Luther gerichtete Streitschrift erreichte ihn im Juli 1521, als er an der Übersetzung der Evangelien zu arbeiten begann. Obwohl Luther das Sprichwort sicherlich kannte, ist also nicht auszuschließen, daß Emsers Schrift ihn bei der Übersetzung beeinflußt hat. Wenn Luther etwa acht Jahre später in seinem *Sendbrief* Emser und andere Papisten als Esel beschimpft, die Matthäus 12,34 nicht volkssprachlich zu übersetzen vermochten, scheint er sich nicht an Emsers

---

35 Vgl. W. Kurrelmeyer, „‚Wes das Herz voll ist, des geht der Mund über'," *Modern Language Notes*, 50 (1935), 381 (der ganze Aufsatz auf S. 380-382).

36 Vgl. Arno Schirokauer, „Noch einmal: ‚Wes das Herz voll ist'," *Modern Language Notes*, 59 (1944), 221 (die kurze Notiz nimmt nur diese eine Seite ein).

fast identische Übersetzung zu erinnern – oder läßt Luther diesen Tatbestand bewußt im dunkeln?

Als der amerikanische Germanist und Parömiologe John G. Kunstmann 1952 seinen wichtigen Beitrag über dieses Sprichwort vorlegte,[37] war also bereits bewiesen worden, daß Luther nicht der Urheber dieses Sprichwortes war, sondern daß er es durch die Schriften von Geiler und Emser sowie aus dem Volksmund kannte. Kunstmann ist es aber gelungen zu zeigen, daß Luthers Übersetzung in der sogenannten *Septemberbibel* (Wittenberg 1522) nicht seine erste Übertragung von Matthäus 12,34 ins Deutsche war. Schon in der im März 1522 erschienenen *Weihnachtspostille* schrieb Luther ganz ähnlich wie in seinem *Sendbrief* von 1530: „Und somit stympt das Euangelium, da Christus sagt: Auß ubirfluß des hertzen redet der mund. (...) Item das deutsch sprichwort: Weß das hertz voll ist, des geht der Mund ubir.“[38]

Es kann kein Zweifel darüber bestehen, daß die Formulierung „Wes das Herz voll ist, des geh(e)t der Mund über" durch Martin Luther zur Standardform im Deutschen geworden ist. Weder Geiler noch Emser decken sich absolut mit Luthers Text, und auch folgende Zeilen aus einem mittelhochdeutschen Gedicht des 14. Jahrhunderts sind nur als Vorstufen anzusehen:

> Quia ex abundantia cordis os loquitur
> Das tueschet waz ain herts ist vol
> Daz ret der munt ob er ez sol.[39]

37 John G. Kunstmann, „And Yet Again: ,Wes das Herz voll ist, des gehet der Mund über',“ *Concordia Theological Monthly*, 23 (1952), 509-527.

38 Ebenda, S. 513.

39 Ebenda, S. 517. Weitere frühe Belege, die jedoch nur annähernd an das Sprichwort des 16. Jahrhunderts heranreichen, befinden sich in den Anmerkungen von Kunstmanns Beitrag. Auf S. 521 wird auch erwähnt, daß Geiler von Kaisersberg 1520 erneut das Sprichwort „waß das hertz vol ist / des lauffet der mund über" verwendete.

Auch Luthers eigene Variationen wie „denn sie mussen doch lesternn unnd das maul ubir gehen lassen, des das hertz voll ist" (1521/1522) und „Wer kan eym narren das maul stopffen, weyl das hertz voll narheyt stickt und der mund ubergehen mus, wes das hertze vol ist"[40] (1525) haben natürlich die Volkssprache nicht beeinflussen können wie die Formulierung in seiner deutschen Bibel: „Wes das hertz voll ist / des geht der mund ubir" (1522).

Die bei Luther zuerst registrierte und sicherlich auch von ihm geschaffene Standardisierung eines bereits bestehenden deutschen Bibelsprichwortes ist zwar seit 1522 in seiner Bibel festgelegt, doch sind noch lange konkurrierende Varianten des Sprichwortes im Umlauf gewesen. Im Jahre 1546 heißt es zum Beispiel in dem Fastnachtsspiel *Marcolfus* des Luzerner Katholiken Zacharias Bletz „Wos hertz vol syg, louf der mund über"[41], und vielleicht ist das Verb „laufen" überhaupt kennzeichnend für die südlicheren Varianten des Sprichwortes. Dem würden allerdings die mehrfachen Belege des Textes „Wes das hertz voll ist, geet der mund uber"[42] bei Hans Sachs widersprechen, es sei denn, daß der Nürnberger und von Luther begeisterte Sachs bewußt die Luther-Variante aus dessen Bibel übernimmt. Von großer Wichtigkeit für die Verbreitung von Luthers Version ist auch ihre Aufnahme in die deutsche Sprichwörtersammlung des Protestanten Michael Neander aus dem Jahre 1590: „Weß das Hertz voll ist / gehet der Mund vber."[43] Die früheren Sammlungen von Johannes Agricola (1529, 1534 und 1548) und

---

40 Ebenda, S. 515.

41 Ebenda, S. 518.

42 Vgl. Charles Hart Handschin, *Das Sprichwort bei Hans Sachs.* Diss. University of Wisconsin, 1902, S. 62 (= *Bulletin of the University of Wisconsin, Philology and Literature Series*, 3 [1902], 1-153).

43 Vgl. Michael Neander, *Ethice vetus et sapiens.* Leipzig: M. Lantzenberger, 1590, S. 348.

Christian Egenolff (1548ff.) enthalten keine Belege, und erst Neanders Sammlung vermittelte das Sprichwort den großen Barocksammlungen und späteren Sprichwörtersammlungen.

Gleich die erste Massensammlung von dem Braunschweiger Pastoren Friedrich Petri, einem Schüler von Michael Neander, enthält 1605 den Text im Lutherschen Wortlaut: „Weß deß Hertz vol ist, deß gehet der Mund vber."[44] Georg Henisch druckt ganz ähnlich „weß das hertz voll ist / gehet der Mund vber"[45] (1616), während es bei dem süddeutschen Parömiographen Christoph Lehmann dann doch wieder heißt: „Was das Hertz voll ist, davon laufft der Mund vber"[46] (1630). Im Jahre 1669 steht allerdings in Hans Jakob Christoffel von Grimmelshausens *Simplicissimus* erneut „Wes das Herz voll ist, geht der Mund über"[47], und auch Johann Georg Seybold bringt in seiner lateinisch-deutschen Sprichwörtersammlung von 1677 das sich immer mehr durchsetzende Verb „gehen": „Ex abundantia cordis os loquitur, Wessen das Hertz voll ist / dessen geht der Mund über."[48]

Im Laufe des 18. Jahrhunderts dürfte Luthers Text dann allgemein akzeptiert worden sein. Am Anfang befindet sich in einem der Briefe der Herzogin Elisabeth

44 Friedrich Petri (Peters), *Der Teutschen Weißheit.* Hamburg: Philipp von Ohr, 1605. Nachdruck hrsg. von Wolfgang Mieder. Bern: Peter Lang, 1983, S. 935.

45 Georg Henisch, *Teütsche Sprach und Weißheit.* Augsburg: David Franc, 1616. Nachdruck hrsg. von Helmut Henne. Hildesheim: Georg Olms, 1973, Sp. 1436.

46 Christoph Lehmann, *Florilegium Politicum oder politischer Blumengarten.* Frankfurt: Impensis Autoris, 1630. Nachdruck hrsg. von Wolfgang Mieder. Bern: Peter Lang, 1986, S. 643.

47 Vgl. Martha Lenschau, *Grimmelshausens Sprichwörter und Redensarten.* Frankfurt: Moritz Diesterweg, 1924, S. 86-87 (mit Belegen).

48 Johann Georg Seybold, *Lust-Garten von auserlesenen Sprüchwörtern.* Nürnberg: Wolfgang Moritz Endter, 1677, S. 160.

Charlotte von Orléans das Sprichwort „Weß das hertz voll ist, geht der mundt über"[49], und später verwendet Goethe das Sprichwort in zweien seiner Briefe. In einem Brief an Friedrich Schiller im Januar 1796 schreibt Goethe betreffs einer Gedichtesammlung „wo das Herz voll ist, geht der Mund über"[50], und im August 1812 heißt es dann in einem Brief an Eleonora Flies, „daß der Mund übergeht, wenn das Herz voll ist."[51] Hier macht sich aber bereits bemerkbar, daß das bekannte Sprichwort ziemlich frei gehandhabt wird, da es von vornherein als allgemein gebräuchlich und bekannt vorausgesetzt werden kann.

Das gilt vor allem für den Schweizer Volksschriftsteller und Pfarrer Jeremias Gotthelf, der in der ersten Hälfte des 19. Jahrhunderts mit besonderer Vorliebe das Sprichwort „Wessen das Herz voll ist, dessen läuft der Mund über" in seine Werke einbaute. Allein in dieser süddeutschen Form verwendet er das Sprichwort zwischen 1836 und 1852 siebenmal. Doch auch wenn Gotthelf das Sprichwort nur teilweise verändert oder auch nur darauf anspielt, benutzt er durchweg das Verb „laufen" statt „gehen". Einmal heißt es da, „es wird voll davon [von Beleidigungen], unser kleines, enges Herz, und darum läuft auch der Mund über", und ein anderes Mal erklärt Gotthelf, daß „auch dem Tröckensten [dem Ruhigsten] zuweilen das Herz voll wird, und dann läuft es ihm über." Das Sprichwort wird auch mit einem anderen Sprichwort in Verbindung gebracht, wie zum Beispiel in folgender

49 Vgl. Johannes Bolte, „Aus den Briefen der Herzogin Elisabeth Charlotte von Orléans", *Alemannia*, 15 (1887), 57 (der ganze Beitrag auf S. 50-62).
50 Vgl. Johann Wolfgang von Goethe, *Werke*, hrsg. im Auftrage der Großherzogin Sophie von Sachsen, IV. Abteilung, 11. Band. Weimar: Hermann Böhlau, 1892, S. 15.
51 Ebenda, 23. Band. Weimar: Hermann Böhlau, 1900, S. 83. Vgl. auch J. Alan Pfeffer, *The Proverb in Goethe*. New York: King's Crown Press, 1948, S. 76.

Bemerkung Gotthelfs: „„Scheiden und meiden tut weh',
absonderlich, wenn das Herz voll ist und, was im Herzen
ist, den Gang durch den Mund noch nicht gefunden hat."
Wenn hier die Formelhaftigkeit des Sprichwortes kaum
noch zu erkennen ist, so ist das in der folgenden spötti-
schen Charakterisierung einer Gruppe Männer in einem
Wirtshaus noch mehr der Fall: „Keinem muß das Herz
voll gewesen sein, denn man merkte keins, das überlief.
Vielleicht sind die Herzen heutzutage auch größer, so
daß sie nicht so schnell überlaufen." Und schließlich
erwähnt Gotthelf auch zweimal nur die erste Hälfte des
Sprichwortes „wessen sein (ihr) Herz voll ist (war)", da
er die andere Hälfte als allgemein bekannt voraussetzen
kann.[52]
Demgegenüber enthalten die wichtigen Sprichwörter-
sammlungen des 19. Jahrhunderts nur die standardisierte
Sprichwortform mit ganz kleinen Abweichungen:

Wessen das Herz voll ist, deß geht der Mund über[53] (1837),
Wessen das Herz voll, davon geht der Mund über[54] (1840),
Wes das Herz voll ist, des geht der Mund über[55] (1846),
Wessen das Herz voll ist, geht der Mund über[56] (1866),

52 Vgl. zu diesen Gotthelf-Zitaten Wolfgang Mieder (wie Anm. 1),
    S. 119-120.
53 Wilhelm Körte, *Die Sprichwörter und sprichwörtlichen Re-
    densarten der Deutschen.* Leipzig: F.A. Brockhaus, 1837.
    Nachdruck Hildesheim: Georg Olms, 1974, S. 206 (Nr. 2824).
54 J. Eiselein, *Die Sprichwörter und Sinnreden des deutschen
    Volkes in alter und neuer Zeit.* Freiburg: Wagner, 1840. Nach-
    druck Leipzig: Zentralantiquariat der DDR, 1980, S. 476.
55 Karl Simrock, *Die Deutschen Sprichwörter.* Frankfurt: Brön-
    ner, 1846. Nachdruck hrsg. von Hermann Bausinger. Dort-
    mund: Die bibliophilen Taschenbücher, 1978, S. 215 (Nr.
    4681).
56 Ida von Düringsfeld, *Das Sprichwort als Kosmopolit.* Teil 2:
    Das Sprichwort als Praktikus. Leipzig: Hermann Fries, 1866,
    S. 75.

Wes das hertz vol ist, geht der mund vber[57] (1870),
Wessen das Herz voll ist, dess geht der Mund über[58] (1872),
Weß das Herz voll ist, deß geht der Mund über[59] (1876).

Schließlich bringt auch Grimms *Deutsches Wörterbuch* 1877 als allgemein gängige Form „wes das herz vol ist, des gehet der mund über."[60] Doch schon im 19. Jahrhundert werden zuweilen die Genitivformen durch den Dativ ersetzt, so daß bereits seit 1870 die neuere Variante „Wem das Herz voll ist, dem geht der Mund über"[61] überliefert ist, die allerdings bis zum heutigen Tage die Urform nicht verdrängen konnte. Interessant ist in diesem Zusammenhang natürlich auch die 1901 belegte Zwitterform „Wessen das Herz voll ist, dem läuft der Mund über"[62], hier allerdings wieder mit dem Verb „laufen".

Wenn ein Sprichwort so beliebt und bekannt ist wie dieses deutsche Bibelsprichwort, so stellen sich naturgemäß auch die volkssprachlichen Erweiterungen und Ausschmückungen oder die bewußten Parodien ein. Schon

57 Karl Friedrich Wilhelm Wander, *Deutsches Sprichwörterlexikon.* Leipzig: F.A. Brockhaus, 1870. Nachdruck Darmstadt: Wissenschaftliche Buchgesellschaft, 1964, Bd. 2, Sp. 615 (Nr. 341), mit weiteren Belegen aus verschiedenen Sprachen. Vgl. auch Pfeffer (wie Anm. 16), S. 103.
58 Ida von Düringsfeld und Otto Freiherr von Reinsberg-Düringsfeld, *Sprichwörter der germanischen und romanischen Sprachen.* Leipzig: Hermann Fries, 1872. Nachdruck Hildesheim: Georg Olms, 1973, Bd. 1, S. 380-381, mit internationalen Belegen.
59 Gotthard Oswald Marbach, *Sprichwörter und Spruchreden der Deutschen.* Leipzig: Otto Wigand, 1876. Nachdruck Wiesbaden: Ralph Suchier, 1977, S. 80.
60 Jacob und Wilhelm Grimm, *Deutsches Wörterbuch,* hrsg. von Moritz Heyne. Leipzig: S. Hirzel, 1877, Bd. 4, Sp. 1215.
61 Wander (wie Anm. 57), Bd. 2, Sp. 612 (Nr. 286).
62 Vgl. die kurze Notiz von Ernst Wülfing, „‚Wessen das Herz voll ist, dem läuft der Mund über'," *Zeitschrift für den deutschen Unterricht,* 15 (1901), 382.

1810 wurde die Variante „Wovon das Herz voll, davon
gehn Mund und Augen über"[63] von dem Bischof und
Sprichwortforscher Johann Michael Sailer registriert. Und
seit 1840 ist in den Sprichwörtersammlungen auch die
poetische Variante „Wessen das Herz ist gefüllt, davon
es sprudelt und überquillt"[64] zu finden. Solche Weiter-
dichtungen gehen aber auch schnell ins Komische oder
Anstößige über, wenn der Volkshumor das vielzitierte
Bibelsprichwort zu einem derben Sagwort erweitert. Seit
der Mitte des 19. Jahrhunderts etwa sind zum Beispiel
die beiden folgenden Sagwörter überliefert: „‚Wessen das
Herz voll ist, dess geht der Mund über’, sagte Grölzer und
lot (entließ) einige Magentriller" und „‚Wovon das Herz
voll ist, davon geht der Mund über’, sagte jener, der eine
Schüssel Kaldaunen gegessen, und fing an zu kotzen."[65]
Hierher gehört sicherlich auch die in Schwaben aufge-
zeichnete Variation „Wes der Magen voll ist, läuft der
Mund über."[66] Seit dieser Zeit gibt es jedoch auch intel-
lektuelle Auseinandersetzungen mit der biblischen Weis-
heit. Das durch Martin Luthers Bibel immer populärer
gewordene Sprichwort wird immer wieder in Frage ge-
stellt und parodiert.

Besonders scharfzüngige Aphoristiker haben sich kri-
tisch mit dem Sprichwort auseinandergesetzt und da-
durch sprichwörtliche Aphorismen in der Form von Anti-
sprichwörtern[67] geschaffen. Den Auftakt gab 1868 Karl

63 Johann Michael Sailer, *Die Weisheit auf der Gasse.* Augsburg:
    Martin Weith, 1810, S. 181.
64 Eiselein (wie Anm. 54), S. 306 und Marbach (wie Anm. 59),
    S. 80.
65 Wander (wie Anm. 57), Bd. 2, Sp. 615 (Nr. 343) und Sp. 616
    (Nr. 370).
66 Archer Taylor, *The Proverb.* Cambridge/Massachusetts: Har-
    vard University Press, 1931. Nachdruck Hatboro/Pennsylvania:
    Folklore Associates, 1962. Erneuter Nachdruck hrsg. von
    Wolfgang Mieder. Bern: Peter Lang, 1985, S. 57.
67 Vgl. dazu Mieder (wie Anm. 5).

Gutzkow mit seiner Formulierung „Wes das Herz voll ist, davon — schweige der Mund!"[68] Der satirische Kulturkritiker Karl Kraus ersetzte 1909 nur das Wort „voll" durch „leer", um eine Sinnverdrehung des Sprichwortes zu erlangen: „Wes das Herz leer ist, des gehet der Mund über."[69] Ganz ähnlich verfaßte Karl Hoche seinen Aphorismus „Wes der Kopf leer ist, dem geht der Mund über"[70], wo sich auch das Dativrelativpronomen durchzusetzen scheint.

Aus demselben Jahr stammen auch die beiden folgenden das altüberlieferte Sprichwort abwandelnden Aphorismen. Eugen Gürster verdreht den ursprünglichen Sinn des Sprichwortes völlig, indem er behauptet, daß der Mensch gerade dann viel redet, wenn er etwas nicht versteht oder nicht zu erklären weiß: „Was man nicht ausdrücken kann, davon geht einem der Mund über."[71] In die Analsphäre geht dagegen Bert Berkensträter mit seiner witzigen Antidichtung über: „Wes die hose voll ist, des geht die zeitung über"[72], und im Jahre 1975 bezieht dann der Schweizer Aphoristiker Felix Renner seine Sprichwortvariation auf das politische Leben: „Wes der Sack eines Politikers voll ist, des geht sein Mund über."[73]

68 *Gutzkows Werke*, hrsg. von Reinhold Gensel. Berlin: Bong, 1912, Bd. 4, S. 96.
69 Karl Kraus, *Beim Wort genommen*, hrsg. von Heinrich Fischer. München: Kösel, 1955, S. 156. Vgl. auch Wolfgang Mieder, „Karl Kraus und der sprichwörtliche Aphorismus", *Muttersprache*, 89 (1979), 97-115; jetzt auch abgedruckt in Mieder (wie Anm. 15), S. 113-131.
70 Karl Hoche, *Schreibmaschinentypen und andere Parodien*. München: Deutscher Taschenbuchverlag, 1971, S. 63.
71 Eugen Gürster, *Narrheiten & Wahrheiten. Aphorismen*. München: Anton Pustet, 1971, S. 13.
72 Bert Berkensträter, *zungen-schläge*. Berlin: Wolfgang Fietkau, 1971, S. 32.
73 Zitiert aus einem unveröffentlichten Manuskript vom 10. November 1975, das mir Herr Renner freundlicherweise zustellte.

Als weiteres Beispiel sei noch das Antisprichwort des Mediziners Gerhard Uhlenbruck erwähnt, der 1980 das Herz durch das Gehirn ersetzte und damit vielleicht die Redewut mancher Intellektuellen bloßstellen wollte: „Wem das Hirn voll ist, fließt der Mund über."[74] Schließlich stellte Klaus Möckel 1982 in der DDR die aphoristische Frage: „Wem der Mund voll ist, wann läuft dem schon das Herz über?"[75] und Nikolaus Cybinski schrieb etwa zur gleichen Zeit in der BRD folgenden Aphorismus: „Schriftsteller sind ungewöhnliche Menschen. Ihnen geht der Mund über, wenn das Herz leer ist."[76] Interessant ist in diesen beiden letzten Varianten, wie die normale Sequenz von „Herz" und „Mund" verdreht wird — vielleicht um die Gefühllosigkeit des modernen Zeitalters anzuprangern.

Der moderne Mensch steht also dem alten Sprichwort nicht mehr ehrerbietig gegenüber, sondern er „spielt" mit der vielleicht zu oft zitierten Sprachformel. Dabei wird die Strukturformel „Wes X voll ist, des geht Y über" gewöhnlich beibehalten, die das ursprüngliche Sprichwort in Erinnerung ruft. Aus dem Kontrast zwischen Original und Variation ergibt sich dann die effektvolle Aussagekraft solcher Wortspiele, obwohl natürlich auch das Sprichwort im modernen Sprachgebrauch weiterlebt. Allerdings weist

Vgl. auch Wolfgang Mieder, „‚Eine aphoristische Schwalbe macht schon einen halben Gedankensommer'. Zu den Aphorismen von Felix Renner", *Sprachspiegel*, 38 (1982), 162-167; jetzt auch abgedruckt in W. Mieder, *Sprichwort, Redensart, Zitat. Tradierte Formelsprache in der Moderne.* Bern: Peter Lang, 1985, S. 65-71.

74 Gerhard Uhlenbruck, *Frust-Rationen. Aphoristische Heil- und Pflegesätze.* Aachen: Josef Stippak, 1980, S. 100.

75 Klaus Möckel, *Kopfstand der Farben. Verkehrte Gedichte.* Berlin [Ost]: Eulenspiegel, 1982, S. 12.

76 Nikolaus Cybinski, *In diesem Lande ist das Leben lustig! Wohin du schaust: Lachende Dritte. Aphorismen.* Lörrach: Waldemar Lutz, 1982, S. 92.

eine neuere Sprichwörtersammlung darauf hin, daß inzwischen die grammatisch moderne Form „Wem das Herz voll ist, dem geht der Mund über" dem veralteten Original zuweilen vorgezogen wird.[77]

Wenn Martin Luther das Sprichwort „Wes das Herz voll ist, des geht der Mund über" auch nicht geprägt hat, so war es doch sein natürliches Sprachgefühl, das den zu seiner Zeit miteinander konkurrierenden Varianten eine bald allgemein akzeptierte Standardform entgegensetzte, die bis zum heutigen Tage geläufig ist. Luther erweist sich also auch an diesem Beispiel als Normgeber der Schriftsprache und wegen des gewaltigen Einflusses seiner Bibelübersetzung auch als Normgeber der Umgangssprache und ihrer Sprichwörter.[78]

Ähnliche Studien ließen sich für die bekanntesten Bibelsprichwörter anfertigen. Besonders für die Sprichwörter „Geben ist seliger als nehmen" (Apostelgeschichte 20,35), „Der Geist ist willig, aber das Fleisch ist schwach" (Matthäus 26,41), „Wer anderen eine Grube gräbt, fällt selbst hinein" (Sprüche 26,27), „Hochmut kommt vor dem Fall" (Sprüche 16,18), „Der Mensch lebt nicht vom Brot allein" (Matthäus 4,4) usw. existieren viele moderne ironische und satirische Variationen in der Form von aphoristischen Antisprichwörtern[79], die zusammen mit den im traditionellen Wortlaut verwendeten Texten die

77 Vgl. Christa Frey, Annelies Herzog, Arthur Michel und Ruth Schütze, *Deutsche Sprichwörter für Ausländer.* Leipzig: VEB Verlag Enzyklopädie, 1974, S. 70. Vgl. aber dagegen die beiden neuen Wörterbücher, die Luthers Form beibehalten: *Duden. Das große Wörterbuch der deutschen Sprache*, hrsg. von Günther Drosdowski. Mannheim: Bibliographisches Institut, 1977, Bd. 3, S. 1217; und *Brockhaus-Wahrig. Deutsches Wörterbuch*, hrsg. von Gerhard Wahrig. Wiesbaden: F.A. Brockhaus, 1981, Bd. 3, S. 532.

78 Vgl. die beigefügte Bibliographie über „Martin Luther und das Sprichwort" am Ende dieser Einleitung.

79 Vgl. Mieder (wie Anm. 5).

Überlebenskraft biblischer Sprichwörter aufweisen. Ein Ziel der neueren Parömiographie sollte es sein, die wertvolle Sammlung biblischer Sprichwörter von Carl Schulze durch Belege vom 17. Jahrhundert bis zur Moderne zu ergänzen und dadurch die innovative Regeneration traditioneller Bibelsprichwörter anhand vieler Beispiele zu zeigen.

Herbst 1986   Wolfgang Mieder
                                    University of Vermont
                                    Burlington/Vermont
                                    USA

III.

Carl Schulzes Schriften

„Ausdrücke für Sprichwort." *Zeitschrift für deutsches Alterthum und deutsche Literatur*, 8 (1851), 376-384.

Die biblischen Sprichwörter der deutschen Sprache. Göttingen: Vandenhoeck & Ruprecht, 1860.

„Deutsche Sprichwörter auf biblischem Grunde." *Archiv für das Studium der neueren Sprachen und Literaturen*, 28 (1860), 129-148.

„Niederdeutsche Sprichwörter und Redensarten, gesammelt und mit einem Glossar versehen von Karl Eichwald. Leipzig, 1860. Verlag von H. Hübner [Rezension]." *Archiv für das Studium der neueren Sprachen und Literaturen*, 29 (1861), 331-314.

„Johann Agricola und Sebastian Franck und ihre Plagiatoren." *Archiv für das Studium der neueren Sprachen und Literaturen*, 32 (1862), 153-160.

„Noch einmal ‚Agricola und Franck'. (Ein Nachtrag zum Nachtrage, [*Archiv*], Bd. XXXII, Heft 3-4)." *Archiv für das Studium der neueren Sprachen und Literaturen*, 33 (1863), 115-117.

„Imperativisch gebildete Substantiva." *Archiv für das Studium der neueren Sprachen und Literaturen*, 43 (1868), 13-40.

„Die sprichwörtlichen Formeln der deutschen Sprache." *Archiv für das Studium der neueren Sprachen und Literaturen*, 48 (1871), 435-450; 49 (1872), 139-162; 50 (1873), 83-122; 51 (1873), 195-212; 52 (1874), 61-80, 375-392; 54 (1875), 55-74, 303-316.

„Deutsche Spruchweisheit auf Münzen, Medaillen und Marken." *Archiv für das Studium der neueren Sprachen und Literaturen*, 56 (1876), 59-90; 57 (1877), 17-40; 58 (1877), 321-344.

„Spruchbuch der jungen Pfalzgräfin Anna Sophia, nachherigen Aebtissin von Quedlinburg, vom Jahre 1630." *Archiv für das Studium der neueren Sprachen und Literaturen*, 59 (1878), 318-338.

IV.

Bibliographie

Hier werden die wichtigsten biblischen Sprichwörtersammlungen und die bedeutenderen Schriften zum Sprichwort in der Bibel verzeichnet. Weitere Literatur befindet sich in den folgenden Bibliographien:

Bonser, Wilfrid. *Proverb Literature. A Bibliography of Works Relating to Proverbs.* London: William Glaisher, 1930. Nachdruck Nendeln/Liechtenstein: Kraus, 1967. Vgl. unter „Religion", S. 448-450 (Nr. 3928-3952).

Davidson, Ysrael. „A Bibliography of Post-Biblical Literature of Sayings and Proverbs." *Yivo-bleter,* 13 (1938), 354-372 (auf Jiddisch).

Mieder, Wolfgang. *International Bibliography of Explanatory Essays on Individual Proverbs and Proverbial Expressions.* Bern: Peter Lang, 1977.

Mieder, Wolfgang. *Proverbs in Literature: An International Bibliography.* Bern: Peter Lang, 1978.

Mieder, Wolfgang. *International Proverb Scholarship: An Annotated Bibliography.* New York: Garland Publishing, 1982.

Mieder, Wolfgang. *Investigations of Proverbs, Proverbial Expressions, Quotations and Clichés. A Bibliography of Explanatory Essays which Appeared in „Notes and Queries" (1849-1983).* Bern: Peter Lang, 1984.

Moll, Otto. *Sprichwörterbibliographie.* Frankfurt: Vittorio Klostermann, 1958. Vgl. unter „Hebräisch − Bibel, Salomon, Sirach", S. 46-50 (Nr. 292-652); und unter „Religion, Aberglauben, Pfaffen", S. 561-564 (Nr. 8852-8906).

1. Biblische Sprichwörtersammlungen

Büchmann, Georg. *Geflügelte Worte. Der Zitatenschatz des deutschen Volkes.* Hrsg. von Gunther Haupt und Winfried Hofmann. Berlin: Haude & Spener, [32]1972. Vgl. unter „Aus der Bibel", S. 1-106.

Bullinger, Ethelbert William. *Figures of Speech Used in the Bible. Explained and Illustrated.* London: Eyre & Spottiswoode, 1898.

Champion, Selwyn Gurney. *The Eleven Religions and Their Proverbial Lore.* New York: E.P. Dutton, 1945.

Cohen, Abraham. *Wisdom of the East. Ancient Jewish Proverbs.* London: John Murray, 1911. Nachdruck Darby/Pennsylvania: Folcroft, 1980.

Cohen, Henry. *Talmudic Sayings.* Cincinnati/Ohio: Bloch, 1894.

Gluski, Jerzy. *Proverbs. A Comparative Book of English, French, German, Italian, Spanish and Russian Proverbs with a Latin Appendix.* New York: Elsevier, 1971. Vgl. unter „A List of Proverbs Taken from the Bible", S. 447-448 (Register).

Goldman, Moses. *Proverbs of the Sages. Collection of Proverbs, Ethical Precepts, from the Talmud and Midrashim.* New York: Goldman & Steinberg, 1911.

Gordon, Edmund. *Sumerian Proverbs. Glimpses of Everyday Life in Ancient Mesopotamia.* New York: Greenwood, 1968.

Gottschalk, Walter. *Die bildhaften Sprichwörter der Romanen.* 3 Bde. Heidelberg: Carl Winter, 1935-1938. Vgl. in Bd. 3 vor allem „Kirche", S. 69-122; und „Bibel", S. 78-94.

Jacox, Francis. *Scripture Proverbs. Illustrated, Annotated and Applied.* London: Hodder & Stoughton, 1874.

Jüchen, Aurel von. *Gott begegnet dir alle Tage, wenn du ihn nur grüßen möchtest. Christliche Sprichwörter neu bedacht.* Hamburg: Agentur des Rauhen Hauses, 1980.

Karrer, Philipp Jakob. *Neues vollständiges, richtiges biblisches Spruchregister, in welchem elf-tausend Sprüche enthalten sind.* Kempten: Dannheimer, 1833.

Laurillard, Eliza. *Opgave en toelichting van spreuken of gezegden in de volkstaal, aan den Bijbel ontleend.* Amsterdam: Van Bonga, 1875.

Le Roux de Lincy, Adrien Jean Victor. *Le livre des proverbes français.* 2 Bde. Paris: Adolphe Delahays, 1842, ²1859. Nachdruck Genève: Slatkine, 1968. Vgl. in Bd. 1 vor allem „Proverbes sacrés", S. 1-56.

Löwenheim, H.J. *Sentenzen, Sprüche und Lebensregeln aus dem*

Talmud und anderen Urquellen orientalischer Weisheit. Berlin: Fritzsche, 1857.

Marvin, Dwight Edwards. *Curiosities in Proverbs.* New York: Putnam's Sons, 1916. Nachdruck in zwei Bänden, Darby/Pennsylvania: Folcroft, 1980. Vgl. „Bible Proverbs – Old Testament", Bd. 1, S. 98-113; „Bible Proverbs – New Testament", Bd. 1, S. 114-127; „Proverbs Suggested by the Bible or Suggesting the Bible", Bd. 1, S. 128-144.

Mouser, William. *Walking in Wisdom. Studying the Proverbs of Solomon.* Downers Grove/Illinois: InterVarsity Press, 1983.

Mylius, Christian Friedrich. *Aus Volkes Mund. Sprichwörtliche Redensarten, Citate aus classischen Dichtungen, aus der Oper, aus der Bibel.* Frankfurt: Jaeger, 1878.

Peters, Madison Clinton. *Wit and Wisdom of the Talmud.* New York: Baker and Taylor, 1901.

Riecke, G.A. *Salomo's Sprüche der Weisheit frei in Reime gebracht.* Esslingen: Weißmann, 1876.

Roston, Leo. *Treasury of Jewish Quotations.* New York: McGraw Hill, 1972.

Sailer, Johann Michael. *Die Weisheit auf der Gasse, oder Sinn und Geist deutscher Sprichwörter.* Augsburg: Martin Weith, 1810. Nachdruck Sulzbach: Seidel, 1843.

Schuhl, Moise. *Sentences et proverbes du Talmud et du Midrasch.* Paris: Imprimerie Nationale, 1878.

Schulze, Carl. *Die biblischen Sprichwörter der deutschen Sprache.* Göttingen: Vandenhoeck & Ruprecht, 1860.

Stahl, Abraham. *Proverbs of the Tribes of Israel.* Tel Aviv: Am Oved, 1975 (auf Hebräisch).

Stevenson, Burton. *The Home Book of Bible Quotations.* New York: Harper, 1949.

Tendlau, Abraham Moses. *Sprichwörter und Redensarten deutsch-jüdischer Vorzeit.* Frankfurt: J. Kauffmann, 1860. Nachdruck Hildesheim: Georg Olms, 1980.

Wallerstein, J. *Gnomen und Sprichwörter des Talmuds.* Wien: Engel, 1865.

Wander, Karl Friedrich Wilhelm. *Das Sprichwort, angewandt zu Unterredungen über Sonn- und Festtagsevangelien. Besonders*

für Lehrer in Volksschulen, aber auch für Prediger brauchbar.
Berlin: Carl Heymann, 1836.

Wander, Karl Friedrich Wilhelm. *Christliche Glaubens- und Sitten-
lehre in Sprichwörtern. Erster Theil. Die Lehre von Gott und
seinen Eigenschaften.* Hirschberg: E.F. Zimmer, 1836. Nach-
druck Hirschberg: Verlag des Verfassers, 1838.

Zeeman, C.F. *Nederlandsche spreekwoorden, spreekwijzen, be-
namingen en volksuitdrukkingen, aan den Bijbel ontleend.*
Dordrecht: J.P. Revers, 1877, [2]1888.

2. Allgemeine Studien zum biblischen Sprichwort

Anonym. „On the Use of Proverbs in Grave [Religious] Compo-
sition." *Fraser's Magazine for Town and Country*, 56 (1857),
710-718.

Besso, Marco. *Roma e il Papa nei proverbi e nei modi di dire.* Rom:
Fondazione M. Besso, 1971.

Cheales, Allan Benjamin. *Proverbial Folklore.* London: Simpkin,
Marshall & Co., 1874. Nachdruck Darby/Pennsylvania: Fol-
croft, 1976. Vgl. unter „Pious Proverbs", S. 164-173.

Chiang, Alpha C. „Religion, Proverbs, and Economic Mentality."
American Journal of Economics, 20 (1961), 253-264.

Duyse, P. van. „Spreekwoorden aen geestelijke zaken ontleend."
*Belgisch Museum voor de Nederduitsche Taal- en Letterkun-
de*, 5 (1841), 192-233 und 454-458.

Freybe, A. „Biblische Spruchweisheit." *Lehrproben und Lehrgänge
aus der Praxis der Gymnasien und Realschulen*, 4 (1911),
81-95.

Grünberg, Paul. *Biblische Redensarten. Eine Studie über den Ge-
brauch und Mißbrauch der Bibel in der deutschen Volks- und
Umgangssprache.* Heilbronn: Henninger, 1888.

Guiraud, Pierre. *Les locutions françaises.* Paris: Presse Universi-
taires de France, 1961, [4]1973. Vgl. bes. S. 31-33.

Hasan-Rokem, Galit. „The Biblical Verse — Proverb and Quota-
tion." *Jerusalem Studies in Hebrew Literaure*, 1 (1981), 155-
166 (auf Hebräisch). Vgl. die englische Version in Galit Hasan-
Rokem, *Proverbs in Israeli Folk Narratives: A Structural*

Semantic Analysis. Helsinki, Suomalainen Tiedeakatemia, 1982, S. 54-64.

Hood, Edwin Paxton. *The World of Proverbs and Parable. With Illustrations from History, Biography, and the Anecdotal Table-Talk of all Ages.* London: Hodder and Stoughton, 1885.

Hulme, F. Edward. *Proverb Lore.* London: Elliot Stock, 1902. Nachdruck Detroit: Gale Research Co., 1968. Vgl. bes. S.1-64.

Jammes, Robert. „L'anticléricalisme des proverbes espagnols." *Les langues modernes,* keine Bandnummer, Nr. 5 (1959), 365-383.

Mende, Friedrich Wilhelm. „Über biblische Sprichwörter, Redensarten und Eigennamen im Volksgebrauch." *Neues Lausitzisches Magazin,* 44 (1867), 67-74.

Mieder, Wolfgang. *Deutsche Sprichwörter und Redensarten.* Stuttgart: Reclam, 1979. Vgl. unter „Sprichwort und Bibel", S. 50-54.

Pfeffer, J. Alan. „Das biblische Zitat im Volksmund der Germanen und Romanen." In: *Teilnahme und Spiegelung. Festschrift für Horst Rüdiger.* Hrsg. von Beda Allemann und Erwin Koppen. Berlin: Walter de Gruyter, 1975, S. 99-111.

Pineaux, Jacques. *Proverbes et dictons français.* Paris: Presse Universitaires de France, 1956, ⁶1973. Vgl. unter „La Bible", S. 7-8; und unter „Dieu, ses saints et son curé", S. 101-105.

Richmond, W. Edson. „Names in Proverbs and Proverbial Expressions: A Tentative Statement." *Indiana Names,* 5 (1974), 5-18.

Röhrich, Lutz und Wolfgang Mieder. *Sprichwort.* Stuttgart: Metzler, 1977. Vgl. unter „Bibel", S. 31-32.

Sébillot, Paul Yves. „Les personnages dans les proverbes: § 1. Personnages bibliques." *Revue des traditions populaires,* 19 (1904), 172-176.

Seiler, Friedrich. *Deutsche Sprichwörterkunde.* München: C.H. Beck, 1922. Nachdruck 1967. Vgl. unter „Die Sammlungen der Reformationszeit", S. 112-131.

Seiler, Friedrich. *Das deutsche Lehnsprichwort.* 4 Bde. Halle: Verlag der Buchhandlung des Waisenhauses, 1921-1924 (= F. Seiler, *Die Entwicklung der deutschen Kultur im Spiegel des deutschen Lehnworts,* Bde. 5-8). Vgl. unter „Antike und Christentum als Quellen des deutschen Lehnsprichworts", Bd. 1, S. 1-31; und die vielen Beispiele biblischer Sprichwörter im zweiten Band.

Söhns, Franz. „Die Bibel und das Volk. Eine Sammlung von Worten, Redewendungen, Bildern und sprichwörtlichen Redensarten, welche die Sprache unseres Volkes der Bibel entlehnt hat." *Zeitschrift für den deutschen Unterricht,* 4 (1890), 9-29.

Straubinger, Otto Paul. *Given Names in German Proverbs.* Diss. University of California at Los Angeles, 1946.

Straubinger, Otto Paul. „Names in Popular Sayings." *Names,* 3 (1955), 157-164.

Taylor, Archer. *The Proverb.* Cambridge/Massachusetts: Harvard University Press, 1931. Nachdruck als *The Proverb and An Index to „The Proverb".* Hatboro/Pennsylvania: Folklore Associates, 1962 (auch: Copenhagen: Rosenkilde and Bagger, 1962). Jetzt erneut nachgedruckt mit einer Einleitung und Bibliographie (S. V-LIII) von Wolfgang Mieder (Bern: Peter Lang, 1985). Vgl. unter „Biblical Proverbs", S. 52-61.

Trench, Richard Chenevix. *Proverbs and Their Lessons. With Additional Notes and a Bibliography.* Hrsg. von Smythe Palmer. London: George Routledge, 1905 (1. Aufl. 1853). Vgl. unter „The Theology of Proverbs", S. 118-144.

Whittaker, John. „Literal and Figurative Language of God." *Religious Studies,* 17 (1981), 39-54.

Woods, Barbara Allen. „A Man of Two Minds [Bertold Brecht und biblische Sprichwörter]." *German Quarterly,* 42 (1969), 44-51.

3. Sprichwörter aus dem Alten Testament

Andrews, D.K. „Preaching from ‚Proverbs'." *Canadian Journal of Theology,* 4 (1958), 120-126.

Bambeck, Manfred. „‚Die großen Fische fressen die kleinen'. Bemerkungen zu einem patristischen Traditionshintergrund für Hieronymus Bosch und Pieter Bruegel d.Ä." *Neuphilologische Mitteilungen,* 82 (1981), 262-268. Vgl. Habakuk 1, 13-14.

Bauckmann, E.G. „Die Proverbien und die Sprüche des Jesus Sirach." *Zeitschrift für alttestamentliche Wissenschaft,* 72 (1960), 33-63.

Blackwood, Andrew J. *In All Your Ways. A Study of „Proverbs".* Grand Rapids/Michigan: Baker Book House, 1979.

Bridges, Charles. *An Exposition of the Book of Proverbs.* New York: R. Carter, 1847, ⁴1859. Nachdruck mit dem Titel *Proverbs. A Commentary on „Proverbs".* Edinburgh: The Banner of Truth Trust, 1977.

Camp, Claudia V. *Wisdom and the Feminine in the Book of Proverbs.* Diss. Duke University, 1982.

Dickins, Bruce. „Addendum to ‚Lest men, like fishes'." *Traditio,* 6 (1946), 356-357. Vgl. Habakuk 1, 13-14.

Elmslie, William Alexander. *Studies in Life from Jewish Proverbs.* London: James Clarke, 1917.

Elton, William. „Addendum: ‚Lest men, like fishes'." *Traditio,* 18 (1962), 421-422. Vgl. Habakuk 1, 13-14.

Fontaine, Carole R. *Traditional Sayings in the Old Testament. A Contextual Study.* Sheffield: The Almond Press, 1982.

Gruenewald, Max. ‚„It is Enough for the Servant to Be Like His Master'." In: *Salo Wittmayer Baron. Jubilee Volume on the Occasion of His Eightieth Birthday.* 3 Bde. Hrsg. von Saul Lieberann. Jerusalem: American Academy for Jewish Research, 1974. Bd. 2, S. 573-576.

Haefeli, Leo. *Sprichwörter und Redensarten aus der Zeit Christi.* Luzern: Räber, 1934.

Horton, R.F. „Christ's Use of the Book of Proverbs." *The Expositor,* 3rd. series, 7 (1888), 105-123.

Isoz, C. Claire. „Enclisis after Paroxytones in Sanson de Nantuil's ‚Proverbs of Solomon'." *Reading Medieval Studies,* 4 (1978), 56-68.

Keyes, L.L. „About a Serpent." *Worship,* 34 (1959), 27-32. Vgl. Sprüche 30, 18-19: „Drei sind mir zu wunderbar, und das vierte verstehe ich nicht: des Adlers Weg am Himmel, der Schlange Weg auf einem Felsen, des Schiffes Weg mitten im Meer und eines Mannes Weg an einer Jungfrau."

Kidner, Frank Derek. *The „Proverbs". An Introduction and Commentary.* London: Tyndale, 1964.

Kim, James Kap-Dong. *A Study of Some Alliterative and Assonantal Features of the Language of „Proverbs".* Diss. Brandeis University, 1975.

Klassen, William. „Coals of Fire: Sign of Repentance or Revenge?"

New Testament Studies, 9 (1963), 337-350. Vgl. Sprüche 25, 22: „Denn du wirst feurige Kohlen auf sein Haupt häufen, und der Herr wird dir's vergelten."

Larsen, Paul E. *Wise Up and Live! Wisdom from „Proverbs". A Bible Commentary for Laymen.* Glendale/California: Regal Books, 1974, ⁵1978.

Lebeer, Louis. „Het hooi en de hooiwagen in de beeldende kunsten." *Gentsche Bijdragen tot de Kunstgeschiedenis*, 5 (1938), 141-155. Vgl. Jesaja 40,6: „Alles Fleisch ist Gras ..."

Lenk, Werner. „Zur Sprichwort-Antithetik im ‚Salomon-Markolf' Dialog." *Forschungen und Fortschritte*, 39 (1965), 151-155.

Loukatos, Démétrios. „‚Que Dieu nous garde ...'" *Proverbium*, 15 (1970), 488-490.

MacIntosh, A. „Note on Proverbs 25:27." *Vetus Testamentum*, 20 (1970), 112-114. Vgl. Sprüche 25,27: „Wer zu viel Honig ißt, das ist nicht gut."

McKane, William. *„Proverbs". A New Approach.* London: SCM Press, 1970.

Meir, Ofra. „Proverbs Uttered by Characters in the Stories of the Talmud and the Midrash." *Proverbium*, 2 (1985), 97-108.

Mieder, Wolfgang. „History and Interpretation of a Proverb about Human Nature: ‚Big Fish Eat Little Fish'." In: W. Mieder, *Tradition and Innovation in Folk Literature.* Hannover/New Hampshire: University Press of New England, 1987 (in press). Vgl. Habakuk 1, 13-14.

Ogle, Marbury B. „‚The Way of all Flesh'." *Harvard Theological Review*, 31 (1938), 41-51. Vgl. 1. Könige 2,2: „Ich gehe hin den Weg aller Welt (allen Fleisches)."

Ogle, Marbury B. „‚The Apple of the Eye'." *Transactions and Proceedings of the American Philological Association*, 73 (1942), 181-191. Vgl. Psalm 17,8: „Behüte mich wie einen Augapfel im Auge" und 5. Mose 32,10: „Er behütete ihn wie seinen Augapfel."

Parsons, Wilfrid. „‚Lest men, like fishes'." *Traditio*, 3 (1945), 380-388. Vgl. Habakuk 1, 13-14.

Proulx, Pierre. *Ugaritic Verse Structure and the Poetic Syntax of „Proverbs".* Diss. Johns Hopkins University, 1956.

Ramaroson, Léonard. „‚Charbons ardents': ‚sur la tête' ou ‚pour le feu'?" *Biblica*, 51 (1970), 230-234. Vgl. Sprüche 25,22: „Denn du wirst feurige Kohlen auf sein Haupt häufen, und der Herr wird dir's vergelten."

Scott, R. B. Y. *The Anchor Bible*. *„Proverbs" and „Ecclesiastes"*. *Introduction, Translation, and Notes*. Garden City/New York: Doubleday, 1965.

Segal, M.H. „On the Poetical Forms of Ancient Proverbial Literature." *Tarbiz*. *A Quarterly Review of the Humanities*, 1, (1939-1940), 1-19 (auf Hebräisch).

Sutcliffe, E.F. „The Meaning of Proverbs 30:18-19." *Irish Theological Quarterly*, 27 (1960), 125-131. Vgl. Sprüche 30,18-19: „Drei sind mir zu wunderbar, und das vierte verstehe ich nicht: des Adlers Weg am Himmel, der Schlange Weg auf einen Felsen, des Schiffes Weg mitten im Meer und eines Mannes Weg an einer Jungfrau."

Taylor, Archer. „‚Stolen Fruit is Always the Sweetest'." *Proverbium*, 7 (1967), 145-149. Vgl. Sprüche 9,17: „Die gestohlenen Wasser sind süß, und das verborgene Brot schmeckt wohl."

Thompson, John Mark. *The Form and Function of Proverbs in Ancient Israel*. The Hague: Mouton, 1974.

Turner, Charles W. *Studies in „Proverbs". Wise Words in a Wicked World*. Grand Rapids/Michigan: Baker Book House, 1976, [2]1981.

Unverfehrt, Gerd. „‚Große Fische fressen kleine'. Zu Entstehung und Gebrauch eines satirischen Motivs." In: Gerhard Langemeyer, G. Unverfehrt, Herwig Guratzsch und Christoph Stölzl, *Bild als Waffe. Mittel und Motive der Karikatur in fünf Jahrhunderten*. München: Prestel, 1984. S. 402-414. Vgl. Habakuk, 1,13-14.

Wahl, Moritz Callman. *Das Sprichwort der hebräisch-aramäischen Literatur mit besonderer Berücksichtigung des Sprichwortes der neueren Umgangssprachen*. Leipzig: Oskar Leiner, 1871.

Yuasa, Kichiro. *Classification of the Separate Proverbs in the Book of Proverbs*. Diss. Yale University, 1891.

4. Sprichwörter aus dem Neuen Testament

Aicher, Georg. *Kamel und Nadelöhr. Eine kritisch-exegetische Studie über Mt. 19,24 und Parallelen.* Münster: Aschendorff, 1908. Vgl. „Es ist leichter, daß ein Kamel durch ein Nadelöhr gehe, denn daß ein Reicher ins Reich Gottes komme."

Almqvist, Bo. „,In the King's Castle the Entrance is Wide but the Exit Narrow'." *Arv,* 22 (1966), 173-193. Vgl. Matthäus 7,13: „Denn die Pforte ist weit, und der Weg ist breit, der zur Verdammnis abführet" und Matthäus 7,14: „Und die Pforte ist eng, und der Weg ist schmal, der zum Leben führet."

Bartstra, S. „,Koolen vuurs hoopen op iemands hoofd'." *Nieuw Theologisch Tijdschrift,* 23 (1934), 61-68. Vgl. Römer 2,20: „Wenn du das tust, so wirst du feurige Kohlen auf sein Haupt sammeln."

Bastelaer, René van. „Le paysage de ,La Parabole des Aveugles' de Pierre Bruegel." In: *Mélanges Hulin de Loo.* Hrsg. von Paul Bergmans. Bruxelles: Librairie Nationale d'Art et d'Histoire, 1931. S. 321-325. Vgl. Matthäus 15,14: „Wenn aber ein Blinder den andern leitet, so fallen sie beide in die Grube."

Bauer, Johannes Baptista. „Das milde Joch und die Ruhe, Matth. 11, 28-30." *Theologische Zeitschrift,* 17 (1961), 99-106. Vgl. „Nehmet auf euch mein Joch und lernet von mir; denn ich bin sanftmütig und von Herzen demütig; so werdet ihr Ruhe finden für eure Seelen."

Beardslee, William A. „Uses of the Proverb in the Synoptic Gospels." *Interpretation. A Journal of Bible and Theology,* 24 (1970), 61-73. Auch in Wolfgang Mieder und Alan Dundes (Hrsg.), *The Wisdom of Many. Essays on the Proverb.* New York: Garland Publishing, 1981. S. 161-173.

Benum, Ivar. „Gud og keiseren." *Norsk teologisk tidsskrift,* 42 (1941), 65-96. Vgl. Markus 12,17: „So gebet dem Kaiser, was des Kaisers ist, und Gott, was Gottes ist!"

Bryan, J. Davies. „,To Take up the Cross'." *Expository Times,* 37 (1925-1926), 551-553. Vgl. Markus 8,34: „Wer mir will nachfolgen, der verleugne sich selbst und nehme sein Kreuz auf sich und folge mir nach."

Bultmann, Rudolf. *The History of the Synoptic Tradition.* Translated by John Marsh. Oxford: Basil Blackwell, 1963. Vgl. unter „Dominical Sayings", S. 69-205.

Castellini, Giorgio M. „Struttura letteraria di Mt. 7,6." *Rivista biblica*, 2 (1954), 310-317. Vgl. Matthäus 7,6: „Ihr sollt das Heiligtum nicht den Hunden geben, und eure Seelen sollt ihr nicht vor die Säue werfen."

Denney, J. „Caesar and God." *The Expositor*, 5th series, 3 (1896), 61-69. Vgl. Markus 12,17: „So gebet dem Kaiser, was des Kaisers ist, und Gott, was Gottes ist!"

Dewey, Kim E. „Paroimiai in the Gospel of John." *Semeia*, 17 (1980), 81-99.

Dieterich, Julius Reinhard. „Eselritt und Dachabdecken." *Hessische Blätter für Volkskunde*, 1 (1902), 87-112. Vgl. Markus 2,4: „Und da sie nicht konnten zu ihm kommen vor dem Volk, deckten sie das Dach auf, da er war."

Ehrhardt, Arnold. „Greek Proverbs in the Gospel." *Harvard Theological Review*, 46 (1953), 59-77.

Fleissner, R.F. „Camel through a Needle's Eye." *American Notes and Queries*, 10 (1971-1972), 9 und 154-155. Vgl. Matthäus 19,24: „Es ist leichter, daß ein Kamel durch ein Nadelöhr gehe, denn daß ein Reicher ins Reich Gottes komme."

Fonck, L. „Zum Abdecken des Daches." *Biblica*, 6 (1925), 450-454. Vgl. Markus 2,4: „Und da sie nicht konnten zu ihm kommen vor dem Volk, deckten sie das Dach auf, da er war."

Fridrichsen, Anton. „‚Wer nicht mit mir ist, ist wider mich'." *Zeitschrift für die neutestamentliche Wissenschaft und die Kunde des Urchristentums*, 13 (1912), 273-280. Vgl. Markus 9,40.

Garnett, James. „‚For ... Sake'." *American Journal of Philology*, 3 (1882), 72-76.

Guy, Harold. „A Sayings-Collection in Mark's Gospel." *Journal of Theological Studies*, 42 (1941), 173-176.

Hain, Mathilde. „‚In Abrahams Schoß'. Eine volkskundliche Skizze zu einem großen Thema." In: *Festschrift Matthias Zender. Studien zu Volkskultur, Sprache und Landesgeschichte.* Hrsg. von Edith Ennen und Günter Wiegelmann. 2 Bde. Bonn: Ludwig Röhrscheid, 1972. Bd. 1, S. 447-454. Vgl. Lukas 16, 22: „Es begab sich aber, daß der Arme starb und ward getragen von den Engeln in Abrahams Schoß."

Hand, Wayland D. „A Dictionary of Words and Idioms Associated with Judas Iscariot." *University of California Publications in Modern Philology*, 24, Nr. 3 (1942), 289-356.

Haupt, Paul. „‚Abraham's Bosom'." *American Journal of Philology*, 42 (1921), 162-167. Vgl. Lukas 16,22: „Es begab sich aber, daß der Arme starb und ward getragen von den Engeln in Abrahams Schoß."

Hedley, P.L. „‚The Mote and the Beam' and ‚The Gates of Hades'." *Expository Times*, 39 (1927-1928), 427-428. Vgl. Matthäus 7,3: „Was siehest du aber den Splitter in deines Bruders Auge, und wirst nicht gewahr des Balkens in deinem Auge?"

Hertzler, Joyce. „On Golden Rules." *The International Journal of Ethics*, 44 (1933-1934), 418-436. Vgl. Matthäus 7,12: „Alles nun, was ihr wollt, daß euch die Leute tun sollen, das tut ihr ihnen auch."

Jahnow, Hedwig. „Das Abdecken des Daches, Mc. 2,4 und Lc. 5,19." *Zeitschrift für die neutestamentliche Wissenschaft und die Kunde des Urchristentums*, 24 (1925), 155-158. Vgl. vor allem Mark 2,4: „Und da sie nicht konnten zu ihm kommen vor dem Volk, deckten sie das Dach auf, da er war."

Jiriczek, O. „Nochmals zu der Redensart ‚feurige Kohlen auf jemandes Haupt häufen'." *Germanisch-Romanische Monatsschrift*, 3 (1911), 246-247. Vgl. Römer 12,20: „Wenn du das tust, so wirst du feurige Kohlen auf sein Haupt sammeln."

Kahane, Henry und Renée. „‚Pearls before Swine'? A Reinterpretation of Matth. 7,6." *Traditio*, 13 (1957), 421-424. Vgl. „Ihr sollt das Heiligtum nicht den Hunden geben, und eure Perlen sollt ihr nicht vor die Säue werfen."

Kilpatrick, G.D. „Matthew 4,4." *Journal of Theological Studies*, 46 (1944), 176. Vgl. „Der Mensch lebt nicht vom Brot allein."

King, George Brockwell. „The Mote and the Beam." *Harvard Theological Review*, 17 (1924), 393-404. Vgl. Matthäus 7,3: „Was siehest du aber den Splitter in deines Bruders Auge, und wirst nicht gewahr des Balkens in deinem Auge?"

King, George Brockwell. „A Further Note on the Mote and the Beam (Matt. 7,3-5; Luke 6,41-42)." *Harvard Theological Review*, 26 (1933), 73-76. Vgl. nun auch Lukas 6,41: „Was siehest du aber einen Splitter in deines Bruders Auge, und des Balkens in deinem Auge wirst du nicht gewahr?"

L

Klassen, William. „Coals of Fire: Sign of Repentance or Revenge?"
New Testament Studies, 9 (1963), 337-350. Vgl. Römer 12,
20: „Wenn du das tust, so wirst du feurige Kohlen auf sein
Haupt sammeln."

Koelwel, Eduard. „Kamel und Nadelöhr." *Sprachpflege*, 6 (1957),
184-185. Vgl. Matthäus 19,24: „Es ist leichter, daß ein Kamel
durch ein Nadelöhr gehe, denn daß ein Reicher ins Reich Got-
tes komme."

Koester, Helmut. „One Jesus and Four Primitive Gospels." *Har-
vard Theological Review*, 61 (1968), 203-247. Vgl. bes. S. 223-
227.

Koldeweij, A.M. „Woordspelingen en spreekwoorden vorbonden
met de verering van de heilige Servatius, en Servaas als ijs-
heilige." *Volkskunde*, 81 (1980), 169-182.

Köstlin, I. „Die Worte ,Wer nicht mit mir ist, ist wider mich' und
,Wer nicht wider uns (euch) ist, ist für uns (euch)'." *Theolo-
gische Studien und Kritiken*, 55 (1882), 307-324. Vgl. Markus
9,40.

Kunstmann, John G. „And Yet Again: ,Wes das Herz voll ist, des
gehet der Mund über'." *Concordia Theological Monthly*, 23
(1952), 509-527. Vgl. Matthäus 12,34.

Kurrelmeyer, William. „,,Wes das Herz voll ist, des gehet der Mund
über'." *Modern Language Notes*, 50 (1935), 380-382. Vgl.
Matthäus 12,34.

Lindqvist, Natan. „Hornet i sidan och palen i köttet. Kring en
grupp svenska talesätt." *Nysvenska studier*, 39 (1959-1960),
38-67. Vgl. 2. Korinther 12,7: „Und auf daß ich mich nicht
der hohen Offenbarungen überhebe, ist mir gegeben ein Pfahl
ins Fleisch."

Llompart, Gabriel. „La Cruz y las cruces: la iconografia y el folklo-
re en la interpretación del texto Evangelio de San Mateo 16,
24." *Revista de Etnografia*, 16 (1972), 273-322. Vgl. Matthäus
16,24: „Will mir jemand nachfolgen, der verleugne sich selbst
und nehme sein Kreuz auf sich und folge mir."

Loucatos, Démétrios. „Locutions proverbiale du peuple grec
venant des Epîtres de Saint Paul." *L'Hellénisme contempo-
rain*, 5 (1951), 247-257.

Loukatos, Démétrios. „L'Evangile de Saint Luc dans le parler proverbial du peuple grec." *Benetia*, keine Bandnummer (1974), 41-57.

Mieder, Wolfgang. „Martin Luther und die Geschichte des Sprichwortes ,Wes das Herz voll ist, des geht der Mund über'." *Sprachspiegel*, 39 (1983), 66-74. Vgl. Matthäus 12,34.

Minear, Paul S. „The Needle's Eye: A Study in Form Criticism." *Journal of Biblical Literature*, 61 (1942), 157-169. Vgl. Matthäus 19,24: „Es ist leichter, daß ein Kamel durch ein Nadelöhr gehe, denn daß ein Reicher ins Reich Gottes komme."

Morenz, S. „ ,Feurige Kohlen auf dem Haupt.'." *Theologische Literatur-Zeitung*, 78 (1953), 187-192. Vgl. Römer 12,20.

Morris, W.D. „Mark 2,4; Luke 5,19." *Expository Times*, 35 (1923-1924), 141-142. Vgl. vor allem Mark 2,4: „Und da sie nicht konnten zu ihm kommen vor dem Volk, deckten sie das Dach auf, da er war."

Mullins, Terence. „Paul's ,Thorn in the Flesh'." *Journal of Biblical Literature*, 76 (1957), 299-303. Vgl. 2. Korinther 12,7: „Und auf daß ich mich nicht der hohen Offenbarungen überhebe, ist mir gegeben ein Pfahl ins Fleisch."

Nelson, Timothy C. „ ,Ex abundantia cordis os loquitur'. Ein Beitrag zur Rezeptionsgeschichte eines umstrittenen Sprichworts." *Proverbium*, 3 (1986), 101-123.

Nestle, Wilhelm. „ ,Wer nicht mit mir ist, der ist wider mich'." *Zeitschrift für die neutestamentliche Wissenschaft und die Kunde des Urchristentums*, 13 (1912), 84-87. Vgl. Markus 9,40.

Oberhuber, Karl. „Nochmals ,Kamel' und Nadelöhr." In: *Sprachwissenschaftliche Forschungen. Festschrift für Johann Knoblauch*. Hrsg. von Hermann M. Ölberg, Gernot Schmidt und Heinz Bothien. Innsbruck: Institut für Sprachwissenschaft der Universität Innsbruck, 1985. S. 271-275. Vgl. Matthäus 19,24: „Es ist leichter, daß ein Kamel durch ein Nadelöhr gehe, denn daß ein Reicher ins Reich Gottes komme."

Oinas, Felix J. „ ,In the King's Castle the Entrance is Wide but the Exit Narrow'." In: *Festschrift für Robert Wildhaber*. Hrsg. von Walter Escher, Theo Gantner und Hans Trümpy. Basel: G. Krebs, 1973. S. 487-491. Vgl. Matthäus 7,13: „Denn die Pforte ist weit, und der Weg ist breit, der zur Verdamnis abführet" und Matthäus 7,14: „Und die Pforte ist eng, und der Weg ist schmal, der zum Leben führet."

Perry, Alfred. „An Evangelist's Tabellae: Some Sections of Oral Tradition in Luke." *Journal of Biblical Literature*, 48 (1929), 206-232.

Perry, Alfred. „‚Pearls before Swine'." *Expository Times*, 46 (1934-1935), 381-382. Vgl. Matthäus 7,6: „Ihr sollt das Heiligtum nicht den Hunden geben, und eure Perlen sollt ihr nicht vor die Säue werfen."

Phillips, Margaret Mann. „La ‚Philosophia Christi' reflétée dans les ‚Adages' d'Erasme." In: *Courants religieux et Humanisme à la fin du XVe et au début du XVIe siècle. Colloque de Strasbourg 1957.* Paris: Presses Universitaires, 1959. S. 53-71.

Porter, Frank. „The Sayings of Jesus about the First and the Last." *Journal of Biblical Literature*, 25 (1906), 97-110. Vgl. Matthäus 19,30: „Aber viele, die da sind die Ersten, werden die Letzten, und die Letzten werden die Ersten sein."

Randall, Frances. „African Proverbs Related to Christianity: Research on Kenyan Proverbs." *African Ecclesiastical Review*, 18 (1976), 39-45.

Rist, Martin. „Caesar or God (Mark 12,13-17)? A Study in Formgeschichte." *Journal of Religion*, 16 (1936), 317-331. Vgl. Markus 12,17: „So gebet dem Kaiser, was des Kaisers ist, und Gott, was Gottes ist!"

Robinson, Benjamin Willard. *The Sayings of Jesus, Their Background and Interpretation.* New York: Harper, 1930.

Schneider, Heinrich. „Dachabdecken." *Hessische Blätter für Volkskunde*, 13 (1914), 121-123. Vgl. Markus 2,4: „Und da sie nicht konnten zu ihm kommen vor dem Volk, deckten sie das Dach auf, da er war."

Schulz, Alfons. „‚Feurige Kohlen'." *Zeitschrift des deutschen Sprachvereins*, 34 (1919), 172-174. Vgl. Römer 12,20: „Wenn du das tust, so wirst du feurige Kohlen auf sein Haupt sammeln."

Smith, David. „Our Lord's Use of Common Proverbs." *The Expositor*, 6th series, 6 (1902), 441-454.

Soliva, Claudio. „Ein Bibelwort in Geschichte und Recht. Herkunft und Verbreitung eines Sprichworts: Die ‚Goldene Regel' aus der Bibel." „*Unser Weg*". *Werkblatt der Schweizerischen Weggefährtinnen*, keine Bandnummer (1964), 51-57. Vgl. Matthäus 7,12: „Alles nun, was ihr wollt, daß euch die Leute tun sollen, das tut ihr ihnen auch."

Webster, Charles A. „The Mote and the Beam (Luke 6,41-42 = Matt. 7,3-5)." *Expository Times*, 39 (1927-1928), 91-92. Vgl. Lukas 6,41: „Was siehest du aber einen Splitter in deines Bruders Auge, und des Balkens in deinem Auge wirst du nicht gewahr?"

White, T.G. „‚Render unto Caesar'." *Hibbert Journal*, 44 (1945-1946), 263-270. Vgl. Markus 12,17: „So gebet dem Kaiser, was des Kaisers ist, und Gott, was Gottes ist!"

Wüst, Paul. „Zu der Redensart ‚feurige Kohlen auf jemandes Haupt häufen' oder ‚sammeln'." *Germanisch-Romanische Monatsschrift*, 2 (1910), 679-681. Vgl. Römer 12,20: „Wenn du das tust, so wirst du feurige Kohlen auf sein Haupt sammeln."

Zimmermann, Heinrich. „‚Mit Feuer gesalzen werden'. Eine Studie zu Markus 9,49." *Theologische Quartalschrift*, 139 (1959), 28-39. Vgl. „Es muß ein jeglicher mit Feuer gesalzen werden, und alles Opfer wird mit Salz gesalzen."

5. Martin Luther und das Sprichwort

Anderson, Sandra. *Words and Word in Theological Perspective: Martin Luther's Views on Literature and Figurative Speech.* Diss. Northwestern University, 1974.

Burger, Heinz Otto. „Luther im Spiegel der Tischreden: ‚Wer nicht liebt Wein, Weib und Gesang, / Der bleibt ein Narr sein Lebenlang'." *Germanisch-Romanische Monatsschrift*, 54, Neue Folge 23 (1973), 385-403.

Cornette, James C. *Proverbs and Proverbial Expressions in the German Works of Luther.* Diss. University of North Carolina, 1942.

Cornette, James C. „Luther's Attitude toward Wellerisms." *Southern Folklore Quarterly*, 9 (1945), 127-144.

Goetz, Georg Heinrich. *D. Luthers Schuhe sind nicht allen Dorff-Priestern gerecht.* Lubecae: Operis Struckianis, 1719.

Große, R. (Hrsg.). *Martin Luthers Sprichwörtersammlung.* Leipzig:

Insel-Bücherei, 1983.

Heuseler, J.A. *Luthers Sprichwörter aus seinen Schriften gesammelt.* Leipzig: Johann Ambrosius Barth, 1824. Nachdruck Walluf bei Wiesbaden: Martin Sändig, 1973.

Krumbholz, Eckart (Hrsg.). *Martin Luther. „Euch stoßen, daß es krachen soll".* Sprüche, Aussprüche, Anekdoten. Berlin: Buchverlag der Morgen, 1983.

Lehmann, Edv. „‚Teufels Großmutter'." *Archiv für Religionswissenschaft,* 8 (1905), 411-430.

Lemmer, Manfred. „Lutherdeutsch und Gegenwartssprache." *Sprachpflege,* 32 (1983), 161-166.

Maess, Thomas (Hrsg.). *Dem Luther aufs Maul geschaut. Kostproben seiner sprachlichen Kunst.* Leipzig: Koehler & Amelang, 1982. Wiesbaden: Drei Lilien Verlag, 1983. Vgl. bes. „Aus Luthers Sprichwörtersammlung", S. 96-100.

Mieder, Wolfgang. „Martin Luther und die Geschichte des Sprichwortes ‚Wes das Herz voll ist, des geht der Mund über'." *Sprachspiegel,* 39 (1983), 66-74.

Mieder, Wolfgang. „‚Was Hänschen nicht lernt, lernt Hans nimmermehr'. Zur Überlieferung eines Luther-Sprichwortes." *Sprachspiegel,* 39 (1983), 131-138.

Mieder, Wolfgang. „‚Wine, Women and Song': From Martin Luther to American T-Shirts." *Kentucky Folklore Record,* 29 (1983), 89-101.

Mieder, Wolfgang. „‚Wer nicht liebt Wein, Weib und Gesang, der bleibt ein Narr sein Lebenlang'. Zur Herkunft, Überlieferung und Verwendung eines angeblichen Luther-Spruches." *Muttersprache,* 94 (Sonderheft, 1983-1984), 68-103.

Mieder, Wolfgang. „‚Wine, Women and Song': Zur angloamerikanischen Überlieferung eines angeblichen Lutherspruches." *Germanisch-Romanische Monatsschrift,* 65, Neue Folge 34 (1984), 385-403.

Moser, Dietz-Rüdiger. „‚Die wellt wil meister klueglin bleiben ...' Martin Luther und das deutsche Sprichwort." *Muttersprache,* 90 (1980), 151-166.

Reuschel, Karl. „Luthers Sprichwörtersammlung. Nach seiner Handschrift zum ersten Male herausgegeben und mit Anmerkungen versehen von Ernst Thiele. Weimar: Hermann Böhlaus Nachfolger, 1900 [Rezension und Ergänzungen zu Thiele, vgl. weiter unten]." *Euphorion*, 8 (1901), 161-171.

Seiler, Friedrich. *Deutsche Sprichwörterkunde*. München: C.H. Beck, 1922. Nachdruck 1967. Über Martin Luther vgl. S. 116-121.

Stintzing, Roderich von. *Das Sprichwort „Juristen böse Christen" in seinen geschichtlichen Bedeutungen*. Bonn: Adolph Marens, 1875.

Thiele, Ernst (Hrsg.). *Luthers Sprichwörtersammlung. Nach seiner Handschrift zum ersten Male herausgegeben und mit Anmerkungen versehen*. Weimar: Hermann Böhlau, 1900.

Thiele, Ernst und O. Brenner (Hrsg.). „Luthers Sprichwörtersammlung." In: *D. Martin Luthers Werke. Kritische Gesamtausgabe*. Bd. 51. Mit zwei Nachbildungen aus der Oxforder Handschrift von Luthers Sprichwörtersammlung. Weimar: Hermann Böhlau, 1914. Nachdruck Graz: Akademische Druck- und Verlagsanstalt, 1967. S. 634-731; die beiden Abbildungen der Handschrift auf S. 2-3 und S. 22-23.

Weckmann, Berthold. „Sprichwort und Redensart in der Lutherbibel." *Archiv für das Studium der neueren Sprachen und Literaturen*, 221 (1984), 19-42.

6. Das Sprichwort in der Predigt

Arner, Robert. „Proverbs in Edward Taylor's ‚Gods Determinations'." *Southern Folklore Quarterly*, 37 (1973), 1-13.

Birlinger, Anton. „Alte gute Sprüche aus Geiler von Kaisersberg, Andern und Zimmern." *Alemannia*, 1 (1873), 303-304.

Birlinger, Anton. „Goldkörner aus Geiler von Kaisersberg." *Alemannia*, 3 (1875), 13-15.

Breitenstein, Eugen. „Sprichwörtliche Redensarten aus der ‚Emeis' Geiler von Kaisersbergs." *Archiv für elsässische Kirchengeschichte*, 15 (1941), 147-148.

Broek, M.A. van den. „‚Ein gut wort eine gute stat findet'. Sprichwort und Redensart in Sigismund Suevus' ‚Spiegel des menschlichen Lebens'." In: *In Diutscher Diute. Festschrift für Anthony van der Lee zum sechzigsten Geburtstag*. Hrsg. von M.A. van den Broek und G.J. Jaspers. Amsterdam: Rodopi, 1983.

S. 155-172 (= *Amsterdamer Beiträge zur älteren Germanistik*, 20 [1983], 155-172).

Danner, Berthilde. „Dem Volk aufs Maul geschaut. Gleichnisse, Redensarten und Sprichwörter im Salomokommentar des Johannes Brenz." In: *Festschrift für Gerd Wunder*. Ohne Angabe des Herausgebers. Schwäbisch Hall: Historischer Verein für Württembergisch Franken, 1974. S. 167-199 (= *Württembergisch Franken-Jahrbuch*, 58 [1974], 167-199).

Fleckenstein, Sister Mary Thecla. *Das Sprichwort, sprichwörtliche und eigenartige bildliche Redensarten und Wortspiele in den Predigten „Auf, auf ihr Christen" von Abraham a Sancta Clara*. Diss. University of Pittsburgh, 1942.

Franz, Adolph. „Sprichwörterpredigten aus dem 15. Jahrhundert." *Der Katholik. Zeitschrift für katholische Wissenschaft und kirchliches Leben*, 84 (1904), 373-384.

Hoffmann, Hellmut. *Die Metaphern in Predigten und Schriften Abrahams a Santa Clara*. Diss. Köln, 1933.

Hub, Ignaz. *Die komische und humoristische Litteratur der deutschen Prosaisten des sechzehnten Jahrhunderts*. 2 Bde. Nürnberg: Ebner, 1856-1857. In Bd. 1 vor allem Sprichwörter von Geiler von Kaisersberg, Johannes Pauli, Martin Luther, Thomas Murner, Ulrich von Hutten, Sebastian Franck, Johann Agricola, Erasmus von Rotterdam, Wolfhart Spangenberg u.a.

Hülsemann, Kurt. *Die niederdeutschen Sprichwörter in den Werken von Nicolaus Gryse*. Diss. Hamburg, 1930.

Klapper, Joseph. *Die Sprichwörter der Freidankpredigten, Proverbia Fridanci. Ein Beitrag zur Geschichte des ostmitteldeutschen Sprichworts und seiner lateinischen Quellen*. Breslau: Marcus, 1927.

LaRosa, Ralph Charles. *Emerson's Proverbial Rhetoric: 1818-1838*. Diss. University of Wisconsin, 1969.

Lauchert, Friedrich. „Sprichwörter und sprichwörtliche Redensarten bei P. Abraham à S. Clara." *Alemannia*, 20 (1892), 213-254.

Lefftz, Joseph. „Altelsässische Spruchweisheit. Aus Geilers Predigten gesammelt." *Elsassland*, 5 (1925), 333-337.

Meid, Volker. „Sprichwort und Predigt im Barock. Zu einem Erbauungsbuch Valerius Herbergers." *Zeitschrift für Volkskunde*,

62 (1966), 209-234.

Mieder, Wolfgang. *Das Sprichwort im Werke Jeremias Gotthelfs.* Bern: Peter Lang, 1972.

Narr, Dieter. „Johann Michael Sailer und das deutsche Sprichwort." *Bayerisches Jahrbuch für Volkskunde*, keine Bandangabe (1956), 139-147.

Pfeifer, Wolfgang. „Volkstümliche Metaphorik." In: *Zur Literatursprache im Zeitalter der frühbürgerlichen Revolution. Untersuchungen zu ihrer Verwendung in der Agitationsliteratur.* Hrsg. von Gerhard Kettmann und Joachim Schildt. Berlin [Ost]: Akademie Verlag, 1978. S. 87-217. Behandelt wird die Metaphorik von Johannes Agricola, Johann Eck, Hieronymus Emser, Ulrich von Hutten, Andreas Karlstadt, Martin Luther, Thomas Müntzer und Thomas Murner.

Reaver, J. Russell. „Emerson's Use of Proverbs." *Southern Folklore Quarterly*, 28 (1963), 280-299.

Sandvoss, Franz. *Sprichwörter aus Burkhard Waldis mit einem Anhange: Zur Kritik des Kurzischen B. Waldis und einem Verzeichnis von Melanchthon gebrauchter Sprichwörter.* Friedland: Richter, 1866.

Seiler, Friedrich. *Deutsche Sprichwörterkunde.* München: C.H. Beck, 1922. Nachdruck 1967. Vgl. bes. S. 46-66.

Singer, Samuel. „Sprichwortstudien." *Schweizerisches Archiv für Volkskunde*, 37 (1939), 129-150.

Singer, Samuel. *Sprichwörter des Mittelalters.* 3 Bde. Bern: Herbert Lang, 1944-1947. Vgl. bes. „Salomo und Marcolf" Bd. 1, S. 33-55; und „Notker", Bd. 1, S. 55-61.

Singer, Samuel. „Das Exempelbuch des Alexander Bösch." *Schweizerisches Archiv für Volkskunde*, 42 (1945), 58-62.

Stöber, August. „496 Sprichwörter und sprichwörtliche Redensarten aus den Schriften Geiler's von Kaisersberg." *Alsatia*, keine Bandangabe (1862-1867), 131-162.

Stupperich, Robert. „Melanchthons Proverbien-Kommentare." In: *Der Kommentar in der Renaissance.* Hrsg. von August Buck und Otto Herding. Boppard: Boldt, 1975. S. 21-34.

Wander, Karl Friedrich Wilhelm. *Abrahamisches Parömiakon. Oder: Die Sprichwörter, sprichwörtlichen Redensarten und schönen sinnreichen Gleichnisse des P. Abraham a St. Clara,*

LVIII

nebst den dazu gehörigen erklärenden und anwendenden Stellen. Breslau: Kohn, 1838.

Whiting, Bartlett Jere. „Proverbs in Cotton Mather's ,Magnalia Christi Americana'." *Neuphilologische Mitteilungen*, 73 (1972), 477-484.

Die

biblischen Sprichwörter

der

deutschen Sprache

herausgegeben

von

Carl Schulze.

———————

Göttingen.

Vandenhoeck & Ruprecht's Verlag.

1860.

Herrn gymnasialdirector professor

KRECH

als

zeichen aufrichtigster verehrung

gewidmet.

Einleitung.

Wenn auf den folgenden blättern alle diejenigen deutschen sprichwörter und sprichwörtlichen redensarten zusammengestellt worden sind, welche, aus der münzstätte der heiligen schrift hervorgegangen, vor jahrhunderten in unserer sprache in umlauf gesetzt wurden und meist noch bis heute ihre volle währung behalten haben, so soll damit vorzugsweise gezeigt werden, dass, um eine möglichst vollständige deutsche sprichwörtersammlung zu erhalten, woran es noch immer fehlt, man durchaus auf die ältesten quellen unserer sprache zurückgehen und aus ihnen schöpfen müsse. zwar haben uns die letzten jahrzehnte sammlungen gebracht, welche ebensowol von der fleissigen benutzung vorhandener älterer sammelwerke als auch von quellenstudium zeugen; namentlich sind die schriften von Körte, Eiselein und Simrock hier zu erwähnen. man wird indessen, eine tiefer eingehende kritik hier bei seite, diese werke nicht als ausreichend für den heutigen stand der sprachwissenschaft erachten, weil das erste unkritisch ist, weil das zweite, obschon es wie sein titel besagt ,,zum ersten male aus den quellen'' schöpfte, dennoch viele tröpflein durch die finger laufen liess oder ungehöriges mit aufnahm, und weil das dritte, jedenfalls das reichste und zuverlässigste, doch nicht vollständig genug ist, ohne quellenangaben, nachweise und erläuterungen lässt, überhaupt auch nur als volksbuch auftritt.

Die hier dargebotene kleine schrift, zur ältesten quelle unseres geistigen lebens hinaufsteigend, ist der zeit nach nicht die erste, welche sich in ähnlicher weise diesem gegenstande zuwendet.

Wir kennen:

1) *Andreae Schotti Adagialia sacra Novi Testamenti graeco - latina. Antwerp. 1613. 4. Dasselbe 1629 ebendaselbst. (Heuman. opusc., p. 591.)*

1

2) *Mart. Ant. Delrionis Adagialia sacra Veteris et Novi Testamenti. Lugdun.* 1611 *et* 1613. 4. 2. *Tomi.* (*Nopitsch, s.* 160.)

3) *Adagia sacra s. Proverbia Scripturae ex universo Bibliorum codice in quinque centurias congesta et in illustri gymnasio Schleusingensi publice explicata a Joach. Zehnero. Lips.* 1601. 4. (*Nopitsch, s.* 159.)

4) *Joh. Drusii proverbiorum classes duae, in quibus explicantur proverbia sacra et ex sacris orta.* 1590. (*Heuman. opusc. p.* 652.)

5) *Joh. Drusii Tractatus de proverbiis sacris in: Briani Waltoni Apparatus Biblicus. Tiguri,* 1673. *Folio.* (*Nopitsch, s.* 165.)

6) *Joh. Vorstius, de adagiis Novi Testamenti. Berolini,* 1669. 4. (*Heuman. opusc. p.* 594.)

7) *Joh. Surculi Sententiae sapientum Aethnicorum Sacraeque paginae aliquot Latino-germanicae. Norimbg.* 1552. (32 bl.) (*Zacher, s.* 13.)

In der behandlungsweise des gegenstandes weichen wir nun von der in den hier genannten schriften befolgten insofern ab, dass wir vorsichtig nur den sprichwörtern biblische abkunft zuerkannten, welche entweder vor Agricola als biblische angezogen werden, oder bei denen wortgetreue übereinstimmung des biblischen originales mit solchen sprichwörtern stattfindet, welche sich in den bekanntesten seit Agricola erschienenen sammlungen vorfinden, oder die uns aufmerksame beobachtung der volkssprache als solche bezeichnete. ausgeschlossen wurden also alle die sprichwörter, welche nur im biblischen sprachgebrauche wurzeln, niemals als deutsche sprichwörter auftraten und deren gebrauch besonders ihr heutiger unverbürgt ist, — oder die wenn auch durch Agricola, Lehmann, Zehner u. a. bezeugt, doch der sprichwörtlichen würze und des biblischen ausdrucks baar sind und daher verdächtig erscheinen.

Dennoch wird man einige der hier als biblisch aufgeführten sprichwörter dem weisheitsschatze unseres deutschen volkes als ureigen zuweisen wollen, da allerdings der niederschlag allgemeiner erfahrung bei den verschiedensten völkerstämmen eine überraschend gleiche form gewinnen kann, wie aus folgenden beispielen erhellt:

I. *Εἷς ἀνὴρ οὐδεὶς ἀνήρ. Zenodot. Ein mann, kein mann. Egenolff* 24[b] *Lehm.* 166. *Τόξον μὲν ἐπιτεινόμενον ῥήγνυται. Plutarch. Wer den bogen überspannt, der sprengt ihn. Simr.*1194.

II. *Mus non uni fidit antro. Plaut. Trucul.* (*Nihil est hodie decantatius apud vulgus, quam eum murem esse miserum, cui non est nisi unus canus. Erasmus.*)

Es ist eine schlechte maus, die nur ein loch weiss.
Lehm. floril. 44.
In tuum ipsius sinum inspue. Plinius. (Hac nostra
tempestate multis regionibus hoc circumfertur adagium,
— non prorsus abhorret a nostro vulgato proverbio.
Erasmus.)
Spei in deinen eygen busen. Tappius adag. 621.

III. *Fällt der stein auf den krug, wehe dem krug; fällt*
der krug auf den stein, wehe dem krug; es sei wie es
wolle, immer ist wehe dem krug. Talmudisch und fast
ebenso bei Simrock no. 5987.

IV. *Einem geschenkten gaul sieht man nicht ins maul.*
Türkisch. Tappii adag. 92.
Ex corde ad cor via est. Türkisch, s. fundgr. d.
orients III.
Was nit von herzen kommt, geht nit zu herzen. Seb.
Franck 24ª.

V. *Weiber haben langes haar und kurzen verstand. Russ.*
„Die vrouwen hânt langes hâr unt kurz gemüete, daz
ist wâr.‟ alsô sprach her Frîdanc. Joh. v. Friberc.
(Grimm, Freid. 182.)

VI. *Erlaube dem teufel in die kirche zu gehen, er geht auf*
die kanzel. Ehstnisch. Tappius 482.

VII. *Tant va pot à l'eve que brise. Renart 13650.*
Der krug geht so lange zu wasser, bis er bricht.
Egenolff, 150ª.

VIII. *Al buon vino non bisogna frasca.*
Guter wein bedarff keines krantzes. Egenolff 5ᵇ.

Erwägt man indessen bedeutung und verbreitung der
heiligen schrift und dann die grosse anzahl der ihr unleug-
bar entstammenden sprüche, so wird man mit fug, ohne der
würde deutschen geistes etwas zu vergeben, eine herleitung
dieser wenigen von zweifelhafter abkunft aus den am mei-
sten gelesenen alt- und neu-testamentlichen büchern getrost
annehmen dürfen.

Für die sprichwörtlichkeit der mehrzahl der hier gege-
benen sprüche sind die hier nun folgenden ausdrücke für
„sprichwort‟ ein beleg. es erhellt daraus zugleich, welche
beweiskraft man gerade den biblischen sprichwörtern beimass,
dass sie ferner schon sehr früh ins volk gedrungen sein müs-
sen, und drittens, welche bücher der heiligen schrift vorzugs-
weise gelesen sein mögen.

Do hôrte ich ouch wîlen wol sagen *deutg. d. messgebr.*
23. — mir ist ein dinc wol kunt *Jwein* 193. — nû ist daz
vil unzwîvellîch, *Barl.* 371, 20. — ez ist ain alt sprichwort
Hag. östr. kron. 1091. — hie von hub sich eyn biwort,
Rud. weltkron. 142. — ez ist ain altgesprochen wort *Win-*

terst. 23. — sam man da spricht *Wittenw. ring* 25ᵇ, 5. — davon man spr. *gest. rom.* 70ᵃ. — alsô iz chît *Notker ps.* 62, 10. 118, 87. 129, 11. — man seit *br. Wernher* 6, 1. — dir sî daz vür wâr geseit *Barl.* 371, 33. — wan daz ist wâr, daz man seit *Ottok. kron.* 155ᵃ. — nû hoere ich die wîsen sagen *gut. Gerh.* 277. — der wîse man sprichet *Boner* 28, 27. — die rede ist wâr *lied. Konr. v. Würzb.* 24, 1. — ir habet wol vernomen *Eracl.* 2316. — man ist hugende *jüng. Titur.* 4027. — ich hân gehort sagen ie *Alexius* 46. — nach der vil gewaren lere sag *Wittenw. ring* 24ᶜ, 19. — audivimus quod videatur et communiter dicatur *serm. (Haupts zeitschr.* II) 677. — man liset ouch anderswo *Gest. Rom.* 10ᵇ. — ik hebbe dat dicke lesen *upstand.* 1981. — ik hebbe jedoch ame bôke lesen *ebend.* 786. — quia scriptum est *Kero, Hattem.* I, 48. — als iz geschriben stet *Ludw. d. from.* 8135. — dan sam ich es geschriben vind, *ring* 45ᵇ, 39. — it is oc gescreven *repg. kron. (Eccard* I, 1332.) — ez ist geschriben *exempelspr.* 90ᵇ. — uuanda aber gescriben ist *Notk. ps.* 111, 7.

Docet liber *Reinard.* III, I, 228. — lex praecipit atque propheta *carm. buran.* VI, 1. — der text mir jet *Frauenlob* 156, 15. — sagt de scripture *laiendoctr.* 41. — div helige scrift div sprichet *fundgr.* I, 114, 4. — wan ez spr. d. h. geschrift *schwabensp.* 160. — darumb spr. d. geschr. *Megenb.* 6. III (öfter). — als d. h. schr. spr. *limbg. kron. s.* 33. — vns hat d. h. schr. gesait *Suchenw.* XXXII, 45. — ich wil die schr. entschieben *Martina* 167, 35. — als d. h. schr. vns wiset *ebend.* 236, 4. — die warhait spricht *ring* 20, 7. — des nam er ein urkünde dort an der schrift der warheit *gut. Gerh.* 153. — daz ist vns offenliche verendet mit den worten der warheite *tod. gehugd.* 250. — vns seit der waren buoch geschrift *Konr. troj. Kr.* 7637. — als vns lîrt der heilgen wort *Boner* 61, 80. — als geschriben stet in dem puch der weizzhait *Gest. Rom.* 39ᵃ. — die weyshait also spricht *ring* 45ᵈ, 26.

Daz uuir lesen in euangelio *Hattem.* II, 528. — ouch saget daz euangelium *st. Ulr. leb.* 784. — davon daz ev. saitt *Hätzlr.* 114ᵇ. — als vns d. e. schreibt *ebend.* 201ᵃ. — als d. e. spricht *deutsch. ord. stat.* XXXVI. — daz saget vns d. h. e. *fundgr.* I, 126. — noch staet daer me in der evangelien les *Reinaert* 4789.

Nach der gloss die ich da waiss *ring* 42ᵈ, 33.

Alse iu got geboten hat *kaiserkr.* 9562. — ouch gab vns got vrkvndes mê *Sachsensp.* 308ᶜ. *Schwabensp.* 42ᵃ, §. 5. — darumb spricht got in siner schrift *Fisch. arch.* I, 110, 19. — got der sprach *lieders.* 149, 98. — got och selb gesprochen hat *ebend.* 85, 179.

— 5 —

Unser herr sprach *lieders*. 171, 1. — als vnser herr
spricht *Megenbg*. 6, III. — da biwaret unser herre siniu
wort *Ruol*. 125, 8. — swan er daz selbe sprach *Krolewiz*
2732. — also sprichit sin heilic munt *Passional* I, 490, 84.
— ez sprichet der vil wîse bote *gut*. *Gerh*. 4359. — als
vns Kristes lêre giht *Barl*. 112, 12. — Kristus spricht an
einem ort *Schade*, *sat. u. pasqu*. IV, 182.
  Wen hôres du den wissagen *kaiserkr*. 82, 1. — die
wissagin hant uns gesaget *Tundal*. 12. — alze der prophete
schribet *altd. bl*. I, 135. — spricht ouch ein heiliger weis-
sag *Gest. Rom*. 8ª. — als der apostel spricht *Eschenl. bresl.
gesch. s*. 142. — daz ist vns an dem salter kunt *Helbling*
IX, 152. — hie von der konic David in deme salter also
quid *st. Elisab. leb. s*. 344. — an disem manne ist worden
wâr daz David sprach vor manigem iâr *st. Ulrichs leb*. 566.
  Man liset in den beisprüchen *deutsch. ord. stat. gew*. VII.
Salomon sprichit ouch *Wernh. v. Elm*. 80. *Schwabsp.*
170ª. *Gest. Rom*. 18ª. 79ᵇ *ring* 24ᶜ, 13. — Sal. der weise
spricht *Mone* VIII. *Herb. troj. kr*. 8525. — davon ir spri-
chet S. *Konr. troj. kr*. 2047. — davon sprach d. w. S. *ren-
ner* 2179. — da spricht nv her S. *lieders*. 151, 47. — da-
von spricht d. her S. *Berth. pred*. 195. — S. der weise m.
secht ock darvan *fastnachtsp*. 985, 30. — als S. der w. giht
renner 17388. — als der künig S. redt *Gest. Rom*. 8ª. —
als S. vns beschreibet *Limbg. kron. s*. 36 u. 55. — ditz
schreibet d. w. S. *renner* 20293. — den spruch den sprichet
der S. *fastnachtsp*. 1263. — wanne S. tut vns des gewis
Wernh. v. Elmend. 670. — ditz tut her S. uns bekant *ren-
ner* 18163. — von dem tuot S. erkant *Martina* 44, 104. —
si brechent dicke S. lêre, der sprichet *Walth*. I, 23, 28. —
her S. daz lêrt *Teichner* (*Wien. hdschr*. 2073. *bl*. 197ᵇ.
  Nach dem sproche Ecclesiastes *Monim. hass*. I, 110. —
als Job spricht *Gest. Rom*. 48ª. — als Job der gute urkunde
gît *Martina* 3, 34. — als J. uns wizzin lat *ebend*. 271, 77.
— als man liset Thobye pûch *Gest. Rom*. 52ª. — Ecclesia-
sticus hat dirs ouch wol erzalt *fastnachtsp*. 1043, 20. — als
da sprichet Judas Maccabaeus *Limbg. kron. s*. 63. — davon
sprichet st. Lucas *Windeck, Sigm. leb*. 1236. — also Paulus
chît *Notker ps*. 72, 15. — Paulus sprichet *fundgr*. I, 123,
27. — von der schribet och alsuo der hohe lerer Paulus
Martina 167, 109. — wan der hoh bote Paulus hat gekvndet
vns alsvs *ebend*. 238, 33. — nach st. Paulus spruch vnd ler
lieders. 64, 10. — Timotheus sprichet *fastnachtsp*. 1043, 18.
  Wenden wir uns nun zu einer kurzen betrachtung der
gründe, welche unserer „weisheit anf der gasse" einen zu-
wachs von nahe an 300 sprichwörtern zuzuführen im stande
waren.

Neue der fremde entstammende anschauungen und gedanken treiben am baume jeder sprache neue wurzeln, zweige und blüten. zu solchen befruchtenden, lebengestaltenden erscheinungen in der geschichte der europaeischen sprachfamilien rechnen wir u. a. die bereits tausendjährige benutzung der alten geistigen hinterlassenschaft der Griechen und Römer, die einströmung morgenländischen geistes ins abendland durch die einführung des kristenthums, die einer völkerwanderung gleiche ausströmung abendländischer kriegerscharen nach dem morgenlande in den kreuzzügen, die entdeckung neuer länder im 15. jahrhunderte u. s. w. — Es hiesse nun wahrlich wasser ins meer tragen, wenn ich hier breiter darlegen wollte, welchen einfluss die einführung des kristenthums auf die gestaltung deutschen lebens, welchen einfluss die bibel auf das wachsthum unserer muttersprache gehabt habe. es ist das bereits durch andere mit glück geschehen *). nur betonen will ich, wie biblische bilder, anschauungen und gedanken willig von einem volke aufgenommen wurden, das bei aneignung fremden geistigen besitzes so wenig schwierig ist; — wie dieses fremde gleich anfangs festen fuss fassen musste, da es theils in kirche und schule vielfach ausgestreut, theils in dichtungen vor das geistige und leibliche auge gebracht wurde; — wie diese dichtungen insofern das vorkommen des biblischen sprichwortes begünstigten, als sie meist von geistlichen ausgehend lehrhafte kristliche stoffe zum inhalte wählten.

Erleichtert aber vor allem wurde die verpflanzung dieser morgenländischen „goldenen äpfel in silbernen schalen" auf heimischen boden durch die unserem volke innewohnende hinneigung zur reflexion und zum sprichwörtlichen ausdruck, durch das wolgefallen der Deutschen an gnomischer dichtung. beweise dafür findet man theils in der frühen herübernahme morgenländischer weisheit überhaupt, theils in einzelnen stellen unser ältesten sprachdenkmale, wie in den grösseren lehrhaften dichtungen des mittelalters z. b. im Salomo und Morolf, in dem heimischer derber witz und sprichwörtlicher ausdruck mit hebräischer ernster sprachweisheit verkettet sind, in dem Winsbeke und der Winsbekin, Freidank, dem welschen gast, dem renner, dem edelstein, dem späteren narrenschiff und den in grossem ansehen stehenden katonischen sprüchen; — ferner im gebrauche der sprichwörter in der rechtssprache; — ganz besonders aber in dem erstaunlichen

*) vgl. R. v. Raumer, die einwirkung des kristenthums auf die althochdeutsche sprache. Stuttgart, 1845.
E. Stein von Nordenstein, über den einfluss der bibel auf deutsche sprache und litteratur. Programm des k. k. gymnas. zu Klattau. 1856.

reichthume an deutschen sprichwörtern und in dem grossen umfange ihrer litteratur. als Erasmus seine später achtzig und einige male aufgelegten „Adagia" herausgab, eröffnete er damit den reigen zu einer ausgedehnten litteratur lateinischer, griechischer, noch mehr aber deutscher sprichwörter. die sammlungen von Bebel, Agricola, Egenolff, Lehmann, Petri, Winkler u. s. w. verdanken ihre entstehung und wiederholte herausgabe der von Erasmus ausgehenden anregung und dem eigenthümlichen sinne und wesen des deutschen volkes. mit gleicher liebe wendete man sich dem studium der biblischen spruchdichtungen zu, wie zahlreiche ausgaben der schriften Salomos und Jesus Sirachs zeigen (siehe Nopitsch, litterat. der sprichw. s. 155 bis 170). weitere veranlassung dazu gaben Luther und Melanchthon durch übertragung und auslegung der genannten biblischen bücher. Luthers übertragung der schriften Salomos erschien zuerst 1524, des buches der weisheit 1529, Jesus Sirachs 1533, Melanchthons lateinische übertragung der sprichwörter Salomonis nebst anmerkungen 1525, dieselbe verdeutscht in Luthers 1525 herausgegebener übersetzung. das durch die erfindung der buchdruckerkunst und durch die reformatorischen bestrebungen möglich gewordene lesen und verstehen der heiligen bücher vermehrte bedeutend die zahl der bis dahin in unser volk gedrungenen sprüche.

Fassen wir schliesslich noch das verhältnis der biblischen sprichwörter zu einander und ihren inhalt ins auge, so ergiebt sich folgendes.

Die gesammte anzahl derselben beträgt 296, von denen 179 auf das alte, 117 auf das neue testament kommen. die am meisten durch sie vertretenen bücher sind die sprüche Salomos und das evangelium des Matthaeus, so dass also „Kristus" und der sprichwörtlich gewordene „weise Salomo" die mittelpunkte bilden, um welche sich die mehrheit der in rede stehenden sprichwörter gruppirt. ihnen folgen dann die sprüche des Sirach und die evangelien des Lucas, Marcus und Johannes, endlich die psalmen, das buch Hiob und die neutestamentlichen briefe.

Die bis zum anfange des 16. jahrhunderts in deutschen sprachquellen am häufigsten begegnenden biblischen sprichwörter, die gewissermassen den kern mittelalterlicher denkweise bilden, sind:

1) *Die furcht des herrn ist der weisheit anfang.*
2) *Gott führt seine heiligen wunderlich.*
3) *Niemand kann zweien herren dienen.*
4) *Wir sind alle arme sünder.*
5) *Was ihr wollt, dass euch die leute thun sollen, das thut ihr ihnen.*

6) *Richtet euch nach ihren worten, nicht nach ihren werken.*
7) *Wer sich selbst erhöhet, der wird erniedriget werden u. s. w.*
8) *Hochmut kommt vor dem fall.*
9) *Nach freude kommt leid.*
10) *Bei allem was du thust, bedenke das ende.*
11) *Wer andern eine grube gräbt, fällt selbst hinein.*
12) *Mann und weib sind ein leib.*
13) *Alte freunde soll man nicht übergeben.*
— welche alle fast zu gleicher zeit in den ältesten sprachdenkmalen gelesen werden. Einer nachlutherischen zeit erkenne ich folgende zu:

> *Wenn Gott zerbricht, so hilft kein bauen — viel predigen macht den leib müde — ich bin kein prophet sondern ein hirt — wer den stein in die höhe wirft, dem fällt er auf den kopf — was zum munde eingehet sündigt nicht — Philister, über dir! — Paule, du rasest, u. a. m.*

Die wiederholte berufung unserer dichter auf die im folgenden zusammengestellten sprichwörter findet im karakter des germanischen volksstammes seine begründung, wie denn überhaupt sowol die grosse zahl biblischer sprichwörter, welche in unserer sprache die der biblischen in allen anderen sprachen um ein bedeutendes übersteigt, als auch ihr inhalt für geist und gemüt unseres volkes ehrendes zeugnis ablegt. sie bekunden deutsche treue und redlichkeit in wort nnd werk, deutschen rechtssinn und deutsche glaubensinnigkeit, — sie preisen frömmigkeit, weisheit, barmherzigkeit, sanftmut, bedächtigkeit, fleiss, freundschaft, hauszucht, gesundheit, — sie tadeln gottlose, narren, schwätzer, faule, zornige, — sie würdigen armut und reichthum, insbesondere die macht des gutes und geldes, — sie gedenken des weines nnd der weiber, zweier in anderen deutschen sprichwörtern sehr beliebten themata, — sie erinnern endlich an die allgemeine sündhaftigkeit, an die eitelkeit alles irdischen, an den wechsel des glückes nnd an den tod.

I.

Sprichwörter des alten testamentes.

1. Genesis 2, 24.

[**Quam ob rem relinquet homo patrem suum et matrem et adhae-
rebit uxori suae et**] **erunt duo in carne una.**

Matth. 19, 6 — *itaque jam non sunt duo sed una caro.*
Marc. 10, 7. }
Ephes. 5, 31. } *et erunt duo in carne una.*

Luther: [*Darum wird ein Mann seinen Vater und seine Mut-
ter verlassen und an seinem Weibe hangen und*] *sie
werden sein Ein Fleisch. — So sind sie nun nicht
zwei, sondern Ein Fleisch.*

Diesen worten ohne zweifel entnommen (s. unten Hart-
mann im Erec) ist das theils als dichterische formel theils
als rechtsgrundsatz sehr beliebte deutsche sprichwort „*mann
und weib sind ein leib*“.

Als dichterische formel erscheint es in stellen wie:

genes. 614: *so sol man unt wib werden beidiu ein líp.*

kaiserkr. 292, 6: *als in got geboten hat, daz baide man unt
wip sin als ain lip.*

evangg. (Diemer, d. ged. s. 321, 10): *dô gescûfer ein wip,
sie waren beidiu ein lip.*

Arnolds lobl. (ebend. 335, 12): *alsam der man unt daz wip
peidiu sint ein lip.*

Wernh. v. niederr. 62, 4: *do adame der slaf ane quam unde
unser herren von sinir siden nam ein ripe unde machitt
ein uuib, dat si beide werin ein lip.*

Hartm. Erec 5821: *sô wis, herre got, gemant, daz aller werlt
ist erkant ein wort, daz dú gesprochen hâst, und bite
dich daz dûz staete lâst, daz ein man und sín wíp
sulen wesen ein líp.*

Wolfram v. Eschenbach singt in seinen liedern (3, 18): *zwei
herze und einen líp hân wir gar ungescheiden,*

und im Parcival (172, 30) vergleicht er mann und weib mit
sonne und tag: *ich wil iu mér von wibes orden sagn:
man und wíp die sint al ein, als diu sunn die huite
schein, und ouch der name der heizet tac. der enwederz
sich gescheiden mac: si blüent úz eime kerne gar. des
nemet künstecliche wâr.*

ebend. 203, 4: *Gurnemanz im ouch underschiet, man und
wíp waern al ein.*

gut. Gerh. 4736: *von zwein liben einen kund in diu liebe
machen, mit lieplichen sachen wurden beidiu lip ein lip,
ein wip ein man, ein man ein wip, ein sin ein muot,
ein einic ein, ein lip ein liep, ein herze an zwein.*

Ulrichs Trist. 354: *vil dicke ich daz vernomen hán, daz ein
man und sin wip hánt zwó séle und einen lip.*

Ulr. Wilh. v. Oranse (Casparson s. 6ª.): *die ebenture van en
beiden gicht, daz ein lib ir beide libe gurte.*

Eraclius (nat. bibl. bd. VI.) 2316: *ihr habet wol vernomen
daz, daz der man und sin wip süln sin ein séle und ein lip.*

Grieshab. predigten II, 20: *und dabi son wier merchen, daz
der man sine wirtinne sol reht haben als sich selber
und als sinen lip. und sol rehte sin ain lip und zwo séle.*

lieders. 27, 317 (und ebend. 326): *und daz si mügent sin
erkant, ain lib, zwy sellen genant.*

ebend. 188, 37: *vz dem macht erdo ain wip, ir zway sond
sin ain lip.*

laiendoctr. 85: *wente se beide ein flésh syt.*

ebend. 86: *de man shal lév hävven syn wyv gelyk alse sines
sulves lyv, wente erer beider flésh ein is.*

leb. Dioclet. 7622: *ein lip und zwo séle.*

ring 42ᵈ 33: *so werdent zway in einem fläisch nach der glos,
die ich da wüiss.*

fastnachtsp. 1036, 27: *dessglichen ouch der man seyn wyb.
es sind zwo seel und ist ain lyb.*

altniederländ. (Mone, litterat. 134, 19): *soe sijnt twee zielen
ende een lijf.*

Dass unser sprichwort als kristlicher rechtsgrundsatz an-
gesehen wurde, sagt ein marienlied des 12. j. (Haupts z. X,
119): *Der erste orden sin man inde wif,
die an deme wizde* (nach dem gesetze) *sint ein lif.*
Indessen tritt grössere rechtsgleichheit für beide ehegatten
erst nach allgemeinerer einführung des kristenthums ein. so
ist z. b. gütergemeinschaft, — von dem begriffe des alten
mundiums gänzlich ausgeschlossen, — erst eine frucht spä-
terer rechtspflege. auf diese gütergemeinschaft gehen schwä-
bische, fränkische und rheinische rechtsparoemien wie: „*leib
an leib, gut an gut. wem ich meinen leib gönne, dem gönne
ich auch mein gut. hut bei schleier und schleier bei hut.
wann die decke über den kopf ist, so sind die eheleute gleich
reich. wann die deck zwischen inen baiden falle, so sol als-
dann ir paider gut sein ain gut* (monum. boic. 10, 318). *ein
frauwe sitzet zur ehte mit irem huswirt in gemain gedach und
virderb nach lantrecht* (rheing. altert. v. Bodmann p. 674).‟
in dem sprichwort des Sachsenspiegels 31ª „*man unde wif*

ne hebbet nein getveiet gut to irme liue", des Schwabenspie-
gels 34 *„man vnd wip mugen niht gehaben kein guot gezweiet"*,
und des Freiburger stadtrechts v. j. 1120 *„omnis mulier est
„genôz" uiri sui in hac civitate et uir mulieris similiter.
omnis quoque mulier erit heres uiri sui et uir similiter erit
heres illius"* — ist mehr von dem recht des mundiums als
von dem der gemeinschaft die rede, eher noch in folgenden:
*„eines ritters weib hat ritters recht. der männer ehre ist der
frauen ehre, der weiber schande ist auch der männer schande.
die den man trauet, die trauet die schuld (qui épouse la femme,
épouse ses dettes. die den man trouwt, die trouwt oock de
schulden.* belg.) *ist das bett beschritten, so ist das recht
erstritten"*.

Das spr. *„mann und weib sind ein leib"* findet sich ver-
ändert in einem reimspruche bei Lehmann flor. 142, 3 und
869, 9: *Wo ein Man ist vnd kein Weib, da ist ein Haupt
vnd kein Leib. Wo ein Weib ist ohne Mann, da ist ein
Leib und kein Haupt dran.* und bei Franck 107[b] *„Er ist
auch ons weib nit gantz, dann jm geht ein bein ab und man-
gelt jm ein ripp"* — ausserdem in allen neueren sammlun-
gen. Simrock nr. 6778.

2. Genes. 3, 19.

Pulvis es et in pulverem reverteris.

Luther: *Du bist Erde und sollst zu Erde werden.*

Abraham (*Genes.* 18, 27) nennt sich „erde und asche",
Hiob (30, 19) klagt, dass man ihn gleich geachtet habe
„dem staube und der asche" und auch Salomo (*eccl.* 3, 20)
bekennt, „dass alles vom staube gemacht ist und wieder zu
staube wird". dasselbe äussern griechische weisen. Nonius
sagt „Empedocles natos homines ex terra ait, ut blitum".
Euripides Supplic. 531: ὅϑεν δὲ ἕκαστον εἰς τὸ σῶμ᾽ ἀφίκετο
ἐνταῦϑ᾽ ἀπῆλϑε. πνεῦμα μὲν πρὸς αἰϑέρα, τὸ σῶμα
δὲ εἰς γῆν.
Gregor. theol. (sentt. libr. II): Πᾶν γὰρ τὸ ἐκ γῆς γή τε,
καὶ εἰς γῆν πάλιν.
Eine lateinische grabschrift aus dem 13. j. (Mones anz. III,
33) lautet: *Te facit attentum, qui pulvis est, hoc mo-
numentum.*

Wiederholt weisen unsere dichter und prediger auf die
nichtigkeit menschlichen lebens hin:
arm. Heinr. 722: *unser leben und unser jugent ist ein nebel
unde ein stoup.*

mariengrüsse (Haupts z. VIII, 276 ff. 510): *wir sin stoup
und erde úz erden; daz si sint, daz sol wir werden.*
„kranken stoup" nennt der dichter der Martina (2, 71) den
menschen, und an zwei anderen stellen sagt er:
116, 74: *der mensche ist gemachet, der arme, der tovbe, vz
dem cranken stovbe vnd darzvo vzzir hor, als ich seite
davor vnd vz bloder eschin.*
256, 22: *lanc leben, gewaltes meisterschaft, mohte beschirmen
kein list, siv mvosen doch ein fuler mist ie zeiungest
werden vnd ze cranker erden, uil gar dazvo geswachet,
da uz si waren gemachet.*
renner 4871: *bis daz er kvmt vf die erden, zv der wir alle
mvzzen werden,*
6505: *gedenke mensch, daz dv pist ein crank ertknolle, ein
favler mist.*
8547 und 10336: *wir sein alle gemachet von erden, vnd mvz-
zen wider ze erden werden,*
und 24034: *swaz geborn von erden ist, daz muz vf erden
werden mist.*
Muscatbl. singt (59, 19): *wan du doch bist esch vnd mist,*
und Wittenweiler erinnert (ring 26ᵇ, 40): *gedenk zuo lesten,
daz du pist nicht anders, dann ein fauler mist an dei-
nem leib, daz sichst du wol, won du pist gesmaks und
ayters vol.*
ebenso Suchenwirt (XLII, 23): *o mensch, gedenkch daz du
pist ein erden und ein swacher mist, und wirst ein
snöder aschen.*
Steinhöwel, Aesop 144ᵇ lässt Lucretius sprechen: „*das weicht
wider hinder sich zu der erden, das vor von erden was.*"
Ausser Zehners (*adag. p.* 575) und Körtes (*sprichw.*
1152 „*was von erde ist, soll wieder erde werden*") aufzeich-
nung bewähren den sprichwörtlichen gebrauch obiger worte
andere sprichwörter, wie „*was die erde giebt, das nimmt sie
wieder*" (*Simr. nr.* 2103) und „*staub bleibt staub, und wenn
er bis zum himmel fliegt*" (*ebend.* 9830). besonders erschöp-
fen sich kirchenlieder in der wiederholung dieses ausdrucks,
z. b.: *Du bist staub, zu staube musst
du mein leib einst wieder werden.*
Das motto der familie Lobkowitz (*Radowitz s.* 59) ist
„*popel sem, popel budu*" (asche bin ich, asche werd ich).

3. Genes. 4, 10.

Vox sanguinis fratris tui clamat ad me de terra.

Luther: *Die Stimme Deines Bruders Bluts schreit zu mir von
der Erden.*

Das noch heute umgehende sprichwort „*unschuldig blut schreit zum himmel*" findet sich bei Neocorus (*kron. des land. Dithm.* Dahlmann I, 515):

wente unschuldich blott in den hemmel ropet

mit dem zusatze „*quaelibet enim gutta Abelis a Caino profusa ad Deum clamat genes.* 4, *et Deum ultorem excitat*". ausserdem weisen ausdrücke wie „*ir plut schreit auf umb rach* (*Uhland, volksl.* 143, 4), *es ist himmelschreiend, es schreit zum himmel* (*Eiselein s.* 310), *eine himmelschreiende sünde*" und das sprichwort „*verdienter lohn schreit zu gott im himmel*" auf herleitung aus der mosaischen sage von Cains brudermorde, der obige worte angehören.

4. Genes. 9, 6.

Quicunque effuderet humanum sanguinem, fundetur sanguis illius.

Luther: *Wer Menschen Blut vergiesset, dess Blut soll auch durch Menschen vergossen werden.*

In einer erzählung aus den gesten der Römer (*Jahrb. d. berl. ges. für d. spr. b.* IX, XIII, 471) wird das sprichwort als rechtssatz angeführt: *Dz vor menger wil und zitt ist gehalten verr vnd witt vnd des gemainen land sitt* „*quicunque sangwic alicujus effudit, sangwis ejus effuditur*". *daz betüt in tüscher ker* „*wer vergüst des andren plůt inn zorns wisz vnd vnmůt, des glich im auch geschech, dz man sin plůt fliessen sech.*"

nr. 1167 bei Simrock „*blut fordert blut*" ist dasselbe.

5. Genes. 27, 22.

Vox quidem vox Jacob est, sed manus manus sunt Esau.

Luther: *Die Stimme ist Jakobs Stimme, aber die Hände sind Esaus Hände.*

In den lateinischen gedichten auf Friedrich d. Staufer (*Grimm, akad. abhdlg.* 1843. *s.* 242) wird auf dieses spr. angespielt.

Inquit mantellus „*mihi nec pilus est neque vellus; Implerem jussum, sed Jacob, non Esau sum!*"

(d. h. *ich bin ein mantel, der abgetragen, schübig ist.*)

In Grieshabers predigten (I, 159) lautet obige stelle:

werlich, diziu stimme dc ist iacobs stimme, aber die hende dc sint reht Esaus hende.

Auch in einem waidspruche Karls V. bei *Zincgref*, und bei *Lehm. flor.* 208, 55 „*Jakobs Sprach vnd Esaus Händ freund " ebend.* 334, 27 *,,Hut dich vor Jakobs Mund vnd vor Esaws Hand. Eiselein s.* 347. *Körte* 3105. *Simrock* 5163.

6. Exodus 1, 8.

Surrexit interea rex novus super Aegyptum, qui ignorabat Joseph.

Luther: *Ein neuer König, der nichts von Joseph wusste.*
    Dieses zur klasse der sogenannten apologischen (beispiels-sprichwörter) gehörende spr. findet sich bei *Zehner* (*adag. p.* 585) und bei *Simrock* (*nr.* 12380ᵃ) *,,es kommt allzeit Pharao, der Joseph nicht kennt"*, und ist gleiches inhalts mit folgen-den: *,,wolthaten veralten in kurtzer zeit und werden bald ver-gessen", Lehm. flor.* 907, 3. *Der Wolthat wird bald ver-gessen, aber der Vbelthat gedencket man lang Agricola* 576. *Tappius* 543. *Simr.* 11768. *wolthaten schreibt man nicht in den kalender. Kirchhof. schweiz. spr.*

7. Exod. 9, 18.

En pluam [cras hac ipsa hora] grandinem multam nimis, qualis non fuit in Aegypto.

Luther: *Ich will einen sehr grossen Hagel regnen lassen, des-gleichen in Egypten nicht gewesen ist.*
    Simrock nr. 123 *,,es wird schrecklich über Aegypten regnen"*, in dem sinne von *,,es wird ein grosses unglück ge-schehen, man wird trübe erfahrungen machen müssen.*

8. Exod. 10, 22.

Et factae sunt tenebrae horribiles in universa terra Aegypti.

Luther: *Da ward eine dicke Finsterniss in ganz Egyptenland.*
    ,,Aegyptische finsterniss" (*Zehner*, *adag. s.* 730) wird sprichwörtlich die tiefste, schwärzeste finsterniss genannt, die *,,νὺξ Κιμμερία, Cimmeriae tenebrae"* der alten (*Erasm.* II, 634). auf dieselbe sage ist der ausdruck *,,Aegyptiis caecio-res"* bei *Cognatus* zurückzuführen.

9. Exod. 15, 3.

Dominus quasi vir pugnator.

Luther: *Der Herr ist der rechte Kriegsmann.*

Agricola, der dies sprichwort in seinen 500 Neuen teutsch. spr. (1548) unter den nr. 476 „*Gott krieget*“, nr. 477 „*Gott fürt den Krieg*“ und nr. 478 „*Gott ist der rechte Kriegssman*“ anführt, sagt im eingange seiner auslegung: *Dise reden seind alle gewachsen auss der that vnd erfarung vnd sonderlich auss der mächtigen that die Got am Roten Meer mitt seinem volcke, des die Schrifft vnd die Psalmen offt gedencken vnd nicht vergessen können, geübet hat.*“ — *Simrock* nr. 4000.

10.   Exod. 21, 24.   Deuteron. 5, 19. 21.

Reddet animam pro anima, oculum pro oculo, dentem pro dente, manum pro manu, pedem pro pede, adustionem pro adustione, vulnus pro vulnere, livorem pro livore. (vgl. Matth. 5, 38.)

Luther: *So soll er lassen Seele um Seele, Auge um Auge, Zahn um Zahn, Hand um Hand, Fuss um Fuss, Brand um Brand, Wunde um Wunde, Beule um Beule.*
    Der mosaische rechtsgrundsatz der wiedervergeltung ging auch in unsere kristlichen rechtsverfassungen über. so findet er sich in der „ältesten keure der stadt st. Omer v. j. 1127 (§. 20 in f.) „*Secundum quantitatem facti punietur: scilicet oculum pro oculo, dentem pro dente, caput pro capite reddet.*“ ferner im Schwabensp. 201ᵇ :
    wen sol also rihten ovge umbe ovge. zan fivr zan. hant vmbe hant. fv̊z vmbe fv̊z,
im alten Schweriner recht (*Westph. mon.* II, 2007—48) aus dem j. 1222 „*pro capite caput, pro manu manus, vor hovet dat hovet, vor hand dei hand*“, vom j. 1235 „*haupt um haupt, hand um hand, kopf um kopf*“, — und in der Augsburg. kronik (anfang des 15. j. *Mone, anz.* VI.):
    der richtung (urtheilsspruch) *waz also: schad gen schad, brand gen brand, todschlag gen todschlag, schuld gen schuld.*
Hugo von Langenstein giebt in seiner Martina (83, 57) eine hiehergehörige stelle aus Job:
    alse der tiefil selber sprach von Jobe, do er in ersach so veste, so gedultic „hut umbe hut git der man vnd allez daz er mac han, daz div sele werde ernert, vnd niht eweclich verhert.
wie auch Suss (b. III, XI):
    man sol hant um hant geben, das will ich vf mein trewe nemen.
Justinger erzählt in seiner Berner kron. (*a. v. Stierlein u. h. s.* 250):
    da bestundent die Appenzeller wol bi glimpfe vnd ward die sach bericht, schad gen schad vnd gul an gurren.

2

Wittenweiler, ring 29, 2: *haubt gen haubt und fuoss gen fuoss, sich, daz ist die rechtisch puoss.*

derselbe grundsatz des jus talionis findet sich in den statuten der hohenzollerschen stadt Haigerloch v. j. 1457 (*Mones anz.* VI, 286) unter art. 30 ,,*Item wär ain todschlag tůt und der ergriffen würdt, dar sol sin bauer gegen bauer.*'' dies sprichwort ,,*bauer gegen bauer*'' kommt sonst nirgends vor. der Holsteiner sagt (*Schütze, idiotik.*) ,,*ledder um ledder, sleist du mi, ik sla di wedder.*'' gleichbedeutend mit den biblischen worten sind deutsche sprichwörter wie ,,*niemand kann den wiederschlag verbieten. wie du mir, so ich dir. wer dir kratzt, dem kraue. wurst wider wurst. de schaden deit, mutt schaden bettern,* holst. u. s. w. vgl. auch bibl. spr. nr. 133. Simrock nr. 615 ,,*auge um auge, zahn um zahn.*''

11. Deuteronomium 25, 4.

Non ligabis os bovis terentis in area fruges tuas.

I Corinth. 9, 9. }
I Timoth. 5, 18. } **Non alligabis os bovi trituranti.**

Luther: *Du sollst dem Ochsen, der da drischet, nicht das Maul verbinden.*

Ulfilas übersetzt (I *Timoth.* 5, 18. *dixit enim scriptura ,,bovi trituranti os capistro ne obdures et dignus hic operarius mercede ejus*''):
 gath auk gameleins. auhsau thriskandin munth ni faurvaipjais jah vairths sa vaurstva mizdons is,
und (I *Corinth.* 9, 9. *lege enim Mosis scriptura est ,,ne alliges os bovi trituranti*''):
 In vitoda auk mosezis gamelith is. ni faurmuljais auhsau thriskaidai.

Erasmus hat im gegensatze zu diesem mosaischen gesetze ,,βοῦς ἐπὶ σωρῷ, *bos apud acervum*'', zu dessen erläuterung er hinzufügt ,,*de iis qui in magna rerum copia constituti bonis praesentibus aut suo certe labore partis frui non sinuntur*'', oder wie wir sagen ,,*die pferde die den hafer bauen fressen am wenigsten.*'' (*Franck, Egenolff* 105ᵃ. *Lehm. flor.* 37 *und* 127.) — Zehner, adag. p. 245 und Simrock nr. 7642.

12. Judicum libr. 14, 18.

Si non arassetis in vitula mea, non invenissetis propositionem meam.

Luther: *Wenn ihr nicht hättet mit meinem Kalbe gepflügt, ihr hättet das Räthsel nicht getroffen,*

oder nach Rud. v. Ems, weltkron. s. 77: *die redelse wer*
uch vnerfarn, hattet ir nach ir nicht gearn mit mynre
kalben, die den funt vch rechte hat gemachet kunt.
in diesen worten fusst unser „*mit fremdem kalbe ist wolfeil*
pflügen" Simr. nr. 5378. Eiselein s. 358, und in demselben
sinne hört man den rath „*mit eignen ochsen zu pflügen*",
welche bitte die Ostfriesen einst an ihren landesherren stell-
ten, als er zu viel ausländer in seine dienste nahm, wie
Körte nr. 4641 erzählt. — Zehner, p. 600.

13. Judic. 16, 9. 12. 14.

Philistiim super te Samson.

Luther: *Philister über Dir, Simson!*
Im Museum Goetzianum wird erzählt (p. 207), wie im
j. 1693 im „*gelben engel*" zu Jena eine schlägerei zwischen
bürgern und studenten statt fand, bei der ein student todt
auf ·dem platze blieb. den nächsten sonntag predigte der
dortige pastor Göz gegen diesen unfug und sagte „es sei da-
bei hergegangen wie dort geschrieben stehe „*Ph. über dir,*
Simson!" — diese worte griff man auf und nannte bald in
ganz Jena die bürger „*philister.*" jetzt ist der ausdruck
auch anderwärts sehr bekannt. (vgl. *Curiositäten* VII,
187. 88.) man bezeichnet damit auf hochschulen gegensätz-
lich jeden nichtstudenten oder einen dem frischen leben ab-
gestorbenen, verknöcherten gelehrten. — Simrock nr. 7924.

14. I Samuelis 10, 12.

Propterea versum est in proverbium „num et Saul inter prophetas?"

Luther: *Daher ist das Sprüchwort gekommen „Ist Saul auch*
unter den Propheten?"
In Rud. v. Ems weltkron. (I, 142) lautet diese stelle in
gereimter übertragung:
hie von hub sich eyn bywort von Saul by den tzyden
dort, inne Israhels konne do inne spotlychen synne also,
weme vngefuges icht geschach, der spottet iz. vil spot-
lich er sprach „ist dis Saul dy den dagen von dem ich
han horen sagen, daz er wyssagenden geist intphie vnde
by den wyssagenden gie vnde in ire samenunge schein?"
Das sprichwort enthält den ausdruck der verwunderung
über einen menschen, welcher aus niederem stande plötzlich
zu hohen ehrenstellen gelangt, aber diesen nicht gewachsen
zu sein scheint. in diesem sinne sagt z. b. der in das pres-

byterium gewählte Gregorius Nazianzenus von sich (*in apo-logetico*) ὥστε εἶναι καὶ Σαοὺλ ἐν προφήταις κατὰ τὴν παλαίαν ἱστορίαν καὶ παροιμίαν. oder man bespöttelt damit unedle, geistlose naturen, welche sich in die kreise geistig begabter männer drängen, um von deren rufe und ruhme zu zehren, wie dies ähnlich griechische und lateinische sprichwörter aus-drücken „κόρχορος ἐν λαχάνοις". *Theophrast.* κολοιὸς ἐν ταῖς Μούσαις. *Erasm. adag. Graculus inter Musas.* unsere deutschen sprichwörter machen sich in ziemlich derber weise darüber lustig z. b. „*wie der rossdreck unter den äpfeln*" Egenolff 140^b. „*hier schwimmen wir öpffel, sprach der pferds-dreck, da schwamm er vnder den öpffeln vff dem wasser.*" Tappius 147. Simr. 391. oder wie ein westphälisches spr. bei Tapp. 147 sagt „*Hier stain wy fische, segte der sticke-linck tho dem snoecke.*" ebendaselbst „*der meussdreck will allezeit vnder dem pfeffer sein*", auch bei Lehm. I, 26 und 827. Simr. 6922. das jüdische spr. „*ist Saul auch unter den propheten*" verzeichnet wörtlich Körte 5201. andere fas-sungen bieten Lehm. I, 220 „*Saul war auch vnder den Pro-pheten, zuletzt gerieth er vnter die Teuffel*", und Simr. 8769 „*wie kommt Saul unter die propheten?*"

15. I Sam. 15, 22. (vgl. Matth. 9, 13. — 12, 7.)

Melior est enim obedientia quam victimae.

Luther: *Gehorsam ist besser, denn Opfer.*
  In Grieshab. predg. II, 72
    waist du niht, daz got vil genemer ist diu gehorsami et daz opfer?
findet sich als sprichwort bei Körte nr. 1855 und darnach bei Simr. 3168.

16. I Sam. 16, 7.

Homo enim videt ea quae apparent, deus autem intuetur cor.

Luther: *Ein Mensch siehet, was vor Augen ist, der Herr aber siehet das Herz an.*
  In den lateinischen dichtungen, ecbasis 1049:
    Inspicit omnipotens actus, qua mente regentur.
und Reinardus II, 1094 in eben diesem sinne:
    Sufficit omne Deo judice velle malum.
andere stellen unserer älteren litteratur predigen von gottes allwissenheit z. b. de vocatione gentium:
    du eine truhtin uueist allero manna gadancha (I reg. 8, 39).

Hartm. glaube 1147: *alle herzen sint jme offen, nehein ge-
danc nist ime uor beslozzen.*

ebend. 3755: *alle herzen sint dir offin, nehein gedanc ist uor
dir beslozzen.*

Wernh. Maria 93: *aller herzen tougen div sint uor sinen ovgen.*

wälsch. gast 6168: *wan got siht niwan an den muot.*

und an der wittwe scherflein sich erinnernd fährt Thomasin
  fort: *swer zehen túsent marc hât, ob er túsent durch
  got lât, sô hât getân dan alsô vil, der einen phenninc
  geben wil von zehen phenningen, die er hât, wan er den
  zehenden ouch verlât.*

auch Freidank (2, 6) hat den spruch: *gote ist niht verborgen
  vor, er siht durch aller herzen tor.*

mit unverändertem ausdruck in Leysers predigt. 53, 26:
  *der mensche wirt nâch sînem willen — vnd nâch síner
  andaht von gote geûrteilet gût oder boese.*

und in mehreren stellen der Martina von Hugo:

(9, 50) *dir sint elliv herzin erchant vnd ir gedanke rehte bar.*

(10, 60) *im ist gar bechant aller herzen sinne, beide vz vnd
  inne, die siht er vnd ir willen.*

(71, 11) *ez ist ane lovgen die gotlichin ovgen, so in alle her-
  zen schint, daz siv den willen gar erspehint den der
  sunder haltet.*

(74, 12) *im ist nit beslozzin vor.*

(202, 105) *wan eht got dem ist kunt aller herzen sinne grunt.*

Trimberg (renner 3907) warnt: *niemant den andern vrteiln
  sol, got weiz vnser aller herz wol.*

und 10981 nach Freidank: *got vnsern willen aleine ansiht,
  jm ist niht versperret vor er siht durch aller herzen tor.*

ebenso der alten weisen exempp. 93ᵇ: *es mag on gott niemant
  wissen, was in der menschen herzen verborgen ist.*

Lünebg. fehde (Leibnitz res brunsv. III, 223): *nemand weet,
  wat des andern herte edder zyn edder andacht is, wen
  god allene.*

und Brant (narrensch. 133, 26): *alleyn das hertz gott ken-
  nen dût.*

vgl. hierzu bibl. spr. nr. 251.

Simrock (3901) und Körte (2326) haben „*gott siehet das
herz an*", und ein klassisches epigramm variirt „*Gott nur
siehet das herz!*" — *drum eben weil Gott nur das herz sieht,
sorge, dass wir doch auch etwas erträgliches sehn!*

17. I Samuel. 24 v. 14.

Ab impiis egredietur impietas.

Luther: *Von Gottlosen kommt Untugend.*

Mannich, sacra emblemata (1625) sagt in der vorrede *„dann wie man nach dem alten sprichwort sagt* I Sam. 24, 14 — *Von Gottlosen kompt Vntugendt."* auch Zehner (p. 23) weist auf den sprichwörtlichen gebrauch dieser worte hin *„hodie non incommode adhibetur* etc."

18. I Regum 8, 46 (vgl. Ep. Jacob. 3, 2.)

Non est enim homo, qui non peccet.

Eccles. 7, 21 : *non est enim justus in terra, qui faciat bonum et non peccet.*
Jacobi 3, 2: *In multis enim offendimus omnes.*

Luther: *Denn es ist kein Mensch, der nicht sündige.* — *Denn es ist kein Mensch auf Erden, der Gutes thue und nicht sündige.*
Dieser gedanke war und ist allgemein bekannt. sowol dichter als volksmund sprechen ihn in verschiedenster form aus. in einer deutsch predigt des 12. j. *(nation. bibl.* XI, III, 14) heisst es:
nehein menniske lebet, der áne sunte sí.
Wernh. v. Elmend. (658) beruft sich hierbei auf Horaz:
daz aber hat Oratius gescriben, ob ich iz rehte sagen kunde „nyeman wirt geborn ane sunde",
und hat dabei ohne zweifel gedacht an satyr. libr. I, 3, 68:
vitiis nemo sine nascitur: optimus ille est, qui minimis urgetur.
der gedanke wird auch sonst bei den alten gelesen. so sagt Sophocles Antigone 1140:
τοῖς πᾶσι κοινόν ἐστι τοι᾽ξαμαρτάνειν.
Cicero philipp. : *cujusvis hominis est errare.*
und Cato in seinen distichen *„nemo sine crimine vivit."*
Hartm. arm. Heinr. 105: *wir sín von broeden sachen.*
wälsch. gast 4876: *ez enmac nieman geleben in dirre werlt só gar áne sunde, ern sünde jeetlicher stunde.*
Freidanks spruche 62, 7: *man lobet nu nieman án ein „daz"* entspricht das sprichwort bei Lehm. flor. I, 506 *„Kein Mensch ohne ein nisi"*, ferner ein versus leoninus:
Si nisi non esset, perfiectus quilibet esset. sed pauci visi, qui caruere nisi,
unser *„es ist kein mensch ohne ein „aber"* (Egenolff 45^b) und noch wörtlicher bei Tappius adag. 522 *„es ist keyn mensch sonder eyn das"*, westphälisch *„idt is ghein mensch sonder eyn lack."*
Konr. v. W. singt (lied. 26, 5): *wer lebt, dem man niht wandels giht?*
und ebend. 26, 6: *nieman ist áne bresten gar.*

Trimbg. renner 6555 und 6632 : *niemant ist sicher, er mvge*
vallen.

14424 : *niemant vf erden ist wandels frei.*

ein dichter derselben zeit (Mone anz. II , 48): *neman en is*
so vollenkomen, dat hy dem wandel sy benomen. ann
wandel neman en mach syn, dat is in der werelt nu
wol schyn.

Megenberg beruft sich auf die schrift (buch d. nat. III[b]):
vnd darumb spricht die geschryfft ,,der recht wirdt
kaum behalten. wan man vindet kaum eynen menschen
der nye keyn sünde gethett.‘‘

Suchenwirt (XLI, 15): *ich wais chain mensch an wandels vrey.*

Muscatbl. 83, 65 : *ich meyn dass uff erden nit sy eyn mentsch*
an allen wandel vry, im ste etzwe eyn ducken by, es
sy gross oder cleyne.

upstandg. (a. v. Ettmüller) 1981 : *wente ik hebbe dat dicke*
lesen ,,nén minsche kan fullenkomen wesen.‘‘

lieders. 227, 142 und Hätzlerin 152[a] : *syd nieman lebt so*
iung (vinng) *noch alt, der gentzlich an gebresten sy.*

satyr. u. pasqu. (Schade I, **XV**, 63): *es lebt kein mensch,*
der nicht sünde hat.

Dies sprichwort hat eine zahlreiche sippe. Agricola
(spr. 743) bietet ,,*Wir synd alle gebrechlich*‘‘ (sagte die äb-
tissin in der centinovella, als sie des probstes hosen in der
bestürzung statt des schleiers ums haupt hängt) oder ,, *Wir*
fehlen alle mannigfalt!‘‘ (sprach die äbtissin als ihr der bauch
anschwoll). Franck (Egenolff) hat ,,*es ist kein mensch er hat*
einen wandel, hat er sie nicht alle vier‘‘ (— hauptmängel,
wie die pferde). bei Lehm. flor. 504, 17 findet sich ,,*Ein*
jeder hat ein Hembd von Menschen Fleisch.‘‘ 505, 29 ,,*Ein*
jeder Leib hat seinen Schatten vnd seinen Mangel.‘‘ 504, 44
,,*Jeder hat seinen Splitter.*‘‘ 507, 62 ,,*Es ist keiner, er*
schmeckt nach dem alten Adam.‘‘ andere hiehergehörige
sprichwörter sind : *jeder mensch hat seinen zwickel* Simr. 6976
— *auf erden lebt kein menschenkind, an dem man keinen*
mangel findt — *wir sind alle schwachen menschen* (beleuchtet
in Schöners sprichw. 1802. nr. 2.) — *wer keinen fehler hat,*
muss im grabe liegen = *he is lifeless, that is faultless.* —
am nächsten aber dem biblischen ausdruck kommt ,,*wir sind*
alle arme sünder‘‘ Simrock 10032. — Zehner adag. p. 247.

19. II paralipomena 25, 9.

Habet dominus, unde tibi dare possit multo his plura.

Luther: *Der Herr hat noch mehr, denn das ist, das er geben*
kann.

Barl. u. Jos. heisst es (153, 35): *der gotlíche rât den sínen mê ze gebene hât, dann iemannes sin verjehe.* Agricola stellt frommen herzens dies spr. unter die ersten seiner sammlung (nr. 2) und sagt *„Also gibt diss wort — Gott hat mehr dann er jhe vergab — Gott die grösste ehre, die jm auch von rechte gebüret. Sein handt zu helffen ist vngeschlossen vnd jmmer voll."* — dass es noch in späterer zeit im gebrauche war, ersieht man aus Zehner adag. p. 252 *„nos eodem adagio utimur."* — bei Simrock 8323 in etwas anderer fassung *„wir haben einen reichen gott, je mehr er giebt, je mehr er hat."*

20. Job 1, 21.

Dominus dedit, dominus abstulit.

Luther: *Der Herr hat es gegeben, der Herr hat es genommen.*
Begegnet zuerst ende des 13. j. in der warnung 621 (Haupt zeitschr. I, 438): *gote jehent si einer krefte unt aller geschefte, daz er nimt unde gît all nâch sínes willen zît.*
später bei Frauenlob 99, 19: *got gap, got nam: nâch solher rede der wisen wort erschînet.*
fast um dieselbe zeit bei Lampr. v. Regensb. in der tochter Syon (fundgr. I, 313, 17): *er gibt und nimt swenn er wil, disem wenig, disem vil.*
lieders. 181, 115: *got der hat vil, er nimt und gît wem er wil.*
beim Teichner (lieders. 189, 37): *vnd lasz wider got sin strit, der da nemen kan und kan.*
und bei Johann v. d. Pusil. (s. 326): *die gobe ist des herrin, der gibt unde nymt.*
auch in Kellers erzählg. (581, 1): *so got wil, so macht er vns reich vnd macht vns wider ermekleich.*
in Mannichs sacr. emblemat. bl. 72 findet sich der sinnspruch *„Dess herrn brauch: Er nimbt, gibt auch."*
Simrock 3969: *„gott giebt, gott nimmt."*

21. Job 1, 21.

Nudus egressus sum de utero matris meae et nudus revertar illuc.
eccles. 5, 14: *Sicut egressus est nudus de utero matris suae, sic revertetur et nihil auferet secum de labore suo.*

Luther: *Ich bin nackend von meiner Mutter Leibe gekommen, nackend werde ich wieder dahinfahren.*
Hieher gehört auch eine ähnliche stelle im briefe Pauli ad Timoth. I, 6, 7 *„nihil enim intulimus in hunc mundum,*

haud dubium quod nec aufferre quid possumus. Denn wir ha-
ben nichts in die Welt bracht, darum offenbar ist, wir wer-
den auch nichts hinaus bringen.
Boëth. (Hattem. II, 107) sagt ähnlich
    et defunctum non comitantur leves opes,
was Notker übersetzt: *nóh úmbe dáz nefólgént imo nicht tô-*
    temo sine liehtlichen sáchá.
der spruchreiche Walther singt (II, 67, 8): *welt, ich hán*
    dínen lón ersehen: swaz dú mir gíst, daz nimest dú
    mir: wir scheiden alle blóz von dir,
und der gleichzeitige Freidank 177, 3: *zer werlde ich blózer*
    komen bin: si lát ouch mich niht vüeren hin.
gleiches inhalts ist ein lateinischer denkspruch in Mones
    anz. III, 33: *nascens et moriens quid inops a divite*
    distat?
leb. d. h. Martina (Diutiska II, 154): *wir múzens allis hie*
    lán, swaz wir hie besezzin hán.
und in der Martina Hugos (122, 16): *er het och her niht*
    braht, vnd mac och von hinnen mit allen sinnen sinnen
    dekein guot geleiten.
die späteren gest. Rom. 78[a] geben eine wörtlich treue über-
setzung der vulgata:
    als her Job spricht ,,nagket pin ich auf die erd cho-
    men vnd nagkend chom ich hin wider.
in sammlungen erscheint das sprichwort zuerst bei Agricola
(500 spr.) nr. 492 *,,Das ist auch verbum fidei unn die gantze*
Welt brauchet diss wort wider den Schandgeytz, wider das
Gaylen tag vnnd nacht nach gelte, gute, ehre vnnd allerley
wollust." — noch sind alle die stellen hieher zu setzen, in
denen sprichwörtlich von dem ,,linnentuch" die rede ist, das
uns als einzige habe in das grab folgt, z. b. Karaj. früh-
lingsg. V, 126 u. 158. Mart. (diut. II, 154). Winsb. 3, 8.
br. Wernh. V, 1. Rinkenberg 9. Martina Hugos 44, 109.
258, 35. lieders. 75, 93.

22. Job 7, 1.

Militia est vita hominis super terram.

Luther: *Muss nicht der Mensch immer im Streit sein auf*
    Erden?
    Im II. buche des grossen passionals führt Konr. v. Hen-
nisfurt Hiobs klage als sprichwort ein (338, 1): *als iob vr-*
    kunde hât gegeben ,,des menschen lebeliche craft",
    sprichet er, ,,ist ein ritterschaft allhie vf der erden."
Leyser predigt. 129, 21: *daz leben der menschen vf der erden*
    ist ein ritterschaft.

später bei Hugo v. Langenst. Martina (3, 33): *sit vnsir le-
bin ist ein strit, als iob der gvote vrkvnde git.*
271, 75: *wan ez ist ein alter strit des menschen lebin elliv zit,
als iob vns wizzin lat, der ez wol befunden hat, do so
stritet aller meist mit dem libe hie der geist.*
Nicol. v. Jerosch. (a. v. Pfeiffer) 3, 1—6: *want des menschin
lebin ist ein strit vf erden alle vrist, vnd so er kumt
zer werlde, sân trit er ouch ûf den plân zu stritene
kein der macht der luft, daz ist kein der tûvele guft.*
endlich bei Peter v. Trebensee (altd. bl. II, 174): *spricht
du guter Job ,,daz des menschen leben nichts sey wenn
ein streit vnd becherung.*
und Suso (Diepenbrock 1829. cap. XXII) erzählt von sich
,,ich kam in eine betrachtung des wahrhaften wortes,
das der leidende Job sprach ,,*militia est etc. des men-
schen leben auf diesem erdreich ist nichts anders, denn
eine ritterschaft.*''
Die betrachtung des menschlichen lebens unter dem bilde
eines kampfes ist uralt und wurzelt ohne zweifel in der lehre
vom kampfe des guten und boesen, wie wir sie schon in alt-
heidnischen glaubenslehren vorfinden. auch die sprache der
heiligen schrift bewegt sich vielfach in diesem bilde, nament-
lich wendet es der apostel *Paulus* mit sichtbarer vorliebe an.
so ermahnt er die *Römer* (15, 30), dass sie ihm ,,kämpfen
helfen mit beten für ihn zu gott'', den *Timotheus* (I, 6, 12),
dass er ,,kämpfen solle den guten kampf des glaubens'',
dass er (I, 1, 18) ,,eine gute ritterschaft üben und ein guter
streiter Kristi sein solle'', denn (II, 2, 3—5) ,,es werde nie-
mand gekrönt, er kämpfe denn recht'', auch er habe ja ,,ei-
nen guten kampf gekämpfet'' (II, 4, 7). den *Philippern*
ruft er zu (1, 27) ,,kämpfet für den glauben und für das evan-
gelium'', und die *Ebräer* tadelt er (12, 4), ,,dass sie nicht
widerstanden haben bis aufs blut über dem kämpfen wider
die sünde.'' an anderen stellen (II Corinth. 10, 4) spricht
er von den ,,nicht fleischlichen *waffen unserer ritterschaft*''
und zählt zur rüstung eines kristen ,,den *krebs* des glaubens
und den *helm* der hoffnung'' (II Thessal. 5, 8) und in der
schönen stelle Ephes. 6, 10—17 ,,den *harnisch* gottes, den
krebs der gerechtigkeit, das *schild* des glaubens, das auslöscht
alle feurigen pfeile des bösewichts, den *helm* des heils und
das *schwert* des geistes.''
Frisches leben und neue beziehungen erhielt diese lebens-
ansicht aber besonders in der wechselvollen zeit der kreuz-
züge, jener zeit, wo nicht mehr das ,,schwert des wortes'',
sondern das ,,schwert von eisen für gottes heilige sache''
blitzte. hierzu kömmt noch ein anderes moment. wenn man
in älteren zeiten dem höchsten wesen menschliches denken

und fühlen beilegte und es aus dem himmel auf die erde
herabstellte, so mühte sich eine spätere kristliche zeit ab,
die vorstellung seines wirkens und waltens hinüberzunehmen
von der höchsten irdischen macht, und gewalt und glanz des
kaiserthums in den himmel hineinzutragen. es mögen dabei
die neutestamentlichen bilder vom himmelreich, vom könige
(Matth. 22) u. s. w. vorgeschwebt haben.

So hat gott, auf dem *throne* (Martina 284, 83) sitzend,
ein grosses *kaiserreich*, in dem die *residenz* ,,das himelische
ierusalem'' ist (Martina 3, 27) und in welchem er in den
bann thut (Mart. 14, 85) [wie der teufel seine *mark* hat
(passional III, 539, 34)] — und die engel — schon in der
schöpfungssage mit dem flammenden schwerte die wacht am
paradiesesthor haltend — sind sein *heer* [ġotis her (Mart. 3,
59.) engilschez her (Martina 146, 43)]. ,,himmlische heer-
scharen'' nennt sie der evangelist Lucas (2, 3), die kirche
,,omnis militia coelestis exercitus'' und Suchenwirt (XLI, 424)
,,die himmlische ritterschaft''. ebenso Hugo, Martina 183,
79. 184, 82. 205, 20. auch ,,himelsche kvmpanie'' ebend.
183, 96 und ,,massenige'' 205, 21. ,,ir ampt ist och alsvs,
als schribet sant Gregorius, daz si vns lerent striten geistli-
chen zallen ziten'', ebend. 241, 71. — dem himmlischen
kaiser [der kaiser, unsir herre (Mart. 81, 67)], der auch ,,ku-
nec aller kunge herre (ebend. 278, 14), der himel voget
(139, 51. 292, 60), der himel weibel (228, 97), der himil-
sche wirt (247, 85), der him. clare wirt'' (251, 80) genannt
wird, steht zur seite die *kaiserin* Maria [der hymel fraw
fundgr. II, 310. kaiserin Theophil. (ed. Ettmüll.) 466 und
493. Suchenwirt XLI, 1155. — himelkaiserin sassenkron.
302. — allegewelgiste keserinne Marienleb. Haupt zeitschr.
I, 236. — güttige kaiserin der êren, Salve regin. v. j. 1493]
auch *königin* genannt [himelische konigin Keller erzählg. 382.
gecronte himelfruwe ebend. 32. chuninne des himels lobl.
auf Maria 13. Wernh. Mar. 1, 37. — kuniginne her Mart.
2, 101. kunigin usz Oberlant Muscatbl. 32, 47. k. aller
frauwen ebend. 7, 8. 20, 28.] — gott hat einen *hof* [coele-
stis aula, hymn. Grimm XXII, 2. gotes hof passional III,
18, 29. 5, 47. der ewige hof (ebend. 54, 1)], einen *himmels-
saal* (in alten kirchenliedern und Martina 6, 96. 66, 80. 209,
106. 247, 95. 279, 94. froviden saal 21, 27) — ebenso,
wie der teufel, auch eine *küche*, in die nach dem sprichworte
,,viel wunderliche kostgänger gehen'' und in der (nach toh-
ter Syon 235) spes, die zuversicht ,,oberste *küchenmeisterin*''
und nach volksmärchen st. Peter der *koch* ist (fundgr. I, 391).
geläufiger ist indess der kristlichen sage das bild von Petri
schlüsselamt, das sich auf die worte Kristi (Matth. 16, 19)
,,und will dir des himmelreiches schlüssel geben'' stützt. so

heisst es beim schweizer Anshelm (II, 302) „man wolle bei
den kuhmäulern rösten und brennen, dass st. Peter vor lau-
ter rauch das schlüsselloch zum himmel nicht finden solle."
im laiendoctrinal (151) wird allegorisch „fruwe regtigheid
portenerinne to hemmelryk" genannt, in der Martina ist
„trvwe allir tugent ein kamererin und schenket in der minne
win", auch (283, 90) „*butteglere*" genannt, und nach tohter
Syon 452 ist „die minne sîn oberstiu *kelnerin.*" auch fehlt
dem himmlischen hofe nicht eine *kanzlei*, denn nach einem
sprichworte bei Lehm. flor. „steigt niemand in gottes can-
cellei." nach einem andern sprichworte bei Simrock 3988
hat „unser herrgott viel *spielleute* und *musikanten.*" Stricker
im Karl 59[b] spricht von „gottes *schenken*", wie Hugo in der
Martina (60, 73) von „der helle schenken, der ein svnder bier
brvwt." — der *hofstaat* aus engeln bestehend hat *neun grade*:
„die engel, erzengel, der tugende grat, gewalt, vursten, her-
schaft, gestûle (troni), cherubim und seraphim" (passional II,
340. 350) und auch den irdischen „gottesstreitern", wie sie
noch unser Uhland in Karls meerfahrt nennt, werden je nach
der grösse ihrer verdienste verschiedene rangnamen beigelegt:
„*herzoge an deme gotes wege*" (passional II, 179, 28)
und „hauptmann" (Wackern. kirchl. 581, 13. 654, 3. 4.)
wird Kristus genannt.

„*gotes dinistman*" heisst Karl der grosse (Rolandsl. 2, 2.
26. 26, 28. 288, 25), ebenso sein heer „die waren gotes
dînestman" (ebend. 145, 1). Stephanus (pass. III, 51, 97) und
Kristus „gots huut vercome dienstmann" Kausler II, III.
„*Kristes man*" sind Kristi anhänger (annol. 69. altd.
schauspiele 2, 166). die gewöhnlichsten ausdrücke aber sind:
„*ritter*", womit Kristus (er wart ein starker ritter wun-
derh. 1, 40), apostel und märtyrer (so half got sime rittere,
pass. II, 359, 20. 465, 94) und die frommen belegt werden
(myst. 294, 29. die vil werden gotis ritter Martina 86, 6.
235, 14), wozu sich auch ausdrücke stellen wie „des tievils
ritter" Martina 180, 21. „der verfluochte helle ritter" ebend.
193, 8.)

„*gotes knehte*" (Mone altd. schausp. I, 144. siebenschl.
292, 78). Trimberg sagt „wer got dienet, der ist sîn kneht
(renner 7347. die blanken gotis knehte. Martina 143, 55.
186, 16. 189, 44. lieders. 178, 76. auch dem teufel die-
nen knechte (Martina 6, 63).

„*gotes scalk*" kaiserkr. 16701.

„*gotes held*" ist Kristus (altd. schausp. I, 891. 1575.
1931. 2809) vom himilrich der helt (Martina 42, 15), Moses
(der wîse helt Rud. weltkr. II, 3) und jeder gläubige (sie-
benschläfer 91. 113. 310). „der gotes holde" heisst st. Ja-
cob (jahrb. der berl. gesellsch. b. VII, 269).

„*gotes wigant*" = Kristus (Diemer I, 67, 24 der gute w. — I, 68, 10), Petrus (der wâre g. w. kaiserkr. 3912), Michaël (ein ellenthafter w. passion. II, 334, 3), Sylvester (ebend. 83, 53), Karl d. grosse (der wâre g. w. rolandsl. 290, 28).

„*gotes kempfe*" (Martina 3, 29. 5, 54. 21, 31. 58, 93. 61, 97. 84, 14 und öfter) = Pantaleon (Pantal. 944. 1180. 1994), Karl der grosse (der wâre g. k. rol. 289, 3), Vincenz (passion. III, 122, 7), Jacob (der himelische k. jahrb. d. berl. gesellsch. VII, 261), Thomas (ein menlich k. sînes gebots ebend. I, 244, 46), Paulus (d. edele k. gottes sagt ebend. I, 189, 11), Martina (gotis kempferin, Martina 79, 78. 109, 91. 179, 43. 185, 58). gotis êkenpfen (ebend. 90, 29) und auch der teufel hat seine „kempfen" (ebend. 2, 91. 111, 83). Kristes kenphin (ebend. 4, 35. 9, 22).

„*degen*", die beliebteste bezeichnung für Kristus (der küene d. Hoffm. kirchenl. 65. himlischer d. Martina 15, 94 und 216, 37. klage 1672. Georg 989. rol. 121, 19. der starke d. Martina 31, 3. von himilriche der werde d. ebend. 42, 112. hier niedert sich der d. hoch Suchenwirt XLI, 386. vielfach im Heljand z. b. Lucas 2, 48.) — sogar für gott selbst (Reinb. 989. Orend. 2515. Osw. 33. Martina 80, 12. 218, 66. 222, 57), für David (Rud. weltkr. I, 211), Joseph (der alte g. d. passion. I, 50, 24), die apostel (himelische d. Haupt zeitschr. II, 212), Petrus (Ottok. reimkr. 462[b] der wâre g. degen passion. III, 647, 92), Marcus (der kunlîche d. ebend. II, 328, 21), Nicolaus (ebend. 13, 20), st. Martin (ein d. vor gote wert ebend. III, 593, 75), Martina (diut. II, 120), st. Oswald (der himml. d. Osw. 3155). himilsche degen (Martina 109, 16. 138, 61. 177, 40), div swertdegin (ebend. 85, 29), die nivwen gotis swertdegen (ebend. 82, 101). vorkempfe wird Kristus genannt (myst. I, 359, 23 „der alle unse vîende hât uns undertân gemachet mit sînes kriuzes swerte").

„*Kristi schiltgeverten*" heissen vorzugsweise die apostel, „die zwelf schiltgeverten" (passional.).

„*widervehter gotes*" wird Paulus genannt (ebend. I, 181, 32) und die weltlichen dichter seiner zeit nennt der dichter von der tod. gehugde 264 „w. g. und aller gute".

„*gotes widerkenpfe*" steter Martina 112, 50.

„*gotes widerstrit*" lieders. 201, 12.

„*vaener des siges*" ist Kristus (bei Hartmann litan. 73) wie denn gott selbst „dreget aller tugende uanen" (Haupt zeitschr. I, 101, 14) oder auch Maria („du dreges der kuscheide uane" ebend. I, 38, 4).

Ein lateinischer kronist schildert die geistlichen kreuzfahrer unter Friedrich I. als todesmuthige streiter, indem er sagt „abjectis cucullis loricas induti, jam vere Christi milites" non armariis sed armis studere gaudebant (bibl. d. Stuttg. ver. b. XI).

Andere stellen unserer litteratur, in denen das bild vom lebenskampfe fest gehalten ist, finden sich:

diutisk. I, 294: *daz enmac niht ohne strît geschehen, als horen wir die wîsen jêhen. wiltû denne ein reines herze hân, sô bereite dich ûf des strîtes plân.*

tohter Syon 244: *ich sprach „nû frummin ritterschaft, lît frôlich dise kurze pîn: dîn lôn sol immer êwic sîn!*

Wittenw. ring 44ᶜ, 12: *gaistleichs streyts sein zwo schar: die erste ist daz himelher, die sich vil chrefteleich gewer stellet wider Lucifern und alle di ym volgten gern also daz muosset vallen in die hell mit seinen allen.*

Martina 23, 47: *tugende sint niht wan ein strît, der stete gein herte gît gein des lîbes broedekeit, die er von natûre treit, uon sînen muot gelusten und bosen akusten, die von natûre im an wonent und im die sinne gar verronent.*

und ebend. 649, 109 heisst es: *wól her, swer welle koufen, der muoz ê vaste roufen alhie in disem lande mit vîenden drîer hande — der êrste vient ist unser lip, — der ander vient ist div welt, der dritte ist der alte slange,*

oder wie Luther sagt „*der Teufel, die Welt vnd vnsers Fleisches wille.*" dieselbe stelle findet sich im bouc van seden (Kaussler II) 135: *want du moets drie campe verwinnen, sultu hemelrike ghewinnen. drie viande rechten met crachte ieghen di, bi daghe ende bi nachte* u. s. w. von Kristus heisst es (Hoffm. kirch. 104): *er hât gar ritterlich gestritten.*

gest. Rom. 24: *er streit für uns alle und* (150) *vâht alle sîne tage wider den fient unde sîn her und kempht wider den tiufel unde gesiget ime an.*

die heiligen märtyrer (welche rothe wappenröcke tragen Martina 233, 71: Mart. Cristes rotten wapen rocke uon rehte billichen treit) *habn daz himelreich ervohten* (Leys. pred. 114, 23)

und myst. I, 354, 24 sprechen vom *vehten wider die sumekeit.*

23. Job 7, 7.

Ventus est vita mea.

Luther: *Mein Leben ein Wind ist.*

Unter den vielen gleichnissen vom menschlichen leben sind das vorige, dieses und das folgende bei den alten sehr gäng und gebe. formelhaft ist im mitteldeutschen der ausdruck „als ein wint", so beim Stricker frauenehre (Haupts

zeitschr. VII, 811) „ir leben ist als ein wint", und es wird
nicht allein das leben mit dem winde verglichen, sondern
auch z. b. ein versprechen (sîn gelubede ist ein wint Herb.
troj. kr. 13091), die träume (sint ein w. Helmbrecht 617),
fechten (ir aller vehten w. e. w. Luarin 2381), sünde (sî
ein w. Strick. beisp. X, 10), schönheit (ir aller schöne w.
e. w. Erec 8278. Mai u. Beafl. 9, 26. 175, 38), ungemach
(Krolewz. 2074), u. s. w. ähnlich unserem sprichworte sag-
ten die Römer „homo bulla", die Griechen πομφόλυξ ὁ ἄν-
θρωπος — „proverbium" setzt Erasmus hinzu, „admonet
humana vita nihil esse fragilius, nihil fugacius, nihil in-
anius." Terent. Varro de agric. und Lucian im Charon.
denselben ausdruck wählen Freidank 18, 2: *diu (sêle) vert
  von mir als ein blâs, unt lât mich ligen als ein âs.*
und br. Wernher: *diu (sêle) vert von uns rehte als ein blâs
  unt lât den lîp ze pfande hie: den würmen er ein
  spîse wirt.*
passional III, 641, 16: *alle dîn gewalt, der is in dîme kranken
  ase, als windes vol ein blase, der zuhant uzbrichet, als
  man si durchstichet mit einer nalden hertekeit.*
die gest. Roman. lassen Hiob zeugen (48ᵃ): *als Job spricht
  „herr mein leben ist als der wint hie auf erden."*
in einem niederländischen gedichte bei Mone (quellen I, 127
  ff.) heisst es: *na deme als men bescreven vint, soe
  is onse leven als een wint, de dar vleghet over dat
  zant, soe snel vare-wy in-t ander lant.*
und in einem altdeutschen schauspiele (Mone I, 273 ff. v.
  916): *dise welt ist doch ein wint.*

24. Job 8, 9. — 14, 12.

Sicut umbra dies nostri. (vgl. ps. 101, 12.)

Luther: *Unser Leben ist ein Schatten auf Erden.*
  Noch nichtiger als dem Hiob erscheint dem Pindar das
leben, wenn er singt „σκιᾶς ὄναρ ἄνθρωπος."
im doppelbilde heisst es im poenitentiariuś 10: *pulvis et
  umbra sumus.*
Konr. v. Würzb. lied. 34, 18: *ez bezeichnet mir der schatte
  mîn, daz im gelich zergât mîn leben.*
tochter Syon: *ez ist allz alsam ein schat.*
Martina 64, 87: *und swaz wir frovden hatten, die sint gelich
  dem schatten.*
und im Barlaam 213, 26 sind die obigen pindarischen worte
  verdeutscht: *alsam ein ringer schate vert und als ein
  troumlicher muot der liute leben, der welte guot.*

25. Job 12, 14.

Si destruxerit, nemo est qui aedificet.

Luther: *Wenn er zerbricht, so hilft kein Bauen.*

Dieses noch heute im volksmunde lebende sprichwort fehlt in den meisten sammlungen und findet sich als reim bei Lehmann flor. polit.

Wo Gott zerstört vnd bricht, hilfft alles bawen nicht.

26. Job 28, 28.

Timor domini ipsa est sapientia.

psalm 111, 10 } *Initium sapientiae timor domini.*
ecclesiast. 1, 16

prov. 1, 7. *Timor domini, principium sapientiae.*
— 9, 10. *Principium sapientiae, timor domini.*

Luther: *Die Furcht des Herrn ist der Weisheit Anfang,* und
zu prov. 1, 7 fügt er am rande hinzu: ,,*Wer wol ler-
nen wil, der muss zum ersten Gottesfürchtig sein.*''
in der Windbg. psalmenübers. 110, 10: *anegenge des wihs-
tuomes diu vorhte des herren.*
und in der Trierer: *anegenge der wisseite, furte unsers herren.*
Wernh. v. niderr. 113 (fundgr. II): *er ist aller wisheit anvanch.*
auch in Wippos denksprüchen: *est sapiens multum, qui amat
Dei cultum,*
was ein späterer lateinischer spruch negativ ausdrückt:
Si Christum discis, satis est, si caetera nescis.
Si Christum nescis, nihil est, si caetera discis.
und was consequenzenmacher bis zu dem gedanken treibt
,,*credo, ut intelligam.*''
ebenso in marienliedern des 12. j. (Haupts z. X, I, 76, 25):
god aller wisheide aneginne.
und in den predigten des 13. j. (Leyser II, 19, 31): *gotes
vorcht ist ein angenge der wisheit.*
Freidank beginnt mit diesen schönen worten seine ,,beschei-
denheit'' (auch im renner 17568): *Gode dienen âne
wanc deist aller wisheit anevanc.*
und auch der Winsbeke empfiehlt die gottesfurcht im ein-
gange seiner lehren (5, 1 ff.): *Sun, elliu wisheit ist
ein wiht, die herzen sin ertrahten kan, hât man ze gote
minne niht unt siht in niht mit vorhten an.*
Martina 44, 104: *Von dem tuot Salomon erkant, swer vor
gote in vorhten stât, daz der reht ergriffen hât der hô-
hin wisheit anevanc.*
Heinr. v. Meissen ahmt wie Grimm (Vrîd. 319) meint die
worte Freidanks nach: *got minnen âne meil und âne*

allerleie wanc, — wan der rehte ein anevanc aller guo-
ter dinge ist.

Barlaam 371, 33: *dir sí daz vür wâr geseit: daz urhap aller*
wîsheit ist diu grôze vorhte gotes.

Helbling (Haupts z. IV. VII, 1): „*aller wisheit anevanc ist*
gotes vorhte sunder wanc" *sprach der wîse Sâlomôn.*

wie die eben angezogenen marienlieder nennt auch Ulr. v.
Thürheim in seinem Wilhelm (s. 1) gott *aller wisheit*
eyn anevanc.

laiendoctr. s. 145: *Salomon desse wôrd so sait:* „*godes frugte*
is begyn der wysheyd."

Otto v. Passau 146ª: *vnd ist vorcht ein wurczel der weissheit.*

Suso (b. II. XXI): *diese furcht ist ein anfang zu aller*
weisheit.

der thüring. kronist Gerstenberg (Ayrman syll. anecd. I, 61):
initium s. t. d. d. i. das ist, die forcht gotes mit be-
scheidenheit ist ein anfang aller weissheit.

das sprichwort, zu dem ich noch eine stelle aus Euripides
(Bacch. 1148) füge: Tὸ σωφρονεῖν δὲ καὶ σέβειν τὰ
τῶν θεῶν κάλλιστον οἶμαι γ᾽αὐτὸ καὶ σοφώτατον,

findet sich fast in allen sammlungen in der fassung „*Gottes-*
furcht ist aller weisheit anfang." Simrock 3977. Eiselein
s. 255. Zehner adag. p. 30. Körte hat schriftgetreu (nr.
2394) „*Gottesfurcht ist eben die weisheit.*"

27. Job 39, 30.

Ubicunque cadaver fuerit, statim adest aquila.

Matth. 24, 28: *Ubicunque fuerit cadaver, ibi aquilae.*

Luc. 17, 37: *Ubicunque fuerit corpus, illuc congregabuntur*
et aquilae.

Luther: *Wo ein Aas ist, da sammeln sich die Adler.*

Während Hiob diese worte in wirklichem sinne ge-
braucht, als er des schöpfers weisheit an den thieren nach-
weist, wendet sie Kristus bildlich an um auszudrücken, dass
die strafgerichte des messias endlich der sittlich verwesenden
menschheit nahen werden.

Ulfilas in der stelle Luc. 17, 37 überträgt: *tharei leik, jaindre*
galisand sik arans.

der dichter des Ruodlieb vergleicht scherzhaft (fragm. VII,
21) ein altes weib mit einem geier:
inclinata caput humeris extantibus it nunc, ut tardus
vultur ubi scit jacuisse cadaver.

eine andere anwendung wird dem sprichworte in den marien-
liedern in Haupts z. X, 63, 11 gegeben:
alse der are sin as ersit cleine is dat uelt, curt is die

cit, die on uan sineme ase scheidet, nit he entraget, nit he enberdet, he sit aleine an dat he minnet, he suchet dat aleine dat he gesinnet. also sullen die megede reine ilen zu dem brudegumen aleine, de si aleine gesaden mach inde uan on geuerren al ungemach.

auch Freidank übergeht das beliebte bild nicht (142, 19):
die gire vliegent gerne dar, dâ si des âses werdent gewar.

andere vergleiche finden sich Haupts z. VIII, 298: *recht als der gîr dem âse tuot, vast ich diu sünde in minen kropf.*

Hornecks reimkr. 260ᵃ: *als ein hutigeyr gert zu dem az, als haismutig waz der sun kunig Ruedolfs.*

Megenberg, buch der natur III, erklärt das sprichwort aus der natur dieser vögel: *die geyren schmeckent daz ass über mör, recht als der adler. Ysidorus spricht ,,der geyer wart der augen des aller ersten auff dem ass.''*

im volksmunde heisst das sprichwort auch ,,*wo aas ist, da versammeln sich die raben*'' — und erbschleicher und erbschaftslauerer pflegt man mit einem andern hiehergehörigen sprichworte abzufertigen ,,*bist du ein geier, so warte aufs aas*'', aus Seneca (libr. XV. epist. 96) entnommen ,,*si vultur es, cadaver exspecta.*'' (Erasm. adag.) Simrock nr. 5. 6. Zehner p. 266.

28. Psalm. 4, 4.

Et scitote quam mirificavit dominus sanctum suum.

Luther: *Erkennet doch, dass der Herr seine Heiligen wunderlich führet.*

Die st. Galler übertragung der psalmen hat: *uuizzint, daz cot christum uuunderlichen getân habet.*

und die Windberger: *vnde wizzet, wande gewunderlichet hat der herre heiligen den sinen.*

die unbegreiflichkeit der wege gottes wird von dichtern häufig besungen, so von Wernh. v. niderr. 119 (fundgr. II.):
er tut vnt zeiget wunders vil.

Wolfram (Parcival 675, 13): *got mit den liuten wunder tuot. wer gap Gâwân die frouwen luot? sus sprach Keye in sime schimpf.*

Gûdrûn 73, 1: *got tuot michel wunder: des mac man verjehen.*

Freidank 9, 3: *gottes wunder sint sô grôz des menschen sin ist gein im blôz.*

siebenschläfer (a. v. Karajan) 243: *und got ouch wolt bediuten, daz er mit wunders underbrich an sinen heiligen wunderlich nâch sinem willen wesen wil.*

Bertholts predg. 387: *got ist wunderlich an sinen heiligen.*

gr. passional III, 110: *got, der wunderere, der in maniger*

swere bi sinen heiligen do was, half im, daz er wol genas,
und ebendas. 565, 6: *got ist wunderlich genant an sinen heiligen luten.*
in der gleichzeitigen sassenkronik beim lobe gottes (1, 5):
we erkande jü goddes sin, de nog wonders dait so fil, alse he dede in alden dagen.
in dem fast hundert jahre früheren Tundalus (Lachmann) 1:
godes wunder sint mannicfalt di er nvidene hat gestalt bit siner grozer crefte.
in der wiederum hundert jahre jüngern Soester fehde (Emmingh. memorab. p. 698):
gott is wunderlich in synem gericht.
und im Pontus (Büsching, buch d. liebe s. 439): *aus dem zu mercken ist, wie wunderbarlich gott mit den seinen umgeht und sie durch rauhe und gefährliche wege führt.*
alle diese stellen beweisen zur genüge die weite verbreitung unseres noch heute zur anwendung kommenden sprichworts „*gott führt seine heiligen wunderlich*" (Körte nr. 2347. Simrock 3987, oder wie Luther in gewohnter derber weise in seinen tischreden sagt „*Gott fürt manchen wie einen gaul, dem die augen geblendet.*" Hiltebr. bilderschatz s. 57 „*Gott führet die Seinen wunderlich.*"

Ich schliesse hieran eine anzahl von stellen, in denen gott „wunderlich" oder „der wunderer" genant wird.
Kaiserkron. 60, 22: *o wol, du got ammirabilis, wie wunderlich du bist in allen dinen werken.*
305, 21: *min got der ist so wunderliche.*
und 275, 26: *er ist got wunderlich.*
Wernh. v. niderrh. 4, 30: *mirabilis deus, dat quid, got wnderlich.*
Walther I. 5, 35: *desselben wunderaeres hús was einer reinen megde klús.*
Helmbr. (Haupts z. IV) 1639, Luarin (Ettmüller) 617, Reinb. Georg 2530, passional I, 22, 68. III, 110, Martina 15, 88. und 112, 87. Heinz. v. Constz. (Pfeiffer) III, 69, 5. Joh. v. Nürnbg. (altd. wäld. II, 28). Altswert 75, 6:
got ist ein wunderaere.
Hagens Köln. reimkr. 1300: *du heisches got der wonderlich, want du leis mench dinck geschein, da wonder gross ane gesein.*
passional III. 532, 49. 565, 6: *wan er ist wunderlich genant.*
I. 220, 20: *der wunderliche got.*
gleichen ursprung scheint auch der sprichwörtliche ausdruck „*er ist ein wunderlicher heiliger*" zu haben, wozu sich ein anderer ausdruck bei Closener (strassb. kron. s. 21) stellt:
Otto III., des andern Otten sun, richsete XIX jor.

dise zwene Otten worent so grimme unn so wunderlich,
daz der eine genennet wart „blutiger tot" oder „blei-
cher tot der heiden", unn der andere „der welt wun-
derlich."

in der ursprünglichen bedeutung für „wunderbar, bewunde-
rungswürdig" wird das wort „wunderlich" auch von den
heiden gebraucht. so heisst es von Berthold V. in der ober-
rheinischen kronik bei Grieshaber 16ª:

ouch lepte der wunderliche herzog von Zeringen darnach.

29. Ps. 16, 8.

Custodi me ut pupillam oculi.

Luther: *Behüte mich wie einen Augapfel im Auge.*
     Ich stelle diese worte zu dem sprichworte „*ein gerechter*
ist gottes augapfel" Simrock nr. 3431. das bild ist ein echt
biblisches. der prophet Sacharja (2, 8) spricht „*wer euch*
antastet, der tastet gottes augapfel an", Salomo giebt den
rath (prov. 7, 2) „*behalte mein gesetz wie deinen augapfel"*
und Sirach (17, 18) sagt von gott „*er behält die guten werke*
wie einen augapfel." in der Windberger psalmenübersetzung
lauten die worte „*behuote mich also den sehen des ougen."*
auch Hugo von Langenstein wendet das bild an Martina
138, 51:

diner gotlichin guote, daz si mich behuote als den oug-
apphil der gesiht, dem niemer leit hie geschicht, wan
kein lit ist so zart elliv zit so wol bewart.

die sprichwörtliche redensart „*jemanden wie seinen augapfel*
hüten" wird noch heute gehört. in Niåls saga cap. 136 liebt
der mann sein weib „*wie die augen in seinem kopfe."*

30. Ps. 17, 26. 27. (vgl. prov. 13, 20.)

Cum sancto sanctus eris et cum viro innocente innocens eris, et cum electo electus eris et cum perverso perverteris.

Luther: *Bei den Heiligen bist du heilig und bei den From-*
     men bist du fromm, und bei den Reinen bist du rein,
     und bei den Verkehrten bist du verkehrt.
Dass diese worte dem könige David zugehören, bezeugt
Berno von Reichenau, st. Ulrichs leben (Schmeller) 566:

an disem manne ist worden wår daz David sprach vor
manigem iår: „cum sancto sanctus eris et cum perverso
perverteris",

und der deutsche übersetzer dieses werkes Albertus:

daz muoz ich sô bediuten „bist du bi den heiligen liu-
ten du wirdest mit heiligen liuten rein."

an dieselbe biblische stelle denkt Freidank 107, 10: *man
wirt bí guoten liuten guot, bi deme boese der übel tuot,*
und aus Freidank ist wahrscheinlich das sprichwort im Co-
locz. codex, frauenlist 19: *wan mit den guoten wirt
man guot, unt boese bí dem, der boslích tuot.*
in st. Elisabeths leben (Diut. I, 344): *hievon der konic Da-
vid in deme salter also quid: ,,mit den gûden wirdes
du gût, mit den boesen wirst dín mût von dugenden
verwiset.''*
ebenso in Grieshabers predigten II, 33: *wanne ez sprichet
herre David in dem salter ,,mit dem hailigen so wirstu
och hailic. unn mit dem ferkerten. so wirstu och
ferkert.''*
und im liedersaal III, 208 ganz ähnlich aus Freidank:
bí den guoten wirt man guot, bí den boesen wirs gemuot.
ähnlich lautet auch ein spruch des 14. j. (Diut. I, 322):
*dem guoten volget allez guot, daz ivbel dem, der ivbel
tuot.*
Seb. Franck 22[b] *Mit den frommen wirt man fromm. Bei
frommen leuten lert man fromkeyt* und 1326: *Bei frommen
leuten lert vnd gewont man ehr guts.* bei Lehmann florileg.
862, 41 finde ich *,,Wer mit Frommen vmbgehet, der wird
mit Frombkeit geferbt. Böse stecken an wie ein böse Seuch.*
859, 8: *,,Wer sich bey Frommen nidersetzt, der stehet bey
Frommen auff.''* Simrock nr. 4095 verzeichnet das sprich-
wort so: *Mit dem guten wird man gut und bös mit dem, der
übel thut.* Theognis sagt ganz ähnlich Ἐσθλῶν μὲν γὰρ ἀπ᾽
ἐσθλὰ διδάξεαι. Ἤν δὲ κακοῖσι συμμιχῇς ἀπολεῖς καὶ τὸν ἐόντα
νόον.

31. Ps. 25, 6.

Lavabo inter innocentes manus meas.

Luther: *Ich wasche meine Hände mit Unschuld.*
So singen könig David und Assaph ps. 72, 13. Pilatus
wäscht sich vor dem aufgeregten Kristi kreuzestod verlangen-
den volke die hände und spricht *,,ich bin unschuldig an dem
blute dieses gerechten.''* diese sinnbildliche handlung ist eine
im mosaischen rechte begründete, denn es heisst deuterono-
mium 21, 6 *,,und alle ältesten derselben stadt sollen herzutre-
ten zu dem erschlagenen und ihre hände waschen über die
junge kuh, der im grunde der hals abgehauen ist. 7: und
sollen antworten und sagen: ,,unsere hände haben dies blut
nicht vergossen, so haben es auch unsere augen nicht gesehen.''''*
— des Pilatus gedenkt auch der wartburgkrieg (Ettmüller)
557:

was Pilât missewende vrí? er twuoc sin hende darabe,
er wolde unschuldich si eins tôdes, den er scouf der
megede kinde.
die sündenreinigende kraft des wassers drücken nicht nur jü-
dische und kristliche symbole aus, sondern auch andere alte
und neue völker kennen sie. so sagt z. b. Euripides Iphi-
gen. 193: ϑάλαττα κλύζει πάντα τἀνϑρώπων κακά. Zehner
p. 776 „*instar Pilati manus lavare.*"

32. Ps. 32, 12 und 144, 15.
Beata gens cujus est dominus Deus ejus.

Luther: *Wohl dem Volk, dess der Herr ein Gott ist.*
   Bei Agricola (500 sprichw.) nr. 474 in der fassung
„*Wol dem volck, das Gott zum Herrn hat.*"

33. Ps. 33, 20.
Multae tribulationes justorum.

Luther: *Der Gerechte muss viel leiden.* ebenso prov. 11, 31:
   So der Gerechte viel leiden muss.
In der Windbg. übersetzung: *manige note mue der rehten.*
und in der st. Galler: *manige bina sint dero rehton.*
im liedersaal LXIV, 56 mit anderen worten: *daz ist die*
   warheit sunder wan, das on laid vnd armut niempt be-
   sitzt daz ewig gut.
zu diesem bei Simrock nr. 3427 und bei Körte nr. 2033 sich
vorfindenden sprichworte stellen sich inhaltsverwandte wie
„*der himmel ist schwer zu verdienen. der weg zum himmel*
geht durch kreuzdorn. wer zum himmel ist geborn, den sticht
alle tag ein dorn. niemand wird gekrönt er kämpfe denn
recht. der unschuldige muss viel leiden" u. s. w. vgl. auch
prov. 18, 12.

34. Ps. 36, 3.
Inhabita terram et pasceris in divitiis ejus.

Luther: *Bleibe im Lande und nähre dich redlich.*
oder wie die st. Galler psalmenübers. hat: *Pûe an dero erdo*
   unde so uuirdest du gefuorot in sinen ôtuuálon.
und die Windberger: *Inbuwe die erde unde du gefuorit wir-*
   dis in rihtuomen sinen.
nicht eben eines der älteren biblischen sprichwörter, sondern
nur in jüngeren sammlungen, bei Simrock nr. 6160. bei Geiler
als sittenspruch „*bleib wo du bist vnd überwind daz in dir ist.*"

35. Ps. 62, 10.

Mendaces filii hominum.

Luther: *Grosse Leute fehlen auch.*
Notker (ps. 61) übersetzt (mendaces f. h. in stateris):
lukka sint menniscon chint an dién uuágon.
Teichner schreibt die worte David zu (liedersaal 142, 64):
als da spricht her David ,,alle menschen lügner''.
wenn da nieman menschen wer, so geschäch sünden
ni mer.
buch Belial 81ᵃ: *dann es stiet geschriben ,,all menschen seind*
lügner.''
wörtlich nach Luther bei Simrock nr. 4060, concreter der
ausdruck in sinnverwandten sprichwörtern: ,,*wer kann alle-*
zeit seiden spinnen'' (Agric. 681), ,,*es vertritt sich auch wol*
ein pferd, das vier füsse hat'' (Tappius 681 und Agric. [500
sprichw.] nr. 214), ,,*verspricht sich doch die kanzel auf dem*
pastor'' (volksscherz). — Zehner p. 270.

36. Ps. 75, 10.

Verumtamen fex ejus non est exinanita: bibent omnes peccatores terrae.

Luther: *Aber die Gottlosen müssen alle trinken und die He-*
fen aussaufen.
Zum verständnis des auch anderswo vorkommenden bi-
blischen bildes (psalm 60, 5. Matth. 26, 39) sind die in
obigem verse ausgelassenen worte der schrift beizufügen:
,,*Der Herr hat einen Becher in der Hand und mit starkem*
Wein voll eingeschenket und schenket aus demselben; aber die
G.'' u. s. w. — das sprichwort, gebraucht in den carm.
buranis XXII. 3, 5:
sed tempus adest calicis feces usque sceleris,
und bei Agricola (500 spr. nr. 2 [15ᵇ]), ist in verschiedener
fassung im volksmunde. Simrock bietet nr. 7496 ,,*dem gott-*
losen die neige'', nr. 4481 ,,*dem gottlosen die hefen''* und ein
volksreim am Harzgebirge
,,*die gottlosen kriegen die neige, die frommen drinken't*
út, un denn is alles wedder gút.''
man wendet das sprichwort nur scherzhaft beim leeren der
trinkgefässe an. woher Erasmus das lateinische und griechi:
sche ,,*mali bibunt improbitatis faecem* — κακοὶ πίνουσι πονη-
ρίας τὴν ὀμίχλην'' hat, ist nicht wol einzusehen. er setzt er-
klärend hinzu ,,*translatum apparet ab iis, qui vino limpido*
epoto tandem ad faecem usque perveniunt. itaque voluptatem
ex malefactis perceptam dolor supplicii consequitur.''

37. Ps. 94, 15.

Quoadusque justitia convertatur in judicium.

Luther: *Recht muss doch recht bleiben.*
nach der Windberger psalmenübersetzung:
>*dare zuo unze daz reht becheret werde in das gerihte.*

nach der Trierer: *unze daz reth becheret werde in daz urteil.*
>Agricola (500 spr. nr. 118) hat es in etwas anderer fassung ,,*Recht ist recht und bleibet recht.*" Simrock nr. 8222 ,,*recht muss doch recht bleiben.*"

38. Ps. 101, 12.

Ego sicut foenum arvi.

ps. 89, 6: *Mane sicut herba transeat, mane floreat et transeat: vespere decidat, induret et arescat.*
Job 90, 5: *Qui quasi flos egreditur et conteritur.*
Jesaias 40, 6: *Omnis caro foenum.*
I Petri 1, 24: *Omnis caro ut foenum.*

Luther: *Ich verdorre wie Gras. — Alles Fleisch ist Heu.*
Notker übersetzt (ps. 102, 15): *mennischo ist also héuue also héuue sint sîne tága.*
in der ecbasis heisst es (1057): *quod ceu flos foeni sic omnis gloria mundi.*
und im Walth. archip. 298 (Haupts z. V.): *inde bene sequitur, quod sit caro foenum, quod dum mane floreat, vespere fit canum.*
in einem erweiterten bilde sagt Wernh. v. niderrh. (Grimm) 38, 22: *die sensine bizechint den dot. die blume si wis obe rot. so wat si mit de wazzin giveit, allis si darnider sleit. so wirt ez zu einme howe.*
und im Barlaam 213, 19: *al diu werlt und ir kint dem dürren heu gelichent sint mit allem ir ruome. reht als ein heublume lebet daz mensche, anders niht. der bluomen wünneclich gesiht dorret schiere, er wirt verzert.*
das in neueren sammlungen fehlende sprichwörtliche bild kehrt in kirchenliedern vielfach wieder, z. b. in dem bekannten ,,*alle menschen müssen sterben, alles fleisch vergeht wie heu*" u. s. w.

39. Ps. 119, 19.

Incola ego sum in terra.

Luther: *Ich bin ein Gast auf Erden.*

Martina 145, 72: *mensch, dú bist hie ein gast vnde wenest sín ein wirt.*

ein altdeutscher spruch (Mones anzeig. II, 48) aus dem anfange des 14. j. sagt: *Wir seyn hie geste ende buwen grosse veste. Mich wundert dat wir neit muren, dan wir eweclich solen duren.*

oder wie Lehmann hat (florileg. 59, 22): *Wir bawen alle vest, vnd seind doch frembde Güst. Da wir solten Ewig seyn, bawen wir gar selten hin.*

40. Ps. 125, 5.

Qui seminant lacrymis, in exultatione metent.

Luther: *Die mit Thränen säen, werden mit Freuden ernten.*

ebenso im volksmunde. nach der Windb. übers.: *die der saent in zaheren, in dere frude si snident.*

und nach der Trierer: *die da sewent in den zeheren, in der froweden solen si sniden.*

Grieshabers predigten II, 54: *davon sprichet herre David in dem salter ,,swer wainende séget, der wiert vrolichen snidende.‘‘*

und von den märtyrern sagt Heinr. v. Meisen: *,,si hânt weinende gesaet unde lachende gemaet.‘‘*

44. Ps. 126, 2.

Cum dederit dilectis suis somnum.

Luther übersetzt ,,*Gott giebt es den Seinen im Schlafe*‘‘, die Windberger und Trierer psalmenübertragung hingegen wortgetreu: *so er gegibit den lieben sinen den slaf.*

Man sollte meinen, dass unser sprichwort (Simrock nr. 3864) nicht nach der vulgata sondern nach Luthers übertragung sich gebildet habe. es weisen indessen vielfache stellen auf den deutschen glauben hin, dass der schlafende glücklich ist (Lehmann floril. 627, 15 ,,*Das Recht ist der wachenden, das glück der schlaffenden*‘‘) und es ist daher anzunehmen, dass Luther, indem er das wort ,,*somnum*‘‘ durch ,,*im schlafe*‘‘ wiedergab, bereits das deutsche sprichwort kannte. so lesen wir aventiure crône 7526:

lihte hât sich der gevruowet, des selten ungelücke pfliget; swie lange er slafende liget, swaz im denne werden sol, des wirt er gewert wol.

und beim Marner 15, 8: *ez si im trokken oder naz, swer ze guote wirt geborn, dem kumt bi troume in slafe guot.*

sinnverwandt sind Trimbergs worte (renner 6559): *vnser herre hilfet taugenlich den sinen vnd auch offenlich.*
Franck (Egenolff 95ᵇ) hat es in seiner sammlung, ebenso Lange (adagia p. 154), und desselben ursprungs sind die sprichwörter ,,*Wem's Gott gönnt, der wird schlaffend reich*'' Franck, Egenolff 143ᵇ, und ,,*Gott bescheert vber nacht*'' ebendas. 1ᵃ. 64ᵃ. Agricola 1. Tappius 220. 360. der glaube ist wie gesagt alt, denn zu (s. Erasmus adag.) εὕδοντι κύρτος αἱρεῖ — *dormienti rete trahit* — stellen sich sagen (Müllenhoff 489. Bechsteins thür. sag. III, 168. Kuhn u. Schwarz s. 335) wie die vom faulen knecht, dem schlafend ein topf mit golde wird, oder von ,,eim der im schlafe gold fandt'', Steinhöw. Aesop 136ᵃ. unter den neueren dichtern singt noch Hebel in seinen alemann. ged. ,,*got gits de sinen im schlôf*'' und Schiller in seinen epigrammen: ,,*Dem genialen geschlecht wird es im traume bescheert.*''

42. Proverbia Salomonis 1, 10.

Si te lactaverint peccatores ne acquiescas eis.

Luther: *Wenn dich die bösen Buben locken, so folge ihnen nicht.*
Simrock nr. 1371. Körte 758.

43. prov. 1, 20. 24.

Sapientia [foris praedicat] in plateis dat vocem suam — et non fuit qui aspiceret.

Luther: *Die Weisheit [klaget draussen und] lässet sich hören auf der Gasse — und Niemand achtet darauf.*
Eine selbstbetrachtung des sprichwortes, eine anklage der zeit, die in Salomos tagen ebenso gerecht war, wie sie es heute ist. Shakespeare wiederholt Salomo's worte. Eiselein s. 638. Simrock nr. 11514.

44. prov. 1, 32.

Prosperitas stultorum perdet illos.

Luther: *Der Ruchlosen Glück bringt sie um.*
Zu deuteronomium 30, 6 bemerkt Luther ,,*Die Gottlosen haben auch wol offt Ehr vnd Gut, offt mehr denn die Heiligen, aber zu jhrem vnd anderer verderben.*'' Körte nr. 4451 und Simrock nr. 7402 entnehmen das sprichwort aus Zehner adag. p. 47 und aus Seb. Franck 97ᵇ. 140ᵇ. ,,*wie die schrifft zeugt prov. 1. den Narren bringt sein eygen glück vmb.*'' — Zehner adag. p. 37.

45. prov. 3, 12.

Quem diligit dominus, corripit.

Parallelstellen: Ebrae. 12, 6. apocal. 3, 19: *Quos amo arguo et castigo.*

Luther: *Welchen der Herr lieb hat, den straft er. Welche ich lieb habe, die strafe und züchtige ich.*

Notker sagt in einer glosse zu ps. 89, 10: *Uuanda den got minnot, den irrefsit ir.*

in st. Ulrichs leben heisst es v. 1402: *sît got strafet suo sinin kint, diu im vil verre lieber sint.*

in demselben sinne ein lateinischer denkspruch des 13. j. (Mones anz. III, 33): *non cogites dura patris impertita flagella.*

dem buche der weisheit zugehörig wähnen den spruch die gesta Rom. 39ª: *als geschriben stet in dem pûch der weizzhait ,,den got lieb hat, den selben straft er.''*

meklbg. reimkr. LXXV: *si gedachtin aber nirgen nicht, waz dy heilge schrift gicht: ,,her ist gar ein selig man, wen god by liebe strafin kan.''*

Neocorus dithm. kron. (Dahlmann II, 4): *wente den got leff hefft und daruth he etwess Seliges thun wel, dem lecht he bi tiden dat hillige crutze up.*

auch in anderen stellen der heiligen schrift liegt dieser gedanke, Job 5, 17. II Maccab. 6, 12 ff. apocal. 3, 19. ähnlich sagt Seneca de div. provid. c. 4 *,,Deus, quos probat, quos amat, indurat, recognoscit, exercet''*, und Lactantius 5, 13 *,,bonos autem quos diligit castigat saepius.''* Zehner adag. p. 38. Simrock hat ähnlich nr. 9944 *,,des vaters strafe ist die rechte liebe''* und Bebel *,,Got suocht sine Friunde heim''* oder *,,Got sucht die Sinen heim''* (sprach der pfaff zu einem kranken buren, worauf dieser entgegnet *,,,,ei, dass er den tiufel heimsuche.''''* Eiselein 251.

46. prov. 3, 14.

[Sapientiae] acquisitio melior est auro primo.

und 8, 10: *Doctrinam magis quam aurum eligite.*

Luther: *Ihr Einkommen ist besser denn Gold. — Die Lehre achtet höher denn köstliches Gold.*

Konr. v. Würzburg (troj. kr. 2047) führt Salomo redend ein: *das von ir sprichet Salamon ,,wisheit sî   bezzer danne golt.''*

ebenso im laiendoctrinal s. 6: *de wise Salomon ,,hävvet lever'', sägt he männigfold, ,,mine lere wanne gold.''*

ebend. 171: *Salomon de wise sait ,,fôr alle ding gait wys-*

*heid, unde alle dat is in erdríke is der wysheid nigt
gelíke.‟*

und: *Salomon forware gesaid „fór rygheid kós he de wysheid.‟*
unter den niederländischen reimsprüchen in Haupts z. VI, I,
161 ist sinnverwandt: *we wisheyt heft an sinem mode,
de is ríke noch van anderen gode.*
und Seb. Brant (narrensch. 123): *wiszheyt ist besser dann all
welt.*
nähert sich den worten des Menander im Stobaeus serm. 3,
28: οὐκ ἐστι σοφίας κτῆμα τιμιώτερον. Zehner adag. p. 262
stellt das sprichwort zu Job 28, 18: *pretiosior est sapientia
margaritis.*

47. prov. 6, 6.

Vade ad formicam, o piger [*et considera vias ejus et disce
sapientiam*].

Luther: *Gehe hin zur Ameise, du Fauler* [*und siehe ihre
Weise an und lerne*].
In Grieshabers predigten s. 22: *un davon sprichet der wise
man herre Salomon „eya du tréger mensch, wildu niht
lernen bi dem zarten got, wie du sulest werben umbe
de himelrich. sich so ganch aber zû der amaiz, und
nim bi ier war und lerne von ier gróze wisehait.‟*
Zehner p. 39. und volksmund.

48. prov. 6, 27.

**Numquid potest homo abscondere ignem in sinu suo ut vestimenta
illius non ardeant?**

Luther: *Kann auch Jemand Feuer im Busen behalten, dass
seine Kleider nicht brennen?*
Unser sprichwort lautet etwas verändert bei Franck
(Egenolff) 20[b], Tappius 145 und Simrock 2427 „*es ist
schwer feuer im schoosse tragen.*‟ als sprichwörtliche redens-
art in den gest. Roman. 48[a] „*fewr tragen in dem pûssen*‟
und bei Geiler „*fewer im geren tragen*‟ (Eiselein s. 168).
während Salomo dieses bild auf ehebrecher anwendet, die
nicht ungestraft zu anderer weiber gehen werden, gebraucht
es Stobaeus, um die unmöglichkeit des geheimhaltens von
schandthaten zu bezeichnen, serm. 6, 38: οὔτε πῦρ ἱματίῳ
περιστεῖλαι δυνατὸν, οὔτε αἰσχρὸν ἁμάρτημα χρόνῳ. Zehner
p. 45.

49. prov. 9, 17.

Aquae furtivae dulciores sunt et panis absconditus suavior.

Luther: *Die verstohlnen Wasser sind süsse und das verborgene Brot ist niedlich.*
Freidank, der in seine bescheidenheit vieles aus der bibel aufnahm, sagt 136, 9: *„verstolniu wazzer süezer sint, denne offen win" jêhent diu kint.*
und etwas später Albr. v. Heigerlon 2: *„verboten wazzer bezzer sint den offen win"* des hoer ich jêhen den liuten, die mit sende sint bevangen.
hieher ist das (prov. 20, 17) ähnliche sprichwort zu setzen (*„suavis est homini panis mendacii*) das gestohlne brot schmeckt jedermann wohl", oder wie Wittenweiler (ring 11ᵃ 37) nach obiger stelle richtiger hat: *beschlossen prot, wie süss du pist!*
nach der bibel auch in einem niederländischen reimspruche (Haupts z. VI. I, nr. 63): *wat man vorbut, des ger we io, vorstollen dink das machet vro*
und in einem leoninischen verse: *furtivus potus plenus est dulcedine totus.*
Salomo zielt mit dem ausdruck *„aquae furtivae"* auf ehebruch, wie ganz in demselben sinne Wittenweiler „beschlossen brot" gebraucht, während Luther irgendwo eine andere anwendung davon macht *„Was sind die verstolene Wasser vnnd verdeckte Speiss?* denn das man vnter dem schein der Göttlichen warheit die einfeltigen mit Menschenlehre erfüllet."
für die sprichwörtliche redeweise „fremdes wasser trinken" statt „buhlen, ehebruch treiben" finden sich noch andere stellen. so heisst es ecclesiasticus 26, 15 „filia procax sicut viator sitiens ab omni aqua proxima bibit", und Horneck (östreich. kron. 108ᵇ) sagt von der königin von „Matschaw"
so nam sy laider luczel war, daz die frawn werdent ern par, die sich mit minne wellent swerleichen gesellen, vnd durch ir ungepit sy hönent damit, ee sy sich lassen dursten, daz sy sint in den getursten, daz sy trinkchent wasser oder pir so der wein nicht chumpt gar schir.
in eben diesem sinne spricht man vom „fischen in fremden wassern" (Eiselein 172).
Deutsche sprichwörter geben das biblische bild mit den worten „fremd brot schmeckt wol (Franck 136ᵃ) — und (nach prov. 20. 17) gestohlen brot schmeckt wol (ebend. 107ᵇ) — gestolen brodt ist süss wie Lebkuchen (Lehm. florileg. 120, 18) — gestolen wasser ist Malvasier (wein) (Franck 5ᵇ. 107ᵇ Lehm. 120). — eine besondere aufmerksamkeit ist dem

sprichworte gewidmet in einer abhandlung in ,,Maucharts
phaenomene der menschlichen seele" Stuttg. 1789. nr. XI.
s. 291—304. Nopitsch s. 73. — Simrock nr. 9849. 9850.
Zehner p. 48—55.

50. prov. 10, 2.

Nil proderunt thesauri impietatis.

Luther: *Unrecht Gut hilft nicht.*
    Einen ähnlichen gedanken äussert Horneck (östreich.
kron. 30ᵃ):
> er sprach ,,her sun gedenkcht daran, daz wir dick ge-
> sehen han, daz zu jüngist wider gat zu wen der man
> nicht rehtens hat.

in dem ganz auf biblischem grunde ruhenden laiendoctrinal
    s. 101: *an der stad sägt he (Salomo) dit wórd: ,,gúd,
    dat men snel gewint, fyl dikke snellen ende nimt.·"*
und s. 109: *wente bóslik wunnen gúd einen bosen ende nemen
    mut.*

Th. Ebendorfer, ein etwas späterer kronist (Pez script. rer.
    austr. II, 836): *teste etiam sapiente ,,substantia festi-
    nata minuetur nec proderunt justis thesauri impie con-
    gregati."*

Keller altd. erzählg. 554, 11: *vnrecht gut, din stechinde zorn
    (wol dorn?) snydet dötlich ymmerme.*

wir sagen ,,*unrecht gut gedeihet nicht*" (Lehm. flor. II, 792.
Tapp. 641), ,,*unrecht gut faselt nicht*" (Lehm. ebend. 803),
,,*unrecht gut reichet (reichert) nicht*" (Agric. nr. 295), ebenso
niederländisch ,,*onrechtvaerdich guet enryct niet*" (Mone, nie-
derl. volkslitter. s. 310).

51. prov. 10, 15.

Qui congregat in messe, filius sapiens est: qui autem stertit aestate, filius confusionis.

Luther: *Wer im Sommer sammlet, der ist klug; wer aber in
    der Ernte schläft, wird zu Schanden.*

    Morolf ähnlich in einer gegenrede an Salomo (Hag. u.
Büsching I, 425):
> wer mussig get czu eren, den bissent die luse czu win-
> ter geren.

bei Simrock (nr. 9575) findet sich ,,*wer im sommer nicht ar-
beitet, muss im winter hunger leiden*"; (nr. 8692) ,,*man muss
sammeln, weil ernte ist*", (nr. 2122) ,,*man muss schneiden,
wann ernte ist*" (Lehm. I, 258) und alt ist der spruch:

wer nicht recht gabelt, wenn die heuschrecke zabelt, der
trag im winter ein strohseil uud frage ,,hat jemand
heu feil?''
Zehner adag. p. 56.

52. prov. 10, 13.

Virga in dorso ejus qui indiget corde.

dazu die parallelstellen prov. 19, 29: [*Parata sunt derisori-*
bus judicia et] *verbera tergo stultorum.* prov. 26, 3: *Virga*
dorso imprudentium.

Luther: *Auf den Rücken des Narren gehört eine Ruthe.*
Trimberg hat diesen spruch Salomos im sinn, wenn er
in renner 9619 aus Freidank schöpfend sagt:
ez sprach der man, des spruch nieman vor gotes gerihte
gevelschen kan ,,den toren niemant torheit wert, denn
der sie sere mit slegen pert.'' *vnd swa man des nv*
niht tvt, da wirt so frech ir tvmmer mvt, daz sie iren
willen wollen haben.
Freidank 84, 18: *dem tóren nieman slege wert, wan der in*
ouch hin wider bert.
die alten sagten dafür ,,*Phrygem plagis fieri solere meliorem*''
Cic. pro Flacco. Φρὺξ ἀνὴρ πληγεὶς ἀμείνων καὶ διακονέστερος.
Suidas. Παθὼν δέ τε νήπιος ἔγνω. Hesiod. I, 216. Agri-
cola (nr. 35) hat dafür ,,*Man muss narren mit kolben lausen,*
nicht mit bürsten, d. i. dieweil gute wort nit helffen wöllen,
so müssen schlege helffen, auff das der narr sein torheit er-
kenne vnd lasse.'' Bebel: *stultis clava pediculi sunt quaerendi.*
ganz ebenso englisch ,,*fools must be loused with clubs.*''
Zehner p. 59. Simrock nr. 7371.

53. prov. 10, 19.

In multiloquio non deerit peccatum.

Luther: *Wo viele Worte sind, da geht es ohne Sünde nicht ab.*
Das sprichwort wird zuerst angezogen in der benedicti-
nerregel Keros, nach welcher den mönchen dieses ordens
nicht gestattet war, ,,*filu sprehhan ze minnoon.*''
(Hattemer I, 48): *quia scriptum est: in multiloquio non effu-*
gis peccatum. danta keskriban ist: in filu sprahhu ni
erfliuhis sunta.
und ebend. 1, 55: *dicente scriptura: quia in multiloquio non*
effugitur peccatum. danta in filu sprahhi nist erflohan
sunta.

dann von Notker ps. 139, 11: *der gezungelêr ist, der ist diccho lukkêr. daz ist michel ungrêhti.*

in freierer fassung auch im Schwabenspiegel 170ᵃ: *Salomon sprichet „swelc man vil eide sweret, der wirt erfvllet mit vil sunden."*

und im Morolf (Hag. u. Büsch. I, 395): *in warheit ich dir künde, lügen brenget grosse sünde.*

laiendoctr. s. 14: *fole spräken, so sagt dat Latyn, mag ane sunde nigt gesyn.*

und ebend. 55: *men segt „an feleme spräken en mag nigt wol sunde enbräken."*

Seb. Brant bietet (narrensch. 120, 69): *vil schwätzen ist selten on sünd: wer vil lügt, der ist nyemans fründ.*

das sprichwort ist auch in anderen sprachen heimisch. bei Stobaeus lautet ein sprichwort „πολυλογία πολλὰ σφάλματα ἔχει", und ein alter jüdischer spruch sagt *„multiplicans verba adducit peccatum."* wörtlich hat Egenolff 45ᵇ *„viel geschwätz gehct nit on sünd ab"*, und ebend. ähnlich *„viel wort, ein (halber) mord."* Agric. nr. 211: *„wer viel redet, der leuget gern"*, fügt den reim bei:

wer viel fragt nach newen mern,
der schwatzt nach und leugt gern.

und noch heute heisst es *„in viel worten ist viel sünde."* Simrock nr. 11855. Zehner adag. s. 60. Hiltebr. liedersch. 373.

54. prov. 10, 24.

Quod timet impius, veniet super eum.

Luther: *Was der Gottlose fürchtet, das wird ihm begegnen.*

Dieselben worte finden sich im lateinischen Marcolfus und darnach frei nachgebildet im Morolf 359:

wer da forchtet den riffen, den sal der sne snyffen.

und noch früher bei Notker in einer glosse zu ps. 62, 10:

alsô iz chît: des der argo furhtet, daz pegatot in.

Wer unglück fliehet, dem begegnet es. volksmund.

55. prov. 10, 26.

Sicut acetum dentibus et fumus oculis, sic piger his qui miserunt cum in via.

Luther: *Wie der Essig den Zähnen und der Rauch den Augen thut, so thut der Faule denen, die ihn senden.*

Trimberg sagt (renner 18160): *als ezic den zenen, den avgen ravch, als ist ein treger bote den auch, die notlich in habent vzgesant, ditz tvt her Salomon vns bekant.*

diesem sprichworte offenbar nachgebildet und dasselbe aus-
drückend ist das bei Simrock nr. 11194 *„warten erfreuet wie
essig die zähne und rauch die augen.“* rauch und augen
sind auch sonst in sprichwörtern verbunden: *„kleiner rauch
beisst mich nicht“* Simr. 8151. *der des rauchs gewohnt, der
lässt sich ein kleinen rauch nit beissen oder vertreiben,* Lehm.
floril. 81, 45. *lass dich nicht von jedem rauch beissen,* Simr.
nr. 8150. *ich muss bekennen, dass mich der rauch vbel in die
augen beisset.* Luthers brief an Kroneberg. Zehner p. 63.

56. prov. 11, 27.
Qui investigator malorum est, opprimetur ab eis.

Luther: *Wer nach Unglück ringet, dem wird es begegnen.*
    Fast unverändert so bei Simr. nr. 10686ᵃ *„wer nach
unglück ringt, dem begegnet es.“* dasselbe sprichwort ist wol
Flore und Blanschfl. (a. v. Sommer) 3792:
    *wan swar nâch der man ringet, daz widerfert im al-
    lermeist.*
und ein ähnliches ebend. 3828:
    gelucke niemen widervert, wan der dâ nâch wirbet.
Freidank 177, 2:
    manec man erstirbet, dar nâch als er wirbet.
Hartmann büchl. I, 742: *jâ stêt ez alsô umb daz heil, im
    enist ze niemen gâch, er enwerbe darnâch.*
R. v. Rotenburg 5, 33: *diu wort, diu dunken mich niht
    wâr daz man sprichet „darnâch man werbe, des werde
    meist dem man.“*
im neuhochdeutschen *„wer darnach ringt, dem gelingt“* Simr.
nr. 8472 aus Freidank 97ᵃ 103ᵃ 104ᵃ 138ᵇ 142ᵃ. *wornach einer
ringt, darnach jm gelingt,* Tapp. s. 26. *warnach man ringt,
das gelingt,* Lehm. floril. 62, 3. Zehner p. 70.

57. prov. 12, 10.
Novit justus jumentorum suorum animas.

Luther: *Der Gerechte erbarmt sich seines Viehes.*
    Ebenso Simrock nr. 3430 und Körte nr. 2034.

58. prov. 12, 11. — 28, 19.
Qui operatur terram suam, satiatur panibus: qui autem sectatur otium, stultissimus est.

Luther: *Wer seinen Acker bauet, der wird Brotes die Fülle
(genug) haben.*

4

Dasselbe soll wol gesagt sein kaiserkron. 82, 1:
> *wanne horest du den wisagen ,,wie salic der lebe, der*
> *der hende arbaite phlege"*,

und im laiendoctrinal 111: *alse David gesproken hävved ,,juer*
> *hände arbeid shole ji äten unde shult darby sälig wesen*
> *unde digen unde alle gúd shal ju geshén."*

oder wie Seb. Franck sagt *,,selig den seine hand ernert"*,
und Egenolff 105[b] *,,der spruch: selig bistu, der du das brot
deiner handt issest."* ähnlich wie Franck hat Brant (narren-
sch. 254, 13):
> *sellig, der werckt mit synem karst,*
> *wer müssig gat, der ist der narrst.*

und Lehm. flor. 71, 3 *,,wer seinen acker wol düngt, der hat
desto mehr zu erndten."* Zehner p. 79. Seibold adag.: *,,wer
seinen acker wol bauet, der geniesst ihn auch wol."* Simrock
(nr. 30) bietet *,,wer den acker pflegt, den pflegt der acker"*
und die biblischen worte nr. 60 *,,wer seinen acker mit fleiss
baut, soll brots genug haben."* als parallelstelle ist auch hier
ecclesiastic. 20, 30 anzuziehen *,,wer seinen acker fleissig bauet,
der macht seinen haufen gross."* (Zehner p. 80.)

59. prov. 12, 15.

Via stulti recta in oculis ejus.

Luther: *Dem Narren gefällt seine Weise wol.*
　　　Ein altdeutscher spruch sagt (Egenolff 146[b] und Lange
adag. 108):
> *einem jeden gfelt sein kolb wol, drumb ists land der*
> *narren vol.*

und Agricola (500 spr. s. 16[b]): *der ist ain narr vnd. gfelt
jm seine weyse am besten.*
dasselbe sagen ältere dichter (Massmann, denkm. I, 80):
> *im ist als dem toren, den dûnchet nichtes gôt, wan daz*
> *er mit zinem cholben tût.*

der Unverzagte singt (1, 4): *tóren lobent al ir wise gerne*
> *nách der affen prise, daz behagt in allez wol, des si*
> *pflegen.*

und Trimberg (renner 5999): *der wone wont allen toren bi,*
> *daz ir leben daz beste si.*

der oben angeführte spruch bei Franck kommt schon einige
hundert jahre früher in Boners edelstein vor (14, 33):
> *der tôr gefelt im selber wol,*
> *des ist diu welt der tóren vol.*

Palingenius 8, 955: *,,quisque sibi placet et sapiens sibi quis-
que videtur"*, und Cicero de finibb. 5 sagt *,,suo quisque stu-
dio maxime ducitur."* andere deutsche sprichwörter siehe bei

Simr. 7369 „*jedem narren gefällt seine kappe*", bei Egenolff
22ª. 146ᵇ und Tappius 268 „*jedem narren gefällt sein kolben
wol.*" Zehner p. 83.

60. prov. 13, 7.

**Est quasi dives, quum nihil habeat: et est quasi pauper, quum
in multis divitiis sit.**

Luther: *Mancher ist arm bei grossem Gut, und Mancher ist
reich bei seiner Armut.*
Thomasin setzt, das sprichwort begründend, hinzu (Wälsch.
gast 2713): *der ist vil arm mit grôzem guot, swem
mêre geret sin muot. der hât an kleinen dingen vil,
swer danne niemêr haben wil.*
Trimberg (renner 4885) freut sich *swenn armen levten paz
ze mut ist, denn ienen bi grozzem gut.*
und Joh. v. Soest (Fischards arch. I, 110, 25) versichert:
*ich sprich vnd sag bi mynem eytt, das armot hy in
düsser tzüt dem menschen besser mit gedolt ist, dan
richtumb und alles golt.*
ecclesiastic. 31, 3 sagt erläuternd „*der ist reich, der da ar-
beitet und sammlet geld, und höret auf und geniesset sein
auch. der ist aber arm, der da arbeitet und gedeihet nicht;
und wenn er schon aufhöret, so ist er doch ein bettler.*" und
zwei andere deutsche sprichwörter „*reichthum und armut
liegt nicht am gut, sondern am mut*" und „*der wahre bettler
ist der wahre könig.*"

61. prov. 13, 20. (vgl. ps. 18, 26.)

**Qui cum sapientibus graditur, sapiens erit: amicus stultorum
similis efficietur.**

Luther: *Wer mit den Weisen umgehet, wird weise, wer aber
der Narren Geselle ist, wird Unglück haben.*
Notker sagt „*ein wise man machot andern wisen.*"
Freidank 85, 13 (nach ihm Trimberg, renn. 13910, und ein
niederd. fabeldichter [Wiggert scherfl. II, 30]):
*mit tumben tump, mit wisen wis, daz was ie der
werlde pris.*
Wigal. 1410: *den tumben tump, den wisen fruot.*
Rud., Wilh. v. Or. 229—30: *mit den wisen was er wis, den
tumben tump.*
frauend. 2ᶜ : *mit tumben tump, mit wisen wis, dü von sô het-
er lobes pris.*
Trimbg. (renner 15903): *mit toren hat ein tvmmer pfliht.*

4*

das laiendoctrinal (69) zieht eine verwandte stelle aus Cassio-
  dor an: *Cassiodorus sägt ein wôrd, „dat deme wysheid
  tôhôrt, de by dem wisen hävven gelêrd unde lange fan
  em sint gelêrd."*
gest. Roman. 8ᵃ : *als der weis kvnich Salomon redt in dem
  pûch der sprüch „wer mit den weisen laeuten get, der
  wirt weis; aber der frevnt der tvmmen wirt tvmp."*
auch Murner sagt im Ulenspiegel (a. v. Lappenberg) **XV**:
  *der doctor sprach darwider: narr bei narren vnd weis
  zû weisen. — ir sagtet nun, man solt sich nicht mit
  narren bekümmern, wan der weis würd thorecht bei tho-
  ren. aber ir sehent das einer wol durch narren weis
  würt gemacht. vnd niemand ist so weis, er sol toren
  auch kennen. vnd wan niemand kein (thor) wer, wabei
  wolt man dan die weisen kennen.*
ein talmudischer spruch sagt (Dukes rabb. bl. nr. 600):
  „nähere dich dem parfümeur, so wirst du auch wol duften"
  und an einer stelle daselbst heisst es *„wer mit weisen umgeht,
  wird auch weise. er gleicht demjenigen, der in eine parfüme-
  riehandlung geht, selbst wenn er weder kauft noch verkauft,
  duftet er und seine kleider den ganzen tag hindurch. wer mit
  thoren umgeht, wird schlimm. er gleicht demjenigen, der die
  werkstätte etc."*
  dem sprichworte *„bei weisen weise, bei narren ein narr"*
  stellt sich ein anderes bei Simr. nr. 11500 entgegen *„wo
  weise sind, da finden sich auch thoren."*

62.   prov. 13, 23.

Multi cibi in novalibus patrum.

Luther: *Es ist viel Speise in den Furchen der Armen.*
Ganz ebenso Simr. nr. 507. sinn: *„der arbeit des armen,
  wenn er fromm ist, giebt gott gedeihen."*

63.   prov. 13, 24. (vgl. eccl. 30, 1.)

Qui parcit virgae, odit filium suum.

Luther: *Wer seiner Ruthen schonet, der hasset seinen Sohn.*
  In die kaiserkronik übergegangen (Diemer 43, 21):
  *nu virnemet ê min lere. swer dem besen entlibet, den
  sun er hazzet unt nidet. zuht unt uorhte ist gût. swer
  auer dos niht entût, daz er in zarte wil haben, der
  zuhest aller dichest den zagen.*
mit demselben spruche klagt Walther über die kinderzucht
  seiner zeit (I, 23, 26): *die veter habent ir kint erzogen,*

dar ane si béde sint betrogen: si brechent dicke Salo-
mónes lére, der sprichet ,,swer den besmen spar, daz
der den sun versume gar: des sint si ungebatten gar
án ére."

ebenso im Barlaam (380, 1): *denn im ist sín kint niht zart,*
swer im die ruoten dicke spart, vnd sine unzuht niht
stillet.

lieders. 164, 10: *als man noch tut liebi kint, daz sy dick*
werdent betrogen, die ze lieplich sint erzogen.

und im Morolf 547: *wer der ruden schonet, sin selbes kint*
er honet.

in demselben sinne heisst es in den denksprüchen des 15. j.
bei Mone, anz. VIII: *Salomon spricht ,,vnd ob du daz*
kind mit der ruten straffest, so styrbt es nit dauon, so
magest du das chint straffen alzeyt, wenn gar vil tugent
in der ruten leyt.

und in den sprüchen des Facetus (Wiggert, scherfl. II):
si tibi sit natus, peccantem corrige natum,
ne sibi parcendo secum manere reatum.

gebräuchlicher ist dieser spruch im ausdrucke von ecclesiast.
30, 1.

64. prov. 14, 4.

Ubi non sunt boves, praesepe vacuum est.

Luther: *Wo nicht Ochsen sind, da ist die Krippe rein.*
Sinn: *wer am unrechten orte spart, geht des ertrages zur*
zeit verlustig. Körte nr. 4645 und Simrock nr. 7644ᵃ *,,wo*
keine ochsen sind, da ist die krippe rein."

65. prov. 14, 13.

Risus dolore miscebitur et extrema gaudii luctus occupat.

Luther: *Nach dem Lachen kommt Trauer, und nach der*
Freude kommt Leid.
Ein beliebtes sprichwort, in dem das grosse thema des
mittelalters ,,liebe und leid" wurzelt. zahlreiche stellen be-
weisen die gunst, in der es im volke stand und noch heute
steht. so in den carm. buran. 148, 1, 3:
post tristitiam fient gaudia, post gaudium tristitia. sunt
vera proverbia que fatentur talia dicta. dicta veritatis,
dicta claritatis amantur.
Hartm. büchl. II, 444: *ez werdent liep unde wert nách un-*
gewitter lichte tage, freude und heil nách grózer klage.
und an einer anderen stelle sagt derselbe dichter (arm.

Heinr. 106): *nu sehent wie unser lachen mit weinen erlischet.*

avent. crône 7304: *einem leide volget dicke liep.*

Freidank 117, 16: *nach vröuden dicke trûren gât manec trûren vroelîch ende hât. ein ieglich zît hat sîn zît: leit nâch vröuden trûren gît.*

Renart 15932 ,,*après le doil vient la grant joie.*''

h. Georg 716: *also komt alle zît trûren, só nach süssem ein sûren.*

der burggr. v. Luenz singt (1, 5): *nâch liebe kumt vil dicke leit.*

Wolfdietr. (Hagen u. Prim. II) 135, 8: *nâch leit kort frevde mit.*

Joh. Lindenbl. jahrb. (a. v. Voigt) s. 67: *so volgete doch dicke noch frowden eyn betrupnisse.*

in einem weltlichen liede aus dem anfange des 15. j. (fundgr. I. 334, 8): *nach regen scheint die sunn, nach laid kümbt freud und wunn.*

fastnachtsp. 149, 20: *nach kurzer freud kumpt langes leit.*

und ebend. 1148: *noch grossem leid kumt gern freid.*

Soest. fehde (Emmingh. memorab. p. 677): *wente an frauuede dicke truren geit.*

Tristan (buch d. liebe v. Büsch. s. 142): *auch dass nach kleiner und kurzer freude sehr langes trauren und scharfe pein folget.*

Pontus (ebend. s. 439): *hie lernest du auch, wie allwegen glück und unglück, freud und leid, tod und leben, lachen und weinen bei einander ist.*

Trimunitas (Adelung, magaz. II. II, 76): *nach sölcher fröud kumpt gern gross leid.*

Egenolff 143[b]: ,,*Nach freud leyd.*'' 177[a]: ,,*das end aller freud ist leyd.*'' Lehm. flor. 209, 13: ,,*es ist kein frewd ohne leyd.*'' ebend. 18: ,,*frewd vnnd leyd sind so nahe nachbarn als glück und unglück.*'' Körte nr. 1524. Simrock nr. 2697. — ,,*auf lachen folgt weinen*'' volksmund. auch esthnisch ,,*weinen kommt vom lachen.*''

66. prov. 15, 1. — 25, 15.

Responsio mollis frangit iram.
Lingua mollis confringet duritiam.

Luther: *Eine gelinde Antwort stillet den Zorn.*
Derselbe gedanke liegt in einem denkspruche Wippos:
Viri mites renuunt lites.
Freidank 64, 12: *sücziu rede senftet zorn.*

rabenschlacht 121, 5: *vns saget dicke daz maere „sücziu wort benement grôze swaere.“*
den worten der heilig. schrift entlehnte Boner (edelst. 41, 69) seine moral: *ein senftes antwürt stillet zorn, von zorn grôz vriuntschaft wirt verlorn.*
das laiendoctrinal s. 188: *mit guder meninge altes* (= immer) *spräken kan torn vnde gramigheid bräken.*
ebenso Trimberg, renner 17698: *wort versvnen mangen zorn.*
und auch der dichter des Morolf aus dem anfange des 15. j.
lässt Salomo sagen (419): *senffte wort brechent czorn, die frunschafft selden wirt verlorn,*
vielleicht an die worte des lateinischen originales denkend *„ne dicas amico tuo malum iratus, ne postea poenitearis placatus.“* ein versus leoninus lautet *„frangitur ira gravis, cum sit responsio suavis“*, und ein französ. reim (romvart s. 335),
doulce parole fraint grant yre, dure parler felon cuer empire, au bon parole doulcement, au felon farougeusement.
bei den alten finden sich ähnliche aussprüche, Aeschyl. Prometh. ὀργῆς νοσούσης εἰσὶν ἰατροὶ λόγοι. Naumachius sagt in einem hexameter (34): πολλάκις ἤπιος ἄνδρα καὶ ἄφρονα μῦθος ἔϑελξε. und Cicero in den tuscul. 3: *oratio medetur iracundiae.* Luther bemerkt in seiner übersetzung dieser stelle am rande *„gut gruss gibt gut antwort. ein gut wort findet ein gute statt.“* wir haben das sprichwort noch heute in wenig veränderter gestalt *„gute antwort bricht den zorn“* Eiselein 649. Simr. nr. 371. und in älteren sammlungen bei Agricola (500 spr.) nr. 20: *„ain linde antwort stillet den zorn.“* Lehm. floril. 35, 17: *„bescheidene, sanffte antwort ist ein recept vor zorn.“* Zehner p. 93.

67. prov. 15, 17.

Melius est vocari ad olera cum caritate, quam ad vitulum saginatum cum odio.

Luther: *Es ist besser ein Gericht Kraut mit Liebe, denn ein gemästeter Ochse mit Hass.*
Ebenso Simrock nr. 3439 und nach ihm Körte 2041.
Zehner citirt (p. 96) aus Chrysostomus *„κρείσσων ψωμὸς ἐν ἅλατι μεϑ' ἡσυχίας καὶ ἀμεριμνίας ᾗ παράϑεσις ἐδεσμάτων πολυτελῶν ἐν περιπασμοῖς καὶ μερίμναις.*

68. prov. 16, 8.

Melius est parum cum justitia, quam multi fructus cum iniquitate.

Luther: *Es ist besser wenig mit Gerechtigkeit, denn viel Ein-*
kommens mit Unrecht.
Die st. Galler psalmenübersetzung hat (37, 16):
pezzera ist luzzel demo rehten, danne michel richtuom
dero sundigen.
und die Windberger ebendas.: *bezzer ist ein luzcil deme reh-*
ten uber rihtuome dere suntaere die manigen.
das laiendoctrinal spricht diesen spruch s. 107 dem Salomo
zu: *Salomo maket uns wis, dat luttik gúd fél bäter is*
gewunnen wal mit eren unde mit frugten unses heren,
wanne ungetüllet shat gekregin mit Godes hát.
s. 109 aber dem könige David: *David maket uns des frúd:*
deme regten is bäter fele luttik gúd to sime spele, dän
deme sundere sy grote rygheid by.
vgl. hierzu prov. 15, 17 und eccles. 4, 6. etwas verändert
im deutschen *,,wenig mit recht ist besser, als viel mit un-*
recht.'' Simr. 8216.

69. prov. 16, 14.

Indignatio regis nuncius mortis.

Luther: *Des Königs Grimm ist ein Bote des Todes.*
Fast ebenso bei Simrock nr. 12141[a] *,,der könige zorn ist*
ein vorbote des todes.'' Arnulphi gest. Mediolan. bei Leib-
nitz scr. r. austr. I, 727: *legerat enim ,,indignatio regis nun-*
cius mortis,'' auch Agricola nahm es unter seine ,,500
sprichwörter'' auf, nr. 275.

70. prov. 16, 18.

[Contritionem praecedit superbia et] ante ruinam exaltabitur
superbus.

Luther: *[Wer zu Grunde gehen soll, wird zuvor stolz und]*
stolzer Muth kommt vor dem Fall.
Dasselbe sagen auch andere biblische stellen, wie prov.
29, 23 *,,die hoffart des menschen wird ihn stürzen'',* und
ecclesiastic. 10, 16 *,,darum hat der herr allezeit den hochmut*
geschändet und allezeit gestürzt.'' die sünde der hoffart, des
hochmuts geisseln viele deutsche sprichwörter und die dichter
des mittelalters unterlassen selten sie als todsünde zu brand-
marken. Notker sagt in einer glosse zu ps. XXXV:

*vbermuóti ist alsó einfuóziú. uuanda si iéo sár fallet
unde lango stán ne mag.*

der **Winsbeke** warnt (30, 1): *durch hóchvart maneger vellet,
der sich zuo ir gesellet. hóchvart was der érste val,
der von himele viel ze tal.*

und 41, 1: *Sun ich han lange har vernomen, swer über sich
mit hóchvart wil, daz im sín leben mak dar zuo komen,
daz sich vervellet gar sín spiel.*

rolandsl. 119, 22: *si furten gróz úbermút, du nist nimenne
gút, si geliget ie nidere. der richtare da ze himele hai-
zet si selbe uallen.*

arm. Heinr. 151: *sín hóchvart muoste vallen.*

Wolfram sagt im Parcival (472, 17): *hóchvart ie seic unde viel.*

und 473, 4: *diemüet ie hóchvart überstreit.*

Freidank widmet der „hóchverte“ in seiner „bescheidenheit“
einen besonderen abschnitt 28, 15 — 30, 20. [ebenso andere
lehrdichter: Trimberg, renner 208—307. 475—508. 519—526.
narrensch. 244—247. Welsch. gast 11849 ff. edelstein 66,
3 ff. etc.]

28, 23 heisst es: *hóchvart stíget manegen tac, unz si niht
hoeher komen mac: só muoz si danne vallen.*

und 115, 1: *swer stíget, der sol vürhten val.*

Dietmar der sezzer (3): *swer grozes übermuotes und unrehtes
gewaltes pfliget, denselben got vil gerne vallen lat.*

leidensgesch. (fundgr. 193, 33): *alsó gevalt diu hóchvart den
engel, daz ein tievel er wart.*

passional III, 64, 16: *da wirt din hóchvart dir benumen,
wand du mit ir vellest, du wellest oder envellest.*

ein lateinischer hexameter aus dem ende des 13. j. (Mone
anz. VII, 504) lautet: *qui petit alta nimis, retro lapsus
ponitur imis.*

Boner, edelst. 51, 65: *übermuot wirt niemer guot, übermuot
grózen schaden tuot.*

ebend. 66, 3: *von hóchvart und von übermuot. ietwederz
schicket selten guot.*

gest. Roman. 6ª etwas ausgeführter: *hochfart wye hoch du
steigest, ze iungst staet du doch neigest. wer mit dir
wirt besezzen, dez hat got hie gar vergezzen. hochfart
die wil staete der wollust haben graete, vnd auch über-
fliegen vnd die laeut vnder sich piegen. vil leicht felt
si dann nider, vnsanft kumt si dan wider. daz ist wol
schein an sathan dort in der pein, der sich begond ge-
leichen zú got, dem muost er entweichen von dem himels
trone tregt er nicht mer die chrone. also geschicht noch
den allen, die in hochvart wellen fallen. hütet euch
vor hochfart, so mag ewr leicht werden rat. wer der
hochfart ie gepflag, ze letzten er vnter gelag.*

es wird hier auf Lucifers fall gedeutet und scheint mit hinblick auf diese kristliche sage das sprichwort eine so umfassende verbreitung gewonnen zu haben. Suchenwirt (XXVI, 1) warnt davor:

> *ich hoer die weisen sprechen, daz übermuot die frechen dikchẹ leiť auf sorgen phad.*

Muscatbl. 87, 11: *hoffart dem menschen angefiget, des kumpt er zů dem vallen, daz er müsz liden jamers not.*

Soest. fehde (Emmingh. memorab. s. 592): *got haet et averst in ein bettet gevoeget, so dan overmoit und vornemmet geboeget —*

Wittenw. ring 11ᵈ 21: *won der ze hoh im stigen wil, der fleugt inn graben ze dem zil.*

Dithmars. lied (Neocorus, Dahlmann s. 517): *na homoot volget ewige pin. ein homodich minsche nicht lange staet, he vallet gantz drade, wo itt ock gaet. vor gade is homoot ewige schande, dorch hochmott vorderven stede vnde lande.*

dass das sprichwort ein biblisches ist, sagt schon der dichter der hildesheim. fehde (Leibnitz, scr. r. br. III, 254):

> *die homoeth ist gevallen sieth: vor gewunnen nu unden licht: — des heren wordt des sich bericht.*

ein lateinischer hexameter sagt: *magna cadunt, inflata crepant, tumefacta premuntur.*

Agric. [nr. 50 „*hoffart thet nie kein gut*"] „*was sich aus eynem übermut über ander leutte erhebet, das muss herunder, es geschehe über kurtze oder über lang.*" Lehm. flor. 393, 13: „*hoffart ist im himel gebohren, aber herabgestürzt worden, darum hengt sie sich an die, so aus hochmuth wider in die höhe steigen wollen.*" 394, 27: „*hoffart fället sich selbst.*" 28: „*corruit superbus suis artibus.*" Eiselein s. 314. Körte nr. 2883. Simr. nr. 4797 „*hochmut kommt vor dem falle.*" englisch „*pride goes before the fall. pride goes before and shame fallows after.*" arabisch „*wenn gott eine ameise verderben will, so lässt er ihr flügel wachsen.*"

71. prov. 16, 32.

Melior est patiens viro forti et qui dominatur animo suo expugnatore urbium.

Luther: *Besser ist es, der seines Muthes Herr ist, denn der Städte gewinnt.*

Ebenso Agricola (500 spr. nr. 273), und er setzt hinzu „*es ist aine alte sage: si vis esse rex, dabo tibi regnum, rege te ipsum. wiltu ain künig sein, so wil ich dir ain künigreich weisen und schenken, regiere dich selbs.*"

Notker ps. 111, 7: *Uuanda aber gescriben ist: pezzer ist der sin zorn fertréit, danne er der éina burgh irfihtit.*

W. v. Elmend. (670) eignet ganz richtig das sprichwort Salomo zu: *bis an dinem zorne geduldic, wanne Salomon tut vns des gewis, daz der man sterker iz, der sich in sineme hercen versinnet, den der die burc mit sturme gewinnet.*

auch Freidank 64, 20 könnte hier angezogen werden:
der tumbe in zorne richet, der wise sich besprichet.

warnung (Haupts z. I, 438) 1117: *noch küener ist der vertreit unt sinen zorn hin leit unt twinget sin gemüete von aller ungüete: der vihtet als ein helt sol, dem zimt sin manheit wol.*

man vergleiche Eraclius (nat. bibl. VI) 1120: *erst saelec, der betwingen mac die zunge vnder sinen muot.*

und Trimbg. renner 14028: *wizzet, ez ist ein weiser man, der bei im selber beleiben kan in zorn, in frevden, in grozem leide.*

laiendoctr. s. 186: *de in allen dingen sines sulves môd kan twingen, fyl starker is he gesind, wän de mit stride borge wint.*

ebend. 57 wird ein anderer salomonischer ausspruch erwähnt: *Salomon sägt „torne verwinnen is der wysheid gûd beginnen, unde we sime torne wedderstât, dat he dait ene grôte dâd.*

ein altholl. spruch (altd. bl. I, 74 nr. 34) sagt: *des sijt seker ende ghewes, dat hi mer te prisen es, die sinen grammen moet bedwinct, dan die een burch mit craften wint.*

Simr. nr. 12154 „*wer seinen zorn bezwingt, hat einen grossen feind besiegt.*" und Lehm. flor. 925, 23 „*iracundiam qui vincit, superat hostem maximum.*" Simr. nr. 12158ᵃ „*tapfrer mann, der den zorn meistern kann.*"

72. prov. 17, 10. — 19, 25.

Plus proficit correptio apud prudentem, quam centum plagae apud stultum. — Si corripueris sapientem, intelliget disciplinam.

Luther: *Schelten schreckt mehr an dem Verständigen, denn hundert Schläge an dem Narren. — Straft man einen Verständigen, so wird er vernünftig.*

Von Freidank benutzt (nach Grimm, vorred. LXXIV) 80, 20:
ein wiser man, der hât verguot, refse ich in swenner missetuot.

ein sprichwort bei Simrock nr. 12868 sagt „*worte thun oft mehr als schläge*", und nr. 11871 „*ein wort ist genug für den, ders merken mag.*" Zehner p. 101 führt eine stelle aus Curtius (7, 4) an: „*nobilis equus umbra quoque virgae regitur, ignavus ne calcari quidem concitari potest.*" Duke (talmud. spr. s. 72) bringt aus dem jüngern Sirach bei: „*dem klugen (deutet man etwas an) mit einem wink, dem narren mit dem fusse.*"

73. prov. 17, 16.

Quid prodest stulto habere divitias, quum sapientiam emere non possit?

Luther: *Was soll dem Narren Geld in der Hand, Weisheit zu kaufen, so er doch ein Narr ist?*
Zu Iwein 4251: *waz half mich daz ich golt vant? ez ist et vil unbewant ze dem tôren des goldes vunt: er wirfet ez doch hin zestunt.*
bemerkt Lachmann „wohl anspielung auf eine damals allgemein bekannte fabel, so Man. s. II, 102^b „„,waz touc tôren golt ze vinden"""" —. ich meine, die worte Hartmanns sind einfach in dem sinne zu nehmen, der in den biblischen worten liegt, nämlich „ein narr kennt den werth der dinge nicht", wie auch Frauenlob singt (269, 3): *der tôren golt mak immer der wisen kopfer sin genant.*
gesamtabent. 22, 538: *nu sprechent doch die wisen daz, vinde der tôre goldes iht, ez muge in doch gehelfen niht.*
Hadam. jagd. 625, 3: *so waz toug gold ze finden dem toren, der sich ûf gold nicht versinnet.*
Agricola setzt zu dem hieher gehörigen sprichworte nr. 125 „*er ist ein narr, wenn er gleich die stuben vol gelts hett*" hinzu: „*gold macht niemand klug, wiewol es die welt glaubet, geld mach weise leut.*" vgl. oben prov. 3, 14. unserem sprichworte nähert sich das lucianische πίθηκος ὁ πίθηκος κἂν χρύσεα ἔχῃ σύμβολα und ein spr. bei Franck, Egenolff 136^a „*was soll dem narren witz.*" — Zehner p. 92.

74. prov. 17, 28.

Stultus quisque si tacuerit, sapiens reputabitur, et si compresserit labia sua, intelligens.

Luther: *Ein Narr, wenn er schwiege, würde auch weise gerechnet, und verständig, wenn er das Maul hielte.*
Freidank 80, 10 ebenso: *swer niht wol gereden kan, der swige unt si ein wiser man. mit witze sprechen, daz is sin: daz wort kumt niht wider in.*
Agricola stellt das sprichwort unter seine 500 spr. nr. 8: „*wenn der narr schweigen kunde, so were er kluge.*" nr. 10: „*ain narr, wenn er schwige, würde auch weyse gerechnet, vnd*

verständig, wenn er das maul hielte". 11: „*hetstu geschwigen,
so hette ich dich für weyse gehalten"*, und fügt die bekannten
worte Alexanders v. Macedon. bei „*si tacuisses, philosophus
mansisses."* Zehner p. 105 erinnert hiebei an Hiobs wunsch
13, 5: „*wollte gott, ihr schwieget, so würdet ihr weise"* und
an ein griechisches epigramm: πᾶς τις ἀπαίδευτος φρονιμώ-
τατός ἐστι σιωπῶν. Simrock nr. 7324 hat: „*nichts sieht ei-
nem gescheidten manne ähnlicher, als ein narr, der das maul
hält."* nr. 7325: „*so lange ein narr schweigt, hält man ihn
für klug."* das sprichwort besteht auch als volksräthsel
„*wann ist der narr am klügsten?"* = antwort: „*wenn er
schweigt."*

75. prov. 18, 12. — 15, 33.

**Antequam conteratur, exaltatur cor hominis, et antequam glori-
ficetur, humiliatur. — Gloriam praecedit humilitas.**

Luther: *Ehe man zu Ehren kommt, muss man zuvor leiden.*
Freidank sagt 92, 5:
    mit senfte nieman ére hát alsó nú diu werlt stát.
    nieman hát án arebeit wistuom, ére, gróz richeit.
Winsbeke 43, 3: *ez sí dir offenlich geseit, daz nieman ére
    haben mak noch herzeliebe sunder klak, gar áne kum-
    ber und án nót.*
oder wie im Reinhart 697: *Isengrín sprach „diz tuot wé mir."
    Reinhart sprach „waenet ir mit senften baradís be-
    sitzen?"*
und Reinaert 1634: *man moet wel pinen om ghewin.*
sinnverwandte stellen s. Reim. d. alte 51, 3. Flore 278. 290.
Wigalois 2873: *mit gemache niemen mac gróze ére erwerben.*
und ebend.: *swer sich an éren wil erholen, der muoz bína-
    men kumber dolen und underwilen arebeit.*
passional III, 329, 73: *ie grozer not der lib hat, ie grozer
    lon die sele entpfat.*
Pontus (Hag. buch der liebe s. 439): *aus dem zu merken
    ist, wie wunderbarlich gott mit den seinen umgeht und
    sie durch rauhe und gefährliche wege führt, ehe er sie
    zu land kommen lässt d. i. ehe er ihnen giebt fried
    und ruhe.*
Simr. nr. 1820 „*wer zu ehren kommen will, muss zuvor lei-
den."* — Zehner p. 100. vgl. oben ps. 33, 20.

76. prov. 18, 13.

**Qui prius respondit quam audiat, stultum se esse demonstrat et
confusione dignum.**

Im Marcolfus sagt Salomo fast wörtlich „*qui ante r. qu.*

aud. st. s. d.'' Luther übersetzt: ,,*Wer antwortet, ehe er höret, dem ist es Narrheit und Schande''*, und Agricola (500 spr.) nr. 12: ,,*wer antwortet, ehe er höret, der zaiget an sein torhait vnd wirdt ze schanden.''*

Morolf (Hag. u. Büsch. I, 503): *wer da antwort ee er gehore, der glichet sich eym doren.*

dem Salomo erkennt diesen spruch das laiendoctrinal zu (s. 10): *de wise Salomon uns ók seit ,,we antwórdet, ér he ful hórt, betekent, dat he is fordórd, unde fallet in schande to sulker stund.''*

im volksmunde lebt ,,*ein narr antwortet, ehe er höret.''*

77. prov. 18, 18.

Contradictiones comprimit sors.

Luther: *Das Loos stillt den Hader.*
  Simrock nr. 6605.

78. prov. 19, 4.

Divitiae addunt amicos plurimos, a paupere autem et hi quos habuit separantur.

Luther: *Gut macht Freunde, aber der Arme wird von seinen Freunden verlassen.*

Freidank 40, 25: *die ríchen vriunt sint alle wert, der armen vriunde nieman gert. wirt dem man daz guot benomen, sost er ouch von vriunden komen.*

und 96, 1: *die wíle die seckel klingent, die vriunt dar gerne dringent: verliuset er sín klingen, só wirt dar kleine dringen. manec man vil vriunde hát, die wíle sín dinc im ebene gát: unt hát doch undr in allen vil lützel nót gestallen.*

ebenso Spervogel 10: *die friunde getuont sín líhten rát, swenne er des guotes niht enhát. si kérent im den rucke zuo und grüzent in wol tráge. die wile er mit vollen lebt, só hát er holde máge.*

Reinaert 7432:
    noch is dit der werelt const: die wel vaert, crijgt veel magen, di hem sijn weelde helpen dragen. maar wie noot heeft ofte liden, vient luttel magen tot allen tiden, si scuwen den wech, daer hi gaet.

Martina 129, 24: *den armen hazzit sin brvoder, muoter vnde vatter, svz wirt er jamers satter, sin eigin swestir in schiuhit, sin geslehte in fliuhit, die richin ab im shiehint, sin armuot si ofte fliehent.*

ein lateinischer spruch aus dem ende des 13. j. (Mones anz. VII, 504. 74) lautet: *si pauper fueris, a cunctis despicieris, sed dare si poteris multum, tunc carus haberis.*

laiendortr. 53: *Salomon sägt „de arme man seldene frunde finden kan, unde is unwêrd in alleme spele, de rike man hävt frunde fele.*

rose (Kausler, altniederl. d. II) 4709: *als hi en darmoede es ghesien, gaen si alle von hem vlien; van hondert vrienden vint hi cume eene.*

ebend. 7584: *want armoede, dat verstaet,* (sagt Salomo) *doet broder ende broder laten ende versteken ende haten.*

Muscatbl. 63, 58:
so můs der arme elend man dort hinden stan.

Hätzlerin 275[b]: *wan verliusest du dein hab, so gestand dir all dein freund ab.*

jahrb. d. Berl. gesellsch. VII, 327: *dit mach man průuen oych hey bi, we wise, we edel, we honischz eyn si, sit man in verarmen, man leist in gain vor eynen sot.*

Brant, narrensch. 197, 12: *der vil gut hat, der hat vil fründ, dem hilfft man redlich ouch zů sünd.*

und in zwei altniederländ. sprüchen (Haupts. z. VI):
38 *de werlt ist nu also ghestalt,*
    in allen hevet de rike walt.
134 *men eret vns allen vm das gelt,*
    de arme in allen darneder velt.

auch den alten war dies eine sich leicht aufdrängende erfahrung. bekannt ist das ovidische (trist. I. 9, 5.):
donec eris felix, multos numerabis amicos.
tempora si fuerint nubila, solus eris.

und das plautinische sprichwort „*ubi amici, ibi opes.*" (Erasm.) Euripides Medea 560:
πένητα φεύγει πᾶς τις ἐκποδὼν φίλος.

ebend. Electra 1131:
πένητας οὐδεὶς βούλεται κτᾶσθαι φίλους.

Suidas: ἀνδρὸς κακῶς πράσσοντος ἐκποδὼν φίλοι.

andere deutsche sprichwörter hierzu sind: „*arme leut kennt niemandt.*" Franck 5[b]. „*arme leut will niemandt kennen.*" Lehm. flor. 44, 24. „*wer kein geld hat, der hat kein freund.*" ebend. 254, 14. „*viel geld, viel freund.*" ebend. „*wo gelt kehrt und wendt, da hat alle freundschaft ein end.*" ebend. 255, 27 „*glück macht freunde.*" Simr. nr. 2735. 2737 „*dem es wol ergehet, der hat manchen freund*" ebend. nr. 2740. — Zehner p. 89.

79. prov. 19, 17. — 28, 27.

Foeneratur domino, qui miseretur pauperis. — Qui dat pauperis non indigebit. (vgl. prov. 28, 27.)

Luther: *Wer sich des Armen erbarmt, der leihet dem Herrn.*
— *Wer den Armen giebet, dem wirds nicht mangeln.*
In Wippos denksprüchen:
  prestat pauperem audire quam sonitum lyre.
  deo namque feneratur, qui pauperi miseretur.
und Walth. archip. (Grimm, ged. auf Friedr.) I, 31:
  nam deo dat, qui dat inopibus,
  ipse deus est in pauperibus.
laiendoctr. 30: *nogtäns sägt de sulve here* (Salomo): *he wo-*
  kert uppe gode sere, de entfarmen up den armen hüvt,
  wente he so männigfold wedergevt.
Lehm. flor. 234: „*wer den armen gibt, wirdt nimmer arm.*"
Lehm. 44, 41. — Simr. nr. 485: „*wer den armen gibt, der*
leyhet gott auff wucher". Lehm. 236, 73: „*wer gern den*
armen gibt, der wuchert gottes segen." Simr. nr. 481:
„*wer den armen leihet, dem zahlt gott die zinsen.*" ebenso
türkisch: „*wer armen gibt, gibt gotte.*" vgl. prov. 14, 31:
„*wer sich des armen erbarmt, ehrt gott.*"

80. prov. 19, 24. — 26, 15.

Abscondit piger manum suam sub axilla nec ad os suum applicat eam. — A. p. manus s. a. et laborat, si ad os suum eas converterit.

Luther: *Der Faule verbirgt seine Hand im Topfe und*
  bringt sie nicht wieder zum Munde. — und wird ihm
  sauer, dass er sie zum Munde bringe.
Von Luther wird als deutsches sprichwort an den rand zu
  dieser stelle gesetzt „*er ist so faul, das er für faul-*
  heit nicht essen mag, wenn er glcich die hand in der
  schüssel oder das essen vor sich hat.
laiendoctr. 117: *Salomon sügt ôk al blôt:* „*alse de trage is*
  gesäten unde drinken shal unde üten, he hävt de hand
  alreid under de aslen (schüssel) *gelaid; mit ér it he*
  dan, dat sulve is em pine nogtan."
Zehner p. 115.

81. prov. 20, 4.

Propter frigus piger arare noluit; mendicabit ergo aestate et non dabitur illi.

Luther: *Um der Kälte willen will der Faule nicht pflügen; so muss er in der Ernte betteln und nichts kriegen.*
Ebenso im Marcolfus: „*pr. fr. p. a. n., mendicabit autem et nil dabitur ei*" und darnach im Morolf (Hag. u. Büsch. I, 399): *wan der drege die kelde forcht, wenig er mit dem pluge worcht.*
laiendoctr. 117: *Salomon sägt, de wise man: „umme dat de trage in der kulde syn land nigt üren wulde, to somere en hadde he nein brôd.*
Zehner p. 118.

82. prov. 21, 13.

Qui obdurat aurem suam ad clamorem pauperis et ipse clamabit et non exaudietur.

Luther: *Wer seine Ohren verstopfet vor dem Schreien des Armen, der wird auch rufen und nicht erhöret werden.*
Etwas anders lauten die worte der vulgata im Marcolfus: „*qui avertit aurem s. a clamore pauperum, ipse clamabit et dominus deus non exaudiet vocem suam,*" welche der dichter des Morolf (347) übersetzt:
wer da keret die oren von ruffe der armen,
got in horet nit sin karmen.
laiendoctr. 24: *nu horet, wat sprikt dan Salomon, de wise man: „we forstoppet sine oren unde den armen nigt wil horen, god shal én horen nyt. aldus ropt ein syn fordryt.*
Brant, narrensch. 115: *wer gut hat und ergetzt sich mit, vnd nit dem armen da von gytt, dem wurt verseit, so er ouch bitt.*
ein neuerer reimspruch sagt (Simr. nr. 486):
wer den armen sein ohr verstopft,
den hört St. Peter nicht, wenn er klopft.

83. prov. 21, 31.

Dominus autem salutem tribuit.

Luther: *Der Sieg kommt vom Herrn.*
Im herz. Ernst (H. u. Büsch. I. v. 2151): *got, an dem es alles stad, wem er wil, den sig er lad.*

wartburgkr. (Etmüller) s. 84:
den sig hât got in siner hand.

Hagens köln. reimkron. 5920: *nyeman en sal sich da ver-*
zagen, da men up syn leuen kompt geuaren, noch al-
sulchen vient sparen, want sege en leit an vil volckes
neit, hie wirt, den hie got van hemel geit.

Limbg. kron. (Vogel) s. 33: *als die heilige schrift spricht*
,,der sieg ist von dem himmel," *und Judas Macca-*
baeus ,,non in multitudine gentis est victoria, sed de
coelo venit."

und ebend. 63: *als da spricht Judas Maccabaeus ,,non in*
multitudine exercitus, sed de coelo victoria belli est"
d. i. *der sieg kommt viel vom himmel ho, unt nit von*
viele der leut, das ist also.

Soest. fehde (Emmingh. memorab. 671):
wo woll men vint allermeyst beschreven,
dat godt den cleynen scharen victorian haet gegeven.

Agricola (500 spr.) nr. 251 *,,ross werden zum streittage be-*
raytet, aber der sieg kumbt vom herrn" setzt hinzu
,,allweg hat man erfarn wie die croniken melden,
das der geringste hauffe den grössern geschlagen hat."
der kampfesmuthige Franz v. Sickingen wählte diese
worte als devise *,,aller sieg von gott."* in verneinen-
der form auch als versus leoninus *,,est nulli certum,*
cui pugna velit dare sertum." Simr. nr. 9527 *,,aller*
sieg kommt von gott."

84. prov. 22, 1.

Melius est nomen bonum, quam divitiae multae.

Luther: *Das Gerücht ist köstlicher denn grosser Reichthum.*

Kreuzf. Ludw. d. from. (v. d. Hagen) 8134: *wol er diz*
in gedancken het, ovch als iz geschriben stet: daz ein
erlich leben an schamen, da mite erwerben ein guten
namen, ist bezzer vor tiure salben vil, die man tzv
lebene haben wil.

vos ende wolf (Reinaert v. Willems, bylage III): *oom, en*
weetti niet, wat men leest in sheren Salomoens gedichte
,,tgoet gerucht prijst, beter gichte of rijcheit groot."

ebenso singen Marner 14, 7: *ein guot behügde ist bezzer,*
danne si des balsmen tror, si wirdet toten vnde lebenden.

und der Meisner 1, 10: *ein guot gehügede ist bezzer, danne*
golt oder silber oder edelgesteine.

Konr. troj. kr. 7637: *uns seit der wären buoch ge-*
schrift von werden luten lobesam, daz ir süezer guoter
nam si vil bezzer allenthalb denne edel vnd tiures salb.

laiendoctr. 189: *gud name is büter manigfold dän eddele steine, sulver, gold.*

lieders. 72, 160: *ja ist der werdikait hail besser den michel gut.*

Hoffmanns böhm. kron. (Pez II, 1042):
ein jeder guter ritter macht ime einen guten namen, wann nichts bessers ist, dann ein gutter nam.

Simr. nr. 7310 und Eiselein s. 486 bieten etwas verändert
,,*ein guter namen ist besser als reichthum.*" ebenso
englisch ,,*a good name is better than riches.*" französ.
,,*bonne renommée vaut mieux que ceinture dorée.*"

85. prov. 22, 2.

Dives et pauper obviaverunt sibi.

Luther: *Reiche und Arme müssen unter einander sein.*

Rumeland VIII, 7: *ein teil ist arm, ein teil ist rích.*

Wittenw. ring 44, 38: *also seind wir nicht geleich, einr ist arm, der ander reich, einr ein gpaur, der ander edel.*

Agric. (500 spr.) nr. 250 ,,*reiche vnd arme müssen beyainander sein, der herr hat sy alle gemacht.*"

86. prov. 22, 7.

Qui accipit mutuum, servus est foenerantis.

Luther: *Wer borget ist des Lehners Knecht.*

Das deutsche sprichwort personificirt gern und fasst die worte daher so: Borghart ist Lehnharts knecht, anspielend auf die eigennamen Borchert, Burchhart, Burchart, Lehnhart, Leonhard, Lehnert ect. Simr. nr. 1213.

87. prov. 24, 6.

Et erit salus, ubi multa consilia sunt.

Luther: *Und wo viele Rathgeber sind, da ist der Sieg.*

So in den statuten des deutsch. ordens (Hennig) gew.

VII: *wenne man liset in den beisprüchin ,,do ist heil, do uil rates ist.*"

in einem alten fabelbuche (jahrb. der Berlin. ges. s. 126):
wo vil rates, da ist auch vil hailes.

laiendoctr. 70: *formêr wetet unde syt wis, dat eines rát nigt núg en is, mär fele râde de sint gúd, de men mit guder stade dút, dat büste kesen unde útfán.*

und bei Brant, narrensch. 103, 31: *ein fründes ratt nie-*
man veracht, wo vil rätt sint, ist glück vnd macht.
im widerspruche hiermit stehen freilich andere sprichwörter,
wie: *,,viel rath ist unrath. viele zur hilfe, wenige*
zum rath. mit vielen in den krieg, mit wenigen in
den rath.''

88. prov. 24, 29.

Ne dicas „quomodo fecit mihi, sic faciam ei: reddam unicuique
secundum opus suum.''

Luther: *Sprich nicht ,,Wie man mir thut, so will ich wie-*
der thun und einem Jeglichen sein Werk vergelten.
Zu vergleichen ist exod. 21, 24 und Luc. 6, 31, wo der-
selbe grundsatz aufgestellt wird. Walther singt etwas
verändert II, 49, 20: *mir ist ümbe dich rehte als dir*
ist ümbe mich.
denselben spruch hat Wernher (6, 1), der ihn dem kaiser
Otto IV. in den mund legt und von ihm selbst gehört ha-
ben mag: *ein wort der keiser Otte sprach, daz ich unz an*
min ende will behalten. klagte ime ein valscher unge-
mach, dez triuwe er úze unde inne wol erkande, do
sprach er ,,mir ist ümb dich, rehte dir ist also ümbe
mich.
auch von Simrock aufgenommen nr. 7011.
Hartmann von der aue singt in einem minneliede (Haupt
20, 18) von den frauen: *ze frowen habe ich einen*
sin: als sí mir sint, als bin ich in.
und von seinem freunde der Kanzler (16, 11): *ich wird dir,*
sam du bist mir.
Konr. v. Würzburg troj. krieg 24585: *,,nu rune mir, so*
rune ich dir'' daz sprichet al sín hofe schár.
Trimberg, renner 9880: *tust du mir, sam tun ich dir.*
7576: *schone du min, so schone ich din, diz ist der werlde*
scheibe.
und ebend. 13338: *so ist nu leider anders niht, als wir*
hoeren vnd als man siht, denn ,,schone mein, so schon
ich dein.''
16264: *treuge du mich, so leuge ich dir, gib ich dir niht,*
sam tu du mir, — ditz hoerent die iungen von den
alten.
dieselbe anwendung macht eine stelle im lieders. 84,116:
hil du mir, so hil ich dir. und Suchenwirt 39,158:
,,hil du mir, als ich dir hil'' damit vil maniger ist
betrogen.

ein spruchvers bei Graff, diut. I, 323 aus dem anfange des
14. j. lautet: ,,*daz mir, daz dir*" *sprach der hamer
zu dem ambos.*
und ein späterer niederländischer (Haupts. z. VI. 1, 161 nr.
86): *in korten worden hore mir: roke du mir, so
roke ich dir.*
Geiler predigt: ,,*swig du mir hiut, so swig ich dir morn.*
unser heutiges Sprichwort fasst sich kürzer ,,*wie du mir,
so ich dir.*" Eiselein 466. Simr. nr. 7027 und 11590. auch
mit dem schelmischen zusatze ,,*sprach die frau zu dem manne
in der brautnacht.*" 11591. englisch ,,*claw me and i'll
claw thee.*"

89. prov. 25, 14.

Nubes et ventus et pluviae non sequentes vir gloriosus et promissa non complens.

II Petri 2, 17: *Hi sunt fontes sine aqua et nebulae turbi-
nibus exagitatae.*
Jud. 12: *Et nubes sine aqua quae a ventis circumferuntur.*

Luther: *Wer viel geredet und hält nicht, der ist wie Wol-
ken und Wind ohne Regen. — Das sind Brunnen
ohne Wasser und Wolken vom Windwirbel umgetrie-
ben. — Sie sind Wolken ohne Wasser vom Winde
umgetrieben.*
Dieses Bild findet sich bei Freidank 123, 20: *sich hebet
manec grôzer wint, des regene doch vil kleine sint.
man hebet manege sache hô, diu schiere gelit mit
kleiner drô.*
und bei Trimberg, renner 958: *tvnkel wolken on allen regen
sint herren, die man nv siht pflegen vil geloben vnd
lutzzel geben, die zeren on ere ditz krank leben.*
dem Freidank nachgebildet auch bei Boner, edelst. 29, 19:
*sich hebet manig grôzer wint, des regne doch vil kleine
sint. nâch grôzem donre dick beschicht, daz man gar
kleinez wetter sicht. ez dröut mit worten manig man,
der doch wéning schirmen kan.*
der allgemeinen erfahrung zuwider ,,*wenn es sich wolket, so
wil es regen*" fastnachtsp. 528, 22. Luther gebrauchte dies
wort gern von dem, was die welt uns verheisst und vor-
spiegelt. das deutsche sprichwort lautet ,,*nicht alle wolken
regnen.*" Simr. nr. 11818. non stillant omnes quas cernis
nubes. Zehner p. 149.

90. prov. 25, 16. 27.

Mel invenisti, comede quod sufficit tibi, ne forte satiatus evomas illud. — Sicut qui mel multum comedit, non est ei bonum.

Luther : *Findest du Honig so iss seiner genug, dass du nicht zu satt werdest und speiest ihn aus. — Wer zu viel Honig isset, das ist nicht gut.* Im Marcolfus sagt Salomo *„multum mel ne comedas"* und in dem darnach gedichteten Morolf 250 : *vil honiges essen en ist nit gut, dan abe kere dynen mut.*
Freidank hat 55, 13 :
des honges süeze erdriuzet, só mans ze vil geniuzet.
vergl. Trimberg renner 9320: *honik ist mangen levten gut, mangen leuten ez schaden tut.*
mehr der quelle folgend sagt Brant, narrensch. 276, 21 : *wer hunig fyndt vnd wafen scharff, der äss nit me, dann er bedarf, vnd hüt vor füllung sich der süss, dass er nit wider spüwen müss.*
der naheliegenden erfahrung geben auch andere sprachen worte. ein griechisches sprichwort sagt, αὐτοῦ καὶ μέλιτος τὸ πλέον ἐστὶ χολή. und ein anderes bei Suidas : γλυκὺ μέλι καὶ πνιξάτω. Egmolff 148ᵇ : *„honig essen ist süss, aber vil essen macht speyen."* Geiler : *„zu viel ist vngesunt, vnd wann es luter honig wer."* ein neuerer spruch heisst : *honigsüsse verdriesst, wenn man sein zu viel geniesst.*
Zehner p. 151. Eiselein. Körte. Simrock nr. 4929.

91. prov. 26, 2.

Maledictum frustra prolatum in quempiam superveniet.

Luther: *Ein unverdienter Fluch trifft nicht.*
Dem biblischen texte entsprechen die sprichwörtlich gewordenen worte des Horaz ars. poët. 379 : *„non semper feriet quodcunque minabitur arcus"* und Agricolas spr. 310 : *„Lass jn reden was er will, er hat darvmb nit was er will."* das sprichwort findet sich in der fassung : *„ungerechter fluch trifft nicht"* bei Simrock nr. 2570 und bei Körte nr. 1453. der einen neueren Reimspruch beifügt:
wem man flucht, dem kein schad geschicht.
weh dem, von dem der fluch ausbricht.
Zehner p. 168.

92. prov. 26, 5.

Responde stulto juxta stultitiam suam, ne sibi sapiens esse videatur.

Luther: *Antworte dem Narren nach seiner Narrheit, dass er sich nicht weise lasse dünken.*
Agricola nimmt dies unter seine 500 spr. auf (nr. 64) und nach ihm Zehner p. 170. Salomo im Marcolfus wiederholt diese worte zweimal ,,*respondendum est stulto secundum suam stultitiam*'' und ,,*stulto responde secundum suam stultitiam, ne videatur sapiens.*''

93. prov. 26, 11.

Sicut canis qui revertitur ad vomitum suum, sic imprudens qui iterat stultitiam suam.

II Petri 2, 22: *contigit enim eis illud veri proverbii ,,canis reversus ad suum vomitum.*''

Luther: *Wie ein Hund sein Gespeites wieder frisst, also ist ein Narr, der seine Narrheit wieder treibt.* — Das wahre Sprichwort ,,*der Hund frisset wieder, was er gespeiet hat.*''
Salomo vergleicht in diesem spruche narren und hunde, wie Petrus hunde und abtrünnige von Kristi lehre. im letzteren sinne ist das bild gebraucht litanei 23 (fundgr. II): *er sprichit, er tu rehte samt der hunt, der sine spie nimit wider in den munt. dem mag ich wol gelich sin.*
carm. buran. (Schmeller) XI. 6, 1: *preter meritum me neci non dedero, si ad vomitum quem jeci rediero.*
in einer predigt des 12. j. (Mones anz. VIII, 510): *der hunt hat eine bose nature. swenne er erhungert unde sich denne erfullet unde er diz denne widergit gespiet, so hevet er iz dar nach wider uf.*
rose (Kausler, altnied. d. II) 10918: *dese slacht den ruede, die heeft so veele gheslonden teenen male, dat hijt en can ghedraghen wale ende moet huut spuwen neder, ende als hem honghert, so keert hi weder ende hetet weder sinen spu.*
gest. Roman. 70ᵃ : *davon man spricht von dem svndert, der geleich ist dem hunt der das azz wirffet vnd ez dann hin wider ein slichket.*
Brant. narrensch. 231, 10: *glich wie der hunt zů synem asz, das er yetz dickmol gessen hat.*

und ebend. 33: *eyn narr loufft wider zů synr schäll, glich wie eyn hundt zů sym gewäll.* ein taldmudischer spruch (Dukes rabb. blum. einltg. 9) lautet ganz ähnlich „*der narr geht zurück zu seiner narrheit.*" Erasmus nahm das sprichwort „*canis reversus ad suum vomitum*" in seine adagia auf. der cardinal Cajetan wendet in einem briefe an Friedrich den weisen das bild auf Luther an: „*si se cognosceret et de cetero caveret, possemusque secure dormire, ne reverteretur ad vomitum*", wie es auch Chrysostomus in einer homilie benutzt: ἄνϑρωπος ἀποστρέφων ἀπὸ ἁμαρτίας αὐτοῦ καὶ πάλιν πορευόμενος καὶ τὰ αὐτὰ ποιῶν ὥσπερ κύων ἐστὶν ἐπὶ τὸν ἴδιον ἔμετον ἐπιστρέφων. eine denkmünze vom j. 1581, welche die Holländer auf Philipps des II. gouverneur, den herzog von Parma, schlugen, hat auf der vorderseite die worte „*potius mori quam ut canis ad vomitum.*" Simrock nr. 5043 und Körte nr. 3029 haben „*der hund frisst wieder was er gespieen hat.*" Zehner p. 180.

94. prov. 26, 14.

Sicut ostium vertitur in cardine suo, ita piger in lectulo suo.

Luther: *Ein Fauler wendet sich im Bette, wie die Thür in der Angel.*

Laiendoctrinal 118: *ein ander wys man ók lért: „lyk alse de dore wind unde kért in den häspen, lovet des, blivt unde hänget dâr se es, so kert sik unde ummewend de trage in sime bedde alle dage.*"

Brant, narrensch. 254, 32: *fulkeyt erdenckt eyn wörwordt baldt, fulkeyt sich wider went vnt für glich wie der angel an der thür.*

ähnlichen ausdruck gebraucht Geiler: *die fulen sich keren lang im bett und wenden dem tiufel den braten.*
Zehner p. 182. Simr. nr. 2301.

95. prov. 26, 27.

Qui fodit foveam, incidet in eam.
psalm 7, 16: *et incidit in foveam quam fecit.*
— 9. 16: *infixae sunt gentes in interitu, quem fecerunt.*
eccles. 10, 8. 27, 29.

Luther: *Wer eine grube macht, der wird darein fallen.* — *Wer eine Grube gräbt, der fällt selber darein.*

Zahlreiche stellen geben zeugnis für die allgemeinheit und beliebtheit obigen sprichwortes. den psalmenspruch übersetzt die Windberger ps. 7, 16:

unde in geuiel er in die gruobe die er machete.

und die st. Galler: *sí indeta die gruoba und sí gruob sia unde in dia selbun sturzta sí.*

kaiserkron. 230, 14 (Diemer): *du hast mir eine grube gegraben, du must selbe den schaden haben.*

Rother 4518: *ez begegenit allint haluin den man, swaz he dan hat getan: die groue hetich gegravin, ich moz dar selue in varin.*

Haupts z. VI, 304: *effodit foveam vir iniquus, incidet illam.*

ecbasis 769: ,,*decidit in laqueum, quem fraude tetenderat ipse*'' *sic David cecinit, perraro haec alea fallit.*

in der fabel ,,Alveradae asina'' (Grimm, Reinhart) fällt der pfaffe in die dem wolfe gegrabene grube.

für ,,grube'' ist ,,strick'' gesetzt Herborts troj. kr. 16017: *daz moehte ouch wol mit éren wesen, daz der in den stric begleit, der in eime andern hette geleit.*

Wälsch. gast 3298: *wan ist er ein mehtiger man, er will die andern vahen alle durch übermuot in síner valle, und kumt selber harte dick in einen schentlíchen strick.*

und in einer niederd. fabel (Wiggerts scherfl. II, 38): *van rechte valt he an den strik dat he wil setten sinem viende.*

avent. crône 16827: *monger ein gruobe hât gegraben im selben, daz er sich daran gar wenic leides versan, unz er die wârheit ervant.*

Spervogel 13, 6: *vil dicke er selbe drinne lit, der andern grebt die gruoben.*

Freidank 146, 17 mit weniger sinnlichem ausdruck: *von rehte ez úf in selben gât, swer dem andern raetet valschen rât.*

jüng. Titur. 3934: *ez was geschehen dicke, daz er sich also stellet, swer dem andern stricke leit, daz er sich selbe drin ervellet.*

vapularius (Mones anz. VIII) 369: *nonne vides hominem sua damna sibi fabricantem? sponte sibi laqueum praeparat iste suum.*

Hugos Martina 56, 90: *ez waren hie gestürzit die schürpher und die buobin in die selbin gruobin, die der megde war gegraben.*

Hornecks östr. reimkr. 538[a]: *die mich wolden han verraten, die fallent hewt selb in die gruben.*

Boners edelst. 6, 33: *im selben gruobet dicke ein man und waent eim andern gruobet hân.*

Nic. v. Jeroschin (Pfeiffer) 52, 41: *sus in die grúbe di er grúb der Loket vallis selbe intsúb.*

lauppenschlacht (Rebmann, lust. poët. gastmal) 24, 9: *si fallen selber in daz hol das si dir hand gebawen.*

Limburg. kron. (Vogel) s. 45: *das solt du wissen, dass dem
vorgenannten hern Philips (von Isenburg) geschahe als
David schreibt im psalter ,,incidit in foveam quam fe-
cit" das sprich also: ein'm andern hat er ein grub ge-
macht und ist selber darein gejagt.*

altd. bl. I, 135 (aus den gest. der Römer): *also geschach yr
alze der prophete schrybet ,,incid. i. f. qu. f." sy vyel
in dy selbige grube, dy sy eyner andern gemacht hatt.*

Rosenbl. krieg zu Nürnbg. (Canzler u. Meissner III, IV. s.
46): *das garn das sie vns hetten gestelt, dorynnen sy
vns meynten zu fahen, dorynnen haben sy sich selber
gefelt.*

Soest. fehde (Emmingh. memor. p. 659): *hey was sick gra-
ven ene kulen, dar hey selvest moste inne schulen.*

Eschenloer Bresl. gesch. (Kunisch s. 26): *sieh, ich möchte
dich itzund töten, dass du müssest fallen in die grube,
die du mir mainest bereiten.*

Dieb. Schillg. burgund. kron. s. 101 u. 371: *und ihn fallen
lassen hat ze verderben in der grub, die er ander ge-
macht hat.*

Brant, narrensch. 201, 17: *mancher eym andern macht eyn
loch, darin er selber fallet doch.*

Steinhöw. Aesop 64[b] : *offt einer eim andern ein gruben macht,
vnd felt selber darein.* ebend. 97[b].

andere hiehergehörige bilder sind z. b. [Pontus u. Sidon.
(buch d. liebe v. Büsch. s. 441)]:

*also dass der neidische allwegen das messer wetzt über
seinen eigenen hals, den strang bereitet und den galgen
bauet, daran er erwürgen muss.*

Auf einer denkmünze vom j. 1612, welche auf die ent-
deckung einer von den bürgermeistern Canter und von Hels-
dingen angestifteten verschwörung in der provinz Utrecht ge-
schlagen wurde, steht auf der vorderseite das bild zweier
grabenden (1610) mit der umschrift ,,*foveam foderunt*",
auf der kehrseite sieht man beide männer rückwärts in die
grube hineingefallen und die umschrift (1611) ,,*in eam in-
ciderunt.*"

Einer so leicht sich aufdrängenden erfahrung gaben auch
andere völker worte. ein altes lacedaemonisches orakel bei
Pausanias sagt: ταῖς αὐταῖς τέχναις τις ἁλώσεται αἷσπερ ὑπῆρ-
ξεν. Hesiodus singt: οἶ τ'αὐτῷ κακὰ τεύχει ἀνὴρ ἄλλῳ κακὰ
τεύχων, und eine altgriechische sprichwörtliche redensart war:
σόφισμα κατὰ σαυτὸν συντέθηκας. Gellius 4, 5: *Malum con-
silium consultori pessimum est.* Plautus: *captator captus est.*
Ovid ars p. 657: *neque enim lex justior ulla est quam necis
artifices arte perire sua.* inhaltsgleiche sprichwörter bei uns
sind ,,*untreue schlägt ihren eigenen herrn.*" Agric. 19 ,,*un-*

treu wird gern mit untreu bezahlt." Agric. 20. englisch
,,*harm watch, harm catch."* französ. ,,*qui croît guiller Guillot,
Guillot le guille."* der Esthe hat unser spr. ebenfalls in bi-
blischer fassung.
    Zehner p. 185. Eiselein. Körte. Simrock nr. 4065.

96. prov. 27, 2.

Laudet te alienus et non os tuum.

Luther: *Lass dich einen Andern loben und nicht deinen Mund.*
    Dieselbe stelle im Marcolfus ,,*laudet te alienus*" und
darnach im Morolf 238:
        wer sich selber lobet, sin lopp nit woll in habet.
und Markolf in fastnachtsp. 526, 17:
        Markolf, niemant geb im selber lob.
dasselbe sprichwort hat D. v. Ast im sinn, wenn er singt
    (III, 4): *swer sich gerüemet al ze vil, der hat der be-
    sten mâze niht gegert.*
Freidank 61, 3: *sich selben nieman loben sol: swer vrum ist,
    den gelobt man wol.*
Boner bietet edelst. 68, 49: *ein vrömder mund sol loben mich;
    dîn munt sol ouch niht schelten dich.*
und 55: *ich waene, daz er sêre tobet, wer unverschult sich
    selber lobet. sô beite der niht welle toben, unz daz in
    ander liute loben.*
im laiendoctr. wird Aristoteles als quelle dieses spr. genannt
    (106): *Aristoteles sägt, de hêre, in sîme bôke de lêre:
    ji en scholen ju sulven loven nigt.*
bouc van seden (Kausler II) 509: *ne ghef oec niet in gheere
    wijs van dinen doene di seluen prijs: prisen ni dinct
    mi niet goet in sgeens mont diene selue doet; laet di
    andere liede prisen, van dinen doene, dus doen die wise.*
Hätzlerin 275ᵃ: *dein selbs lop verpir, lasz dich loben nit ze vil.*
Keller erzählg. 538, 32: *sich selber nyman loben sal.*
Wittenw. ring 30ᵈ 31: *wiss, du scholt dich selten loben oder
    schelten.*
Geiler v. K.: *lass ander lüte dich loben vnd vskreien: swig
    du still, nit lobe dich selbs.*
satyr. u. pasqu. (Schade) X, 289: *es ist aber nich gut, dass
    ich mich selbs lob.*
ähnliches im griechischen: σαυτὸν ἐπαινεῖς. αὐτὸς αὐτὸν αὐλεῖ,
und bei Stobaeus serm. 62: οὐδὲν οὕτως ἄκουσμα φορτικὸν,
ὡς ὁ καθ’ αὐτοῦ ἔπαινος. Luther spricht dieses sprichwort
unbedingt dem Salomo zu, sogar unser gebräuchlicheres ,,*ei-
genlob stinkt*", Tom. I. fol. 506. vgl. Simrock nr. 6556—58.
Zehner p. 188.

97. prov. 27, 10.

Melior est vicinus juxta quam frater procul.

Luther: *Ein Nachbar ist besser in der Nähe, denn ein Bru-*
der in der Ferne.
    Freidank nahm das sprichwort in seine „bescheidenheit"
auf, übertrug es aber sehr frei 95, 14:
    ein vriunt ist nützer nahe bî, dan hindan verre drî.
oder nach der Karlsruher hdschr.: *zwene fründe sint besser*
    nohe by, denne ferrer fründe zwurent dry.
dieser stelle nahe steht eine andere bei Freidank 95, 17:
    gemachet vriunt ze nôt bestât dâ lihte ein mac den an-
    dern lât,
die er prov. 18, 24 entlehnte, ebenso ein sonst bekanntes
sprichwort aus der heilig. Elisabeth leben (Mencke scr. r.
germ. II. §. XII):
    es were wol das beste, das man lêret, „nahe gefreunt
    vnd fern geheret."
Wittenw. ring 32, 44 ähnlich: *sein dein nachgepauren guot*
    des fröwe dich in deinem muot.
Neocorus I, 350: *den guder naber is beter, den ein ferne frundt.*
dasselbe sagt ein griechischer spruch beim Athenaeus: τηλοῦ
φίλοι ναίοντες οὐκ εἰσὶν φίλοι. Zehner p. 199. Lehm. floril.
526, 10 „*ein guter nachbar in der noth ist besser als ein fer-*
ner bruder" und im reimspruch ebend., auch bei Simrock
nr. 7236ᶜ, Eiselein und Körte: „*besser nachbar an der wand,*
als brüder vber land." — Simrock nr. 7237. Italiener und
Franzosen sagen „*e meglio un buon amico, che centi parenti"*
und der Türke „*ein freund ist mehr werth, denn ein ver-*
wandter."

98. prov. 27, 15. — 19, 13.

Tecta perstillantia in die frigoris et litigiosa mulier comparantur.

Luther: *Ein zänkisches Weib und stätiges Triefen, wenn es*
    sehr regnet, werden wol mit einander verglichen.
    In demselben sinne sind zwei andere stellen zu nehmen,
prov. 21, 9 und 25, 24 „*es ist besser wohnen im winkel auf*
dem dach, denn bei einem zänkischen weibe in einem hause
beisammen." das sprichwort findet sich in Hugos Martina
131, 93:
    alse Salomon bezivget, der och niht enluget, daz driv
    dinc vertribet dem man vnd niht belibet in dem huse
    lazin, div sint so gar verwazin. ob div huser riechint,
    da von div ovgen siechint. derselbe groze smerze veriag-

aet der froden zärze, wan derselbe gebreste tribet vz
dem neste den man mit mengem gruze von sinem eigen
hvse. daz ander ist ein trunpfe dar abe ich selbe er-
clunpfe: swenne div tächir triefent. swar so die liute
sliefent siv mvn doch niht entrinnen mit dekeinen sin-
nen, er si daz er lovfe uon des tachis trovfe. horint
von dem dritten, daz sage ich ane bitten, ir sunt es
merkin alle: ez ist ein vbil galle, div niht ruowen lat
den man, der si hat: daz ist ein vbil wip. dur ir wip-
lichin lip mit hertekeit enteret und ir wipheit verkeret
ir reinen wibis guote in hertes wider muote etc.

bei Trimberg, renner 20291:
    rauch, vbel weip, durkel dach fugent manic vngemach,
    ditz schreibet der weise Salomon, selic ist der, der sich
    zevhet davon.

und bei Brant, narrensch. 188, 79: *eym rynnend tach zu*
    winters fryst ist glich ein frow, die zänckisch ist.

auch in einem lateinischen dreispruche des Facetus nr. 59
(auch Mones anz. IV. 364):
    a fumo, stillante domo, nequam muliere
    te remove, tria namque solent haec saepe nocere.

und in der niederd. umschreibung bei Wiggert, scherfl. II.
    nr. 59: *dre ding an dem hûs dôt di ungemak: de rok*
    unde dat brokende dak, darto dat bose wif: dusse dre
    van di vordrif.

sowie in einigen anderen deutschen sprichwörtern sind zän-
kische weiber mit schadhaften häusern verglichen z. b. Sim-
rock nr. 8155:
    ein rauch, ein bös weib und ein regen sind einem haus
    überlegen.

ebend. 8156: *„drei dinge treiben den mann aus dem hause,*
ein rauch, ein übel dach und ein böses weib“, und mit noch
anderen dingen Simr. nr. 4425 *„eine zornige frau, ein ka-*
min voll rauch und eine löcherige pfanne sind schädlich im
haus.“

99. prov. 27, 17.

Ferrum ferro exacuitur.

Luther: *Ein Messer wetzt das andere,* oder wie Luther an
einer anderen stelle sagt *„es wetzt jmmer ein laster das*
ander vnd scherffet eine vntugend die ander.“ Simrock nr.
2013 und Eiselein s. 142 haben fast ebenso *„eisen wetzt ei-*
sen.“ Franck, Egenolff 10[b] sagt *„ein eisen macht das ander*
wohl scharpff, doch muss das ein weich, das ander hart vnd

stahel seyn" und 146^b *,,eisen wetzt eisen",* ebenso Lehm.
flor. 50, 36. Zehner p. 204.

100. prov. 27, 22.

Si contuderis stultum in pila, quasi ptisanas feriente desuper pilo, non auferetur ab eo stultitia ejus.

Luther: *Wenn du den Narren im Mörser zerstiessest mit dem Stämpfel wie Grütze, so liesse doch seine Narrheit nicht von ihm.*
Bei Simrock nr. 7358 und Zehner p. 206.

101. prov. 28, 8.

Qui coacervat divitias usuris et foenore liberali in pauperes congregat eas.

prov. 13, 22: *custoditur justo substantia peccatoris.*
eccles. 2, 26: *peccatori autem dedit afflictionem et curam superfluam, ut addat et congreget et tradat ei qui placuit deo.*

Luther: *Wer sein Gut mehret mit Wucher und Uebersatz, der sammlet es zu Nutz der Armen. — Des Sünders Gut wird dem Gerechten vorgespart. — Dem Sünder gibt er Unglück, dass er sammle und häufe und doch dem gegeben werde, der Gott gefällt.*
Freidank entlehnte den spruch aus letztgenannter stelle und übersetzte 87, 20: *ich sach ie, swaz der arge spart, daz ez dar nâch dem milten wart.*
ähnlich Brant, narrensch. 94, 1: *der ist eyn narr, der samlet gut vnd hat dar by keyn fryd noch mut, vnd weysz nit wem er solches spart, so er zum finstren keller fart.*
im gegensatz hierzu steht freilich ein anderer spruch bei Freidank 87, 22: *den boesen ie ze teile wart, swaz man vor dem vrumen spart,*
wozu sich ein sprichwort bei Simrock nr. 9647 stellt *,,was man vor den frommen spart, wird den bösen zu theil."*

102. prov. 28, 27.

Qui dat pauperi non indigebit. (vgl. prov. 19, 17.)

Luther: *Wer den Armen gibt, dem wirds nicht mangeln.*
Unser sprichwort ist wol die stelle im laiendoctrinal 28: *almissen nigt en minret dat gûd, de man fan gûdem härten dût.*
ferner ein spruch aus dem anfange des 15. j. (Mones anz.

VIII): *Salomon der weiz spricht „wer den armen gait, der petlet nicht."*
in dem bekannten dreispruche bei Agricola nr. 295 heisst es *„almusen geben armet nicht"* und bei Mone (altniederl. litt. 310) *„armissen te geven en armt niet."* Lehm. flor. 234 und Simrock nr. 485 haben *„wer den armen gern gibt, der wird nicht arm.‘‘*

103. prov. 29, 11.

Totum spiritum suum profert stultus.

Luther: *Ein Narr schüttet seinen Geist gar aus.*
An diese worte denkt Ruprecht v. Würzb., wenn er sagt (altd. wäld. I, 35):
> ich tuon reht alz die toren, die da bringent zuo oren
> swaz in kumet in den muot ez si vbel oder guot, si
> lazzens herúz snallen vnd aus dem munde vallen, als
> man si ez gebeten habe.

Agric. spr. 429 und (500 spr.) nr. 8: *„Salomo sagt, eyn narr schüt seinen geyst auff ein mal auss."* allgemeiner ausgedrückt bei Simrock nr. 7382 *„ein narr schüttet alles auf einmal aus."*

104. prov. 29, 25.

Qui sperat in domino, sublevabitur.

Luther: *Wer sich auf den Herrn verlässt, wird beschützt.*
Notker gibt den rath ps. CXVII, 8:
> pezzera ist an got ze trúenne danne an mennisken.

Diemer VIII, 312, lobl. auf Maria: *swer sich ie zu dir geuie, den uerlieze du nie, daz ist offen unde war.*
Ruol. 177, 2: *swer sich got wil ergeben, dem nelat er an nihte misse gan.*
jüng. Titur. 4027: *man ist hugende, daz got den sinen ie half.*
Laurin (Ettmüller) 1327: *do sprach herre Dietrich: der uns wizze hât gegeben, der behuet uns ér vnt leben; swer sá sich in lât, demne nie niht mizze gât.*
Hagens köln. reimkr. 5104: *nu seit dan, wilch helper dat got sy, die so steit synen vrunden by.*
Rupr. v. Würzb. (altd. w. I, 35) 689: *wan er nimmer den verlat, der sich mit stete lat an in.*
Lohengrin 161, 22: *si sprachen: got ist alle wege helferiche gein den, die im getruwent wol, und der herz mit an-*

daht gein im ist niht hol, die let er nicht, er helfe in
helficliche.

Nicol. v. Jeroschin (Pfeiffer) 12, 69: *dô sach ouch an die*
sînen got nâch sîner tuginde gebot, als er ôt nimmir
pflît vorlân, die hoffenunge zú im hân.

sieben meister (Keller) s. 222, 10: *er sprach: ir sullet glau-*
ben han, das got lot keinen man, der sich gentzlich an
in lat.

Soest. fehde (Emmingh. memorab. s. 678): *dey sick op goth*
vertruen und verlathen, der en wert hey nummer ver-
wathen.

Neocorus dithm. kron. I, 524: *hiruth wi merken kontt, wol*
up gott vast vertruwt, de wert nummer vorhöntt, wol
up siner gnaden buwtt, solkss nummer ehm geruwt.

Mone VIII, 329: *wer gott vertraut vnd auf ihn baut, auch*
sein sach füert, wie sichs gebürt, der würdt nimmer zu
schanden.

ähnlich Agric. 745 „*wer gott trawet, hat woll gebawet*", und
nr. 3 „*wer gott zum freunde hat, dem schadet keyn creatur.*"

105. prov. 30, 15.

Sanguisugae duae sunt filiae dicentes „affer, affer."

Luther: *Der Egel hat zwo Töchter „bring her, bring her."*
das auf den geiz angewendete bild findet sich auch bei
Cicero ad Attic. 13 „*concionalis hirudo aerarii*", und die
land- und leuteaussaugenden beamten heissen noch heute
„landegel, blutegel, blutsauger." Franck hat das sprichwort
„*die egel lasst nit nach, si sei dann voll.*" 36[b]. Horat. ars.
poët. 475: *non missura cutem nisi plena cruoris hirudo.*" in
biblischer fassung haben wir das sprichwort nicht, wiewohl
es Zehner p. 217 und Scheraeus misc. hierarch. 30 vermeinen.

106. prov. 30, 15. 16.

Tria sunt insaturabilia, et quartum quod nunquam dicit „sufficit":
infernus et os vulvae et terra quae non satiatur aqua; ignis vero
nunquam dicit „sufficit".

vgl. prov. 27, 20: *infernus et perditio nunquam implentur,*
similiter et oculi hominum insatiabiles.

Luther: *Drei Dinge sind nicht zu sättigen, und das vierte*
spricht nicht „es ist genug". Die Hölle, der Frauen
verschlossene Mutter, die Erde wird nicht Wassers satt
und das Feuer spricht nicht „es ist genug". — Hölle

und Verderbniss werden nimmer voll und der Menschen
Augen sind auch unersättlich.

Fast vollständig biblisch gefasst findet sich das sprich-
wort nur bei Freidank und Brant. Freidank hat 69, 5:

driu dinc niht gesaten kan, die helle, viur unt gîtegen
man: daz vierde sprach noch nie „genuoc“, swie vil
man im zuo getruoc.

es ist nur fraglich, ob Freidank hier unter dem vierten
„vulva“ oder „terra“ verstanden wissen will. ich nehme
das letztere an, da in einem älteren angelsächsischen gespräch
zwischen Saturn und Salomo (s. Grimm, einleitg. zu Frei-
dank) auf die frage, welches die vier unersättlichen dinge
sind, auch die antwort gegeben wird „erde, feuer, hölle, der
geizige mensch“ (vgl. Amgb. 34ᵇ.), diese zusammenstellung
also die geläufigere gewesen sein mag. Brant hält sich an
die biblischen worte, narrensch. 188, 63:

dry ding man nit erfüllen mag, das viert schrygt stäts
„har zu, har trag!“ eyn frow, die hell, das erterich,
das schluckt all wassers güss jnn sich: das für spricht
nyemer „hör vff nu, ich hab genug, trag nym har zu.“

abgekürzt ist die stelle bei Thomasin, Wälsch. gast 2865:

diu helle und der arge wân werdent nimmer sat.

Tauler sagt nur vom feuer 207ᵃ:

feür ist ain ding, das nymmer spricht „genug.“

von der unersättlichkeit der hölle sprechen noch andere sprü-
che: kaiserkron. 262:

der helle die immir mêr wellet.

im Waltharius heisst es „esuriens orcus“, das nordische „hel
hefr“ die hungrige, nie zu sättigende hölle.

Notker cap. 72: *die helle ferslindet al daz ter lebet. sine wir-*
det niomer sat.

Lampr. alexand. 6676: *unde ir doch nicht ne mac werden,*
daz si imer werde vol. si ist daz ungesatliche hol, daz
weder nu noch nie ne sprah „diz ist des ih niht ne mac.“

und 7023 (a. v. Weismann) werden geiz und hölle vergli-
chen: *unde ne wirt doch niemer vol, er ist daz helli-*
sche hol, daz noch nie ne wart sat, noch niemer werden
ne mac.

Hugos Martina 160, 17:

nv kan daz verfluochte loch nieman erfullen noch.

172, 40: *in der helle gullin, wan daz verworhte hol nimet so*
vngefvgen zol, vnde wirt doch niemer vol, daz man
gerne schvhen sol.

229, 46: *in dem grundelosen helle sode.*

Flore 5176: *wan daz niemen ervüllen mac ein endelôses hol,*
dâ mite möhte er wol schatzes sat worden sîn.

auch der Esthe sagt „die hölle wird nimmer voll“ und in der

sage ist der menschenfresser Ogre nichts als der orcus esuri-
ens. vom feuer sagt ein sprichwort bei Lehm. (flor. 542,
84) *„fewer hört nicht auff zu brennen, man thue denn das
holtz weg."* über die frauen urtheilt ein hierhergehöriges
sprichwort *„weiber kriegen nie genug"*, und Eiselein schöpft
aus Freidank (?):

> *so voll ist nie des wibes sac, daz niht mé darin mac.*

am meisten aber ist von dem unersättlichen geize die rede
(vgl. eccles. 5, 9), dessen freilich die erstere der obigen bi-
belstellen nicht erwähnung thut. mit dem meere wird er
verglichen in den latein. gedichten des XII. j. (Mone VIII.
29, 21):

> *(dare) verbum hoc praeceteris volunt ignorare,*
> *divites, quos poteris mari comparare.*

denn st. Osw. leb. 2953: *daz mére ne hât niene grunt.*
und Wernh. v. niederrh. 30, 19:

> *van der girheid wil ich uch kunden, si gelichit des me-*
> *ris vnden. die der mennischi bigeit. alse der wint dat*
> *meren det. he deit dat mere disen. unsir di alli wazz*
> *dar in vlizen. iz in mach uan der erden nimm givvllit*
> *werden biz an den iungisten dach.*

derselbe dichter sagt 32, 5: *deme gyre in wirt ovch nimm*
> *gnuge, ob im di verlt zv truge mit summiren gimezzen.*

ein anderes bild ist das vom geiz und sack bei Freidank
112, 9: *ein gitic herze nieman mac ervüllen, de ist ein*
> *übel sac.*

oder nach anderer lesart *„ervüllen noch ein löcherchten sac."*
und bei Helbling, lucidar. II, 589:

> *willekome sît, her witer sac! ob ich dich ervüllen mac,*
> *daz wil ich versuochen.*

595: *du bodenlose zülle.*
lieders. 178, 143: *ich bin ain bodenloser sack, ich ruowe we-*
> *der naht noch tac, vmb pfennig tet ich bald ain mort.*

Trimbg. renner 21255: *ir kropf wirt leider nimmer vol, swie*
> *vil er slindet, doch ist er hol.*

Mone IV. 181, 19: *dacz der ghicz hot din hercze besessin alz*
> *eynen bodimlosin sag den nymant gevullin mag, der an*
> *dem bodim ist czuressin, alz bistu paffe vorvleissin vf*
> *die rechte gitzekeit.*

deutsche sprichwörter hierzu sind *„aller welt geitz hat kein*
boden" Franck 147[b]. *„dess geitzigen sack hat kein boden"*
Lehm. flor. 251, 18. *„der geitz ist bodenloss und dem bettel-*
sack der bod auss" Franck 147[b]. endlich werden auch geiz
und auge verglichen wie von Salomo in obiger parallelstelle.
„den geitz vnnd die augen kan niemand erfüllen. das aug
sihet sich nimmer satt." Franck 148[a]. *„den bauch kundie*
man ja noch füllen, aber die augen nicht." Agric. (500 spr.)

nr. 473. „*es wirt einem jeden der bauch ehe voll dann seine augen.*" Franck 176b. hieher gehören auch folgende stellen: Boeth. (Hattem.) 106:

> *Ube indigentia io giét. unde io gerôt. unde mit sa-*
> *chón erscoben uuirt. só uuerit si nôte io ze dero fulli.*
> *síd tiu fulli sia netiligôt. so uuázer fiur tûot unde si*
> *echert stillêt.*

ged. des 13. j. (altd. bl. I, 363): *swie vil ir gutes iemer ge-*
schiht, so chan gitecheit muze nihit.

107. prov. 30, 33.
Qui vehementer emungit, elicit sanguinem.

Luther: *Wer die Nase hart schnäuzet, zwingt Blut heraus.*
Aehnlich Eschenloer (Bresl. gesch. s. 136) wahrschein-
lich die biblischen worte des spruches „*qui tundit lac produ-*
cit butyrum" damit vermischend:

> *auch stehet geschriben „wer zu sehr und geschwinde*
> *milket, der wirft oft blut aus.*"

welchem ausdrucke sich ein distychon bei Gregor v. Nazianz
nähert (Zehner p. 219):

> ποιμὴν ἀμέλγει εἰ θέλοι καὶ τοὺς τράγους,
> ἀλλ᾽ ἀντὶ γάλακτος αἱμάτων πηγὰς ὕσει.

Lehm. flor. 235, 58 „*Wer sein nas zu sehr schneutzt, so*
gibt sie blut." Simr. nr. 7422 und Eisel. s. 490: „*wer die*
nase zu sehr schneuzt, dem blutet sie." Simr. nr. 9154 „*wer*
sich zu lange schneuzt, der blutet zuletzt." Simr. nr. 9155
„*hart schneuzen macht blutige nasen.*" Luther fügt der über-
tragung dieser stelle das sprichwort bei „*wer zu sehr druckt,*
zwingt blut heraus"

108. prov. 30, 33.
Qui provocat iras, producit discordias.

Luther: *Wer zum Zorn reizt, zwingt Hader heraus.*
Zehner p. 219. bei Simrock nr. 12143 „*wer den zorn*
reizt, zwingt hader heraus.

109. Ecclesiastes 1, 2.
Vanitas vanitatum et omnia vanitas.

Luther: *Es ist Alles ganz eitel, sprach der Prediger, es ist*
Alles ganz eitel.

6*

Ein lateinischer reimspruch bei Mone, anz. IV, 361, wendet die worte Salomos auf der welt ruhm und irdische gewalt an:

> *gloria mundana mundique potentia vana*
> *cum tibi dixit „ave" velut ab hoste cave.*

auch Wippo hat den spruch in seinen denksprüchen für kaiser Heinrich:

> *voluptas mundana semper est vana.*

Walth. arch. (Grimm ged. auf Friedr,) I, 15:

> *in hac vita misere vivitur, vanitas est omne quod cernitur, heri natus, hodie moritur, finem habet omne quod oritur.*

Freidank verweist auf unsere stelle 81, 7: *Salomôn hât doch wâr geseit, diu werlt ist gar ein üppecheit.*

laiendoctr. 195: *de wise Salomon uns beskrivt: „so wat desse werld bedrivt unde al dâr se mede ummegât is ideligheid unde bose berâd.*

Konr. v. Marbg. st. Elisab. leb. (diut. I, 344):

> *wi idel, wi gar drugesam ist werltlicher dinge ram.*

Trimberg, renner 6233: *swer gvt vnd vbel wolle versten kvrtzlich, der lese ecclesiasten, ein buch in dem her Salomon dirre werlde vnstet bewert gar schon.*

tocht. Syon 79: *min spiegel, frouwe, ist diu welt: seht durch elliu ir gezelt, sô seht ir niht wan jâmerkeit, bî wénic freuden manic leit.*

und mehr den salomonischen worten sich anschliessend 125: *ich hân alle hantgetât die diu sunne beschinen hât gesehen: deist allz ein üppekeit und des geistes arbeit.*

Neocorus dithm. kron. (Dahlmann I, 48): *datt billig de wise Salomon vnss wisslich lehret „v. etc. idel, idel alle ding iss idel."*

das sehr gewöhnliche sprichwort haben Eiselein s. 143 und Simrock nr. 2023. ebenso einen scherzhaften reimspruch hierzu *„bist du leer im beutel, so ist alles eitel"*, der auch so lautet *„es ist alles eitel, nur nicht das geld im beutel."* volksmund. Lehm flor. 749, 42 *„einer machte jhm selbst ein solch epitaphium: o vanitatum vanitas. o misera terrena omnia. o umbra terrena omnia. o vanitatum vanitas."*

110. eccles. 1, 4.

Generatio praeterit et generatio advenit.

Luther: *Ein Geschlecht vergeht, das andere kommt.*
Von Freidank aufgenommen 117, 26:

> *swâ ein künne stíget, daz ander nider síget.*

freier bei Spervogel 19: *ein edele kunne stíget úf bí einem man, der dem vil wol gehelfen unde râten kan: sô síget ein hôhez künne nider, und riht sich nimmer úf wider.*

im jüng. Titurel mit einem hinzugefügten bilde 3180:
leip vnd kint, levt vnd land uf wage, daz stíget oder sinket.

Martin I, 531 (Kaussler II.): *god ghedoghet om onse mesdaet, dat een gheslachte neder gaet ende een ander riset.*

auch in Joh. v. Montevill. reise, b. I: *das sein muss, dass einer auff gehet, der ander ab, einer an ehre, der ander an gut, einer stirbt, der ander wirdt.*

das sprichwort lautet heute, Simrock nr. 9858:
also geht es in der welt: der eine steigt, der andre fällt.

111. eccles. 1, 10.

Nihil sub sole novum.

Luther: *Und geschiehet nichts Neues unter der Sonne.*
Lieders. 151, 47:
da spricht nu her Salamon, daz wir niht niuwes hon.

und Tauler 247ᵃ: *Salomon spricht „nüt ist vnder der sonnen das neüwe sey."*

in Schillers Wallenstein heisst es: *denn obschon wird neu die person, ist doch nichts neues unter der sonn, das nicht zuvor auch wär geschehen: die händel bleiben, die leut vergehen.*

bei Simrock nr. 7511. Eiselein s. 493.

112. eccles, 1, 15.

Perversi difficile corriguntur.

Luther: *Krumm kann nicht schlecht werden.*
Lohengrin 83, 21:
er sprach „darzu bin ich zu tump herre, und scholt ich uch die slihte machen krump, daz wer den witzen min vil baz gemezze, dann daz ich krump beslihten schol.

die umkehrung des satzes bei Trimberg, renner 6633:
manik dink ist sleht vnd wart nie krump, wer wirt nv weise er sei e tump.

am treusten bei Boner, edelst. 71, 58:
was krumb ist, daz wirt küme sleht.

Suchenwirt klagt, dass zu seiner zeit (XXI, 129):
die chrüm get für die slihte.

an einer anderen stelle sagt er, „*dass man nit alle krummen sliht machen könne"*, und Wittenweiler ring 19ᵈ 9 räth, wenigstens nicht krumm noch krummer zu machen:

> *ir herren, wisst, es ist nicht recht, so man daz chrumb*
> *sol machen schlecht, daz man ez noch danne chrumber*
> *mach.*

Eiselein s. 398. 399. Simrock nr. 5991. *„Wer kann alle krumme höltzlin eben machen"* Franck 103ᵇ. *„Wer kan das krumb alles eben machen?"* Lehm. flor. 77, 37. und ebend. 129, 18: *„ein krumb holtz kan man brechen, aber schwerlich gerad machen."* ebenso griechisch: ξύλον ἀγκύλον οὐδέποτ᾽ ὀρθόν. Zehner p. 272.

113. eccles. 1, 18.

Qui addit scientiam addit et laborem.

Luther: *Wer viel lehren muss, der muss viel leiden.*

Freidank hat auch diesen spruch aus eccles., aus dem er überhaupt 23 verse entnommen hat, er erweitert ihn aber etwas, 41, 16:

> *swer wîstuom, êre, grôz richeit mêrt, der mêrt sîn arebeit.*

Sophocles spricht ganz denselben gedanken aus im Ajax: τὸ μὴ φρονεῖν γὰρ κάρτ᾽ ἀνώδυνον κακόν. Lehm. flor. 294, 29 sagt dafür *„wer viel kan, der muss viel thun vnnd verdient der welt lohn"*, und 295, 38:

> *wer viel versteht, viel weiss vnd kan, der ist ein hoch-*
> *beschwerter mann, er sorgt, was ist vnd will werden,*
> *was zu fürchten seyn für beschwerden, damit frist er*
> *sein hertz im leib, weiss nicht, wo er vor vnfall bleib.*

Simrock nr. 5399 *„wer viel kann, muss viel thun."* Zehner p. 273.

114. eccles. 3, 1.

Omnia tempus habent.

Luther: *Ein jegliches hat seine Zeit* und ebend. 8, 6: *Ein jeglich Fürnehmen hat seine Zeit und Weise.*

Das weitverbreitete sprichwort hat nicht wie manches andere seine zeit gehabt, sondern ist heute so im schwange wie vor tausenden von jahren. sinnverwandtes findet sich bei den Griechen: ὁ καιρὸς παντὸς ἔχει κορυφάν Pind. od. 9. ὥρια πάντα γένοιτο Theocr. idyll. 7. und bei den Römern: *suo quaeque tempore facienda.* Plin. l. 18, 6. oder: *omnia fert aetas.* in den dichtungen *„Salomo und Morolf"* fehlt dieser spruch nicht. (das lateinische original hat *„omnia tempora tempus habent".*)

Hag. u. Büsch. I. v. 391: *also beschriben steet: alle czijt
    hat yr czijt.*
und im gleichnamigen fastnachtspiel (526, 2): *vier zeit halten
    iren lauf.*
holst. kron. (Staphorst I. II, 125, 7.): *alles dinges is ene
    wile.*
um dieselbe zeit in den beiden lehrgedichten Wälsch. gast
    2197: *an der werlde staete lît, daz ieglîch dinc hât
    sîne zît.*
und im Freidank 117, 18: *ein ieglich zît hat sîn zît.*
umschreibend auch 33, 2: *zer werlde niht geschaffen ist, daz
    staete sî ze lenger frist.*
bouc van seden (Kausler II.) 1099: *alle dinghen hebben tijt.*
ferner in der warnung (Haupts z. I, 438) v. 2320: *sô ieg-
    lich dinc sîne zît bîdiu gelebt unt gewert.*
in den fastnachtsp. 626, 9: *so muss man ieder zeit thun ir
    recht.*
und bei Brant, narrensch.: *all dinge hânt ir zît und zîl.*
Ruff im etter Heini beginnt mit den worten: *die wysen lüt
    wüssend all wol, daz ein jetlich ding zuo siner zytt ge-
    schehen sol.*
das sprichwort ist fast in allen sammlungen verzeichnet,
Agric. 394 (654) *„ein iglich ding hat sein zeit. diss sprich-
wort hat Salomon im prediger reichlich ausgelegt.“* Franck
„all ding hat sein zeit. omnia fert tempus.“ ebenso Lehm.
flor. 922, 54. Zehner p. 275. Simrock nr. 12012. einige
schelmische sprichwörter setzen hinzu (ebendas. 12013—16)
*„alles hat seine zeit, nur die alten weiber nicht. — alles zu
seiner zeit, sagt der weise Salomon, zu seiner zeit essen, zu
seiner zeit trinken, zu seiner zeit an die pump tasten. — man
soll melken wenns zeit ist. — alles zu seiner zeit, ein buch-
waizenkorn im herbste.“* — ein talmudisches sprichwort lautet
*„in der trauerzeit trauert man, zur zeit der freude freut man
sich.“* zu vergl. ist das bei ecclesiast. 39, 40 gesagte.

115. eccles. 3, 7.

Tempus tacendi et tempus loquendi.

Luther: *Schweigen, Reden hat seine Zeit.*
    Etwas verändert im Winsbeke:
    ze rehte swig, ze statten sprich.
Hadamar singt (jagd 397, 6): *verswigen und antwurten ze
    rechter zît, waz der unsaelden wante!*
und im laiendoctr. 11 wird Salomo geradezu genannt:
    *Salomon sägt ôk, des seker syt: spräken vnde swigen
    hävven tyd.*

wortgetreuer in den an biblischen stellen reichen gest. Rom.
18ᵃ : *spricht Salomon ,,ez ist ein zeit zu reden vnd ein
zeit ze schweigen, ein zeit zu lachen vnd ein zeit ze
wainen.‘‘*
Hätzlerin 96ᵃ entnimmt im gegensatz hierzu aus O. v. Wol-
kenstein: *wann schweigen das ist allzeit gut.*
Eraclius 1123: *rehtez swigen kumt ze staten.*
Fierrabras (buch d. lieb. v. Hag. u. B. I, 156): *du weisst,
das gemeine sprichwort lautet, es sei zeit zu reden und
auch zu schweigen.*
Lehm. flor. 710, 1 *,,reden und schweigen hat jedes seine zeit.‘‘*
Eiselein s. 563. Simrock nr. 9369 *,,es ist zeit zu reden,
zeit zu schweigen.‘‘*

116. eccles. 3, 15.

Deus instaurat, quod abiit.

Luther: *Was Gott thun will, das muss werden.*
  Wernh. v. Tegernsee (fundgr. II, 146) 86:
    swaz got stiften wolte daz maehte im niht widerstan.
heilg. Georg 3165 : *kint, vns ist daz wol bekant, daz got thut,
    waz he wil, ez si wenig oder vil.*
livländ. reimkr. (Pfeiffer) 10302: *gotes wille ie geschach und
    sol an uns vil gar geschehen.*
treuer noch im heldenbuche (Hag. u. Prim. II) Dietrichs
ahnen und flucht 1281:
    waz got wil, daz muz ergan.
im sperber (Haupts z. V, 426) 4ᵇ : *da bi solt ir vch vorsin-
    nen, waz got wil daz muz geschen.*
Keller, erzählg. 155, 6: *was gott will, das muss sein und soll.*
und bei Docen I, 270 (v. j. 1607): *was mein gott will, das
    muss bestehn.*
das sprichwort findet sich bei Agricola nr. 575 und Franck
83ᵃ. *,,es gehet wie gott will.‘‘* auch Hiltebrands bilderschatz
s. 389ᵇ *,,es muss alles gehen, wie Gott es haben will‘‘*, und
bei Simrock nr. 3896 *,,es geschieht doch was Gott will‘‘*, nr.
3895 *,,wills gott, wer wendets?‘‘* — in einem volksliede bei
Uhland 59, 10 heisst es *,,es gschicht dannoch allwegen, was
mein got haben wil.‘‘* und ebend. 72, 3 *,,so gschicht doch
was got haben wil.‘‘*

117. eccles. 4, 6.

Melior est pugillus cum requie, quam plena utraque manus cum labore et afflictione animi.

Luther: *Es ist besser eine Hand voll mit Ruhe, denn beide Fäuste voll mit Mühe und Jammer.*
Hiermit ist zu vergleichen Tristan 11604:
ich naeme é eine maezlîche sache mit liebe und mit gemache, dann ungemach und arbeit bî micheler rîcheit.
der alten weisen exempelspr. 93[a] sagen ähnlich: *fridsames leben ist besser in armut dann reichtumb im krieg.*
Steinhöwel im Aesop 31[a]: *besser ists in armut sicher leben, dan in reichtumb durch forcht und sorgfeltigkeit verschmorren.*
und das englische alexanderlied (Weber, metr. romances) c. VIII: *beter is, lyte to have in ese, then muche to have in malese.*
bei Simrock nr. 6432 heisst unser sprichwort *„besser wenig mit liebe, als viel mit fäusten."* und 6433 *„wenig mit liebe, viel mit kolben"* will dasselbe sagen. Zehner p. 97.

118. eccles. 4, 9. 10.

Melius est ergo, duos esse simul quam unum; habent enim emolumentum societatis suae. Vae soli! quia cum ceciderit non habet sublevantem se.

Luther: *So ist es je besser zwei denn eins, fällt ihr einer, so hilft ihm sein Gesell auf. Wehe dem, der allein ist! wenn er fällt, so ist kein Anderer da, der ihm aufhelfe.*
Brant, narrensch. 142, 8: *we dem, der velt vnd ist alleyn.*
laiendoctr. 204: *Salomon sägt, de wise reine: „twe gesellen bätter sin wän eine wäsen, wänte fält der én, de ander dût em uperstên." dar stait ôk geskreven, lovet des mi: „wê eme, de alleyne sy!"*
und Tauler 35[a]. 83[a]. 90[a]: *wann zwey seind besser denn eins.*
130[b]: *wie die heilig schrifft spricht „wee dem, der allein ist, fellt er, so hat er niemant, der im vffhilfft."*
Lehm. flor. 141, 33 *„es ist besser zwey denn eins, wenn eins felt, so hilfft jhm das ander wider auff."* ebenso in Hiltebrandts bilderschatz 263.

119. eccles. 4, 11.

Et si dormierint duo, fovebuntur mutuo.

Luther: *Auch wenn zwei bei einander liegen, wärmen sie sich.*

Brant hat dieses sprichwort im narrenschiff (nach Eiselein
s. 15): *zween wärmen auch einander bald, wer slaft
allein, der blibt lang kalt.*
und daraus bei Simrock nr. 134: *wer allein schläft, bleibt
lange kalt, zwei wärmen sich einander bald.*

120. eccles. 5, 4.

**Multoque melius est non vovere, quam post votum promissa
non reddere.**

Luther: *Es ist besser, du gelobest nichts, denn dass du nicht
hältst was du gelobest.*
Notker in einer glosse zu ps. 75, 12: *bezzera ist niêht int-
hêizzin. danne inthêizzin unde niêht léistin.*
sprichwörtlich erscheint die redensart „*geloben und nicht hal-
ten*" in stellen wie:
Wernh. v. niederrh. 55, 4: *dat is bi den meisten, dat du
godis glovis, dat saltu leisten.*
und tocht. Syon (diut. III, 10): *ich laiste gern was ich ge-
lobe.*
Otnit 287: *das ich dir geleiste, das ich dir gelopt han.*
und 536: *do würt dir vil wol geleistet, das ich gelobet habe.*
Ambras. liederb. 28, 3: *sie geloben viel und halten ein teil.*
laiendoctr. 94: *ein wys man lért openbár, dat érliker sy ent-
säggen, dän lange in gelovede läggen. häve ji frunde
lovet igt, des ji kunnen hólden nigt sunder sunde edder
laster, dat moge ji wol laten agter.*
im Morolf sagt Salomo (465): *wiltu mit eren alden, was du
gelabest, das saltu halden.*
fastnachtsp. 771, 31: *so wer mir lieber, er het geschwigen
und gehiess mir ains und geb mir dreu, das wer ain
rehte manstreu.*
Steinhöwel, Aesop 135ᵃ: *besser ist nit geloben, weder die ge-
lübden so best er mage nit ussrichten noch volbringen.*
Simrock nr. 4243 bietet „*was man nicht halten kann, soll
man nicht geloben*" und 10913 „*versprechen muss man nicht
brechen.*"

121. eccles. 5, 9.

Avarus non impletur pecunia.

Luther: *Wer Geld liebt, wird Geldes nimmer satt.*
Hans Folz sagt (fastnachtsp. 1230):
*wan es lept selten einr auf erden, dem reichtumes so
gnug müg werden, das er well reich geheyssen seyn.*

dem ist sein reichtum mer ein peyn, dan das genügung
im won pey.
das sprichwort, eigentlich zu prov. 30, 15 zu verweisen und
den worten Juvenals (sat. 14) *„crescit amor nummi, quantum*
ipsa pecunia crescit" und Horaz' epist. 2, 56 *„semper avarus*
eget" sich zur seite stellend, liegt offenbar in den sprichwör-
tern *„je mehr der geizige hat, je weniger wird er satt"* Sim-
rock nr. 3209. *„je mehr der geittig hat, ie mehr jm abgeht"*
Egenolff 64ᵃ. und *„der geiz wächst mit dem gelde"* Lehm.
I, 250.

122. eccles. 7, 17.

Neque plus sapias, quam necesse est.

Luther: *Sei nicht allzuweise.*
Upstandinge 786: *ik hebbe jedoch ame bôke lesen: man schal*
  néns dinges tô wis sin; dat is bî ús nu fil wol schin.
Zehner p. 296. Lehm. flor. 633, 70 *„Salomon sagt: es soll*
einer nicht zu viel gerecht vnd nicht zu weiss seyn." ebend.
890, 108 *„non plus sapias, quam necesse est."* unmasse in
der weisheit tadeln auch andere deutsche sprichwörter *„zu*
vil weyse ist ein narr" Franck 123ᵇ. *„unnütze klugheit ist*
doppelte thorheit" Simr. nr. 5770. *„zu viel kunst ist um-*
sunst" Körte 3633. *„zu viel weisheit ist thorheit"* Simr. nr.
11496. *„allzuklug macht närrisch"* ebend. 5769. — Martial
l. 14. epigr. 210 *„quisquis plus justo non sapit, ille sapit."*
Eurip. Bacch. τὸ σοφὸν, οὐ σοφία. und ebend. Antiope
(beim Stobäeus): οὐκ ἀζήμιον γνώμην ἐνεῖναι τοῖς σοφοῖς λίαν
σοφί ν.

123. eccles. 9, 4.

Melior est canis vivus leone mortuo.

Luther: *Ein lebendiger Hund ist besser, weder ein todter*
  Löwe.
Trimberg, renner 15474: *ein lebender hunt ist pezzer vil, denn*
  ein tot lewe, swer ez merken wil.
sinn: *besser ist es arm und von der welt verachtet das gute*
thun, als geistig todt sein, oder in anderer beziehung wie Theo-
crit idyll. 4, 42 sagt: ἐλπίδες ἐν ζωοῖσιν ἀνέλπιστοι μὲν θανόντες.
wörtlich nach der schrift bei Simrock nr. 5054 *„besser ein*
lebender hund als ein todter löwe." denselben sinn hat das
sprichwort *„besser ein lebendiges wort, als hundert todte."*
Simr. nr. 6267. — Zehner p. 297.

124. eccles. 9, 11.

[Vidi sub sole] nec velocium esse cursum.

Luther: *Zum Laufen hilft nicht schnell sein.*
Wörtlich bei Körte nr. 3709 und Simrock nr. 6212, der
ausserdem noch verzeichnet nr. 6214 *„es gehört mehr zum
laufen, als anrennen"* und nr. 6213 *„was hilft laufen, wenn
man nicht auf dem rechten wege ist?"* —

125. eccles. 9, 16. 18.

**— meliorem esse sapientiam fortitudine. Melior est sapientia
quam arma.**

Luther: *Weisheit ist ja besser als Stärke. Weisheit ist bes-
ser als Harnisch.*
Dieser allgemeinen erfahrung geben auch Griechen und
Römer worte, so Euripides in d. Antiope (Stob. serm. 54)
σοφὸν γὰρ ἓν βούλευμα τὰς πολλὰς χέρας νικᾷ. Phocyl. βέλτε-
ρος ἀλκήεντος ἔφυ σεσοφισμένος ἀνήρ, und Cicero de offic. I.
parva foris sunt arma, nisi est consilium domi.
Boners edelst. 16, 37. 49 : *wisheit ist bezzer denn gewalt. mit
liste wirt gewalt zerstoeret, reht als daz viur daz is en-
pfroeret.*
und der alten weisen exempelspr. LXIᵃ : *gescheidigkeit thut
mehr dann stercke.*
Agricola (500 spr.) nr. 253 entnimmt der schrift *„ain weiser
gewinnt die statt der starcken"* und weiter unten sagt er
„stercke on weisshayt ist nichts." dem sprichworte bei Sim-
rock nr. 11506 *„weiser mann, starker mann"* ist weisheit
allein stärke. Zehner p. 299.

126. eccles. 10, 1.

Pretiosior est sapientia parvaque gloria ad tempus stultitia.

Luther : *Darum ist zuweilen besser Thorheit, denn Weisheit
und Ehre.*
Einem niederdeutschen fabeldichter des 14. j. schweben
diese worte vor, wenn er sagt (Wiggert scherfl. II, 31):
*mit sinne dum, nicht van nature, in dumheit tid, dat
is gehure.*
Simrock hat dafür einen reimspruch aus Franck 44ᵇ (Tappius
383): *thorheyt zu gelegner zeit ist die grössest weissheyt.*
Franck 83ᵃ ähnlich *„thorheyt ist auch etwa gescheid. mann
spricht, es sei auch das böss an seiner stat gut, thorheyt —*

weissheyt." bekannt ist Horaz' *"dulce est desipere in loco"*, und Cato sagt distych. II, 18 *"stultitiam simulare loco prudentia summa est."*

127. eccles. 10, 14.

Vae tibi terra, cujus rex puer est.

Luther: *Wehe dir Land, dess König ein Kind ist.*
Freidank 72, 1 drückt es so aus (vgl. Grimm LXXV u. 349):
 lant unt liute girret sint, swâ der kunec ist ein kint.
der pfälzer hdschr. von Ulrichs Wilh. (bl. 164c) entnehme
 ich: *diu diet ist unberihtet, swâ der künec ist ein kint.*
Trimberg, renner 2179, weist auf seine quelle hin:
 davon sprach der weise Salomon: "we dem lande, des
 herren ein kint ist, vnd an guoten witzen blint."
ebenso laiendoctr. 69: *Salomon sägt ôk forware, alse men*
 dat beskreven find: "we dem lande, dâr ein kind ko-
 ning is."
Suchenwirt XXII, 139: *so we dem ertreich offenwar, dez*
 herr ein chind ist iunger jâr, des lant wirt vil besweret,
 die geschrifft daz wol beweret.
Wittenw. ring 45b 39: *dan sam ich es geschribens vind: "we*
 dem lande, daz ein kind haben muoss ze einem herren."
Brant, narrensch. 156: *we we dem ertrich, das do hat eyn*
 herren, der jnn knyttheyt gat. eyn arm kyndt, das
 doch wissheyt hat, ist besser vil in seinem stadt, denn
 eyn künig, eyn alter tor, der nit fürsicht die kunfftig
 jor.
Gerstenbg. thür. kron. (Monim. hass. I, 110): *nach dem*
 sproche ecclesiastes X: vae tibi etc. das dudet "dem
 lande ist we zu aller frist, welches konig adder herre
 eyn kint ist."
Mareschalk kron. (Mencke I, 639): *in büchern man beschri-*
 ben find "wehe dem lant welch hat ein kind zum herren."
bei Simrock nr. 6168 und bei Körte nr. 3662 *"wehe dem*
lande, wo der herr ein kint ist." auch bei Eiselein s. 388.

128. eccles. 10, 19.

Pecuniae obediunt omnia.

Luther: *Das Geld muss (ihnen) Alles zu wege bringen.*
Erasmus (adag.) sagt: *"tam omnibus nationibus in ore fuisse*
videtur haec sententia quam nunc etiam omnibus est in usu;
et refertur in prov. Hebraeorum apud eccles. X. und Tappius bringt die deutschen sprichwörter bei *"dem geldt ist*

alles vnderthan. das geldt vberwindet alle ding. es ist alles vmb das lieb geldt zu thun." wozu sich noch eine menge anderer sprüche stellen, die die macht des geldes darthun. des Erasmus erklärung entnehme ich eine stelle aus Euripid. Phoen.: τὰ χρήματ᾽ ἀνθρώποισιν τιμιώτατα δύναμίν τε πλεῖστων τῶν ἐν ἀνθρώποις ἔχει, und aus Aristophanes Plut.: ἀλλ᾽ εἰσὶ τοῦ κέρδους ἅπαντες ἥττονες.

129. eccles. 11, 4.
Qui observat ventum, non seminat.

Luther: *Wer auf den Wind achtet, der säet nicht.*

Obschon man mit dem ausdrucke *„im winde säen"* vergebliche arbeit bezeichnet und ein bauernsprichwort den rath ertheilt *„bei stillem winde hafer zu säen"*, so warnt dennoch unser sprichwort mit den worten: *nicht zu beachten wie und woher der wind wehe, wenn man den acker bestellen will* — vor dem zaudern, zögern und tagwählen bei wichtigen geschäften. Franck (Egenolff 138ᵇ) übersetzt diese stelle *„wer auff den wind acht hat, spricht Salomon, der wirt nimmer sehwen. es muss gleich gewagt sein vnd in gottes hand gesehwet werden."* bei Simrock nr. 11644:
wer allzeit auf den wind will sehen,
der wird nicht säen und nicht mähen.
Zehner p. 320.

130. eccles. 12, 12.
Frequens meditatio carnis afflictio est.

Luther: *Viel Predigen macht den Leib müde.*

Bei Simrock nr. 7988, Körte nr. 4836 und Eiselein s. 515: *„predigen macht den leib müde"* oder 7989 *„predigen macht kopfweh."* Geiler sagt etwas derb: *„das lang predigen ist gut, dass die männer schlafen, die wiber in stul seichen und der praedicant lendenlahm wird."*

131. Canticum canticorum 8, 6.
Fortis est ut mors dilectio.

Luther: *Liebe ist stark wie der Tod.*

Denn nach einem bekannten sprichworte überwindet liebe ja alles.
Hugos Martina 20, 73: *ein wort daz sprichit Salomon vz sines wisen mundis don „diu minne ist stark alsam der tot."*

lieders. 8, 21: *frow, ez stat in canticis als ich ez an den bu-
chen lisz „est fortis ut mors dilectio.‟ lieb, daz merk
in tüsch also daz Salomon gesprochen hat „die myn
die man nit abe lat, die ist stark alsam der tot.‟*
meklbg. reimkr. LXXIII: *und merken daz gar schone by her-
ren Salomone: „dy liebe ist stark als der tod‟, also
sprichet er von der nod.*
Otto v. Passau 33ᵇ: *wan sy überwindt alle ding und ist ster-
ker dann der tot.*
Tauler, predigt. 14ᵇ: *darumb stet geschriben, die lieb ist
stark als der tot*
und eine ganze predigt über diesen spruch 281ᵇ.
in den neuesten sammlungen findet sich das sprichwort nicht.

132. Liber sapientiae 1, 4.

In malivolam animam non intrabit spiritus sapientiae.

Luther: *Die Weisheit kommt nicht in eine boshaftige Seele.*
Die worte der vulgata finden sich auch im lateinischen
Marcolfus. entnommen haben sie ferner
Hugo, Martina 23, 98: *an den buochin stat geschriben, daz
der wise gotis rat in die vbilin sel niht gat, der geist
der ubir willic ist, in den so gat kein wisir list.*
Trimberg, renner 17388: *ein vbel hertz wirt nimmer zam, als
Salomon der wise giht: „in die vbeln hertzen kvmt wis-
heit niht, die verkerten vnsanft iemant bekert, swie vil
man gvtes sie gelert.‟*
und Wittenweiler, ring 24ᶜ, 13: *Salomon auch dar zuo
spricht: „in bösen sel kumpt weisshait nit.‟*
in neueren sammlungen findet sich der spruch nicht, daher
als sprichwort fraglich.

133. sapient. 2, 1. 5.

Et non est qui agnitus sit reversus ab inferis. quoniam consignata est et nemo revertitur.

Luther: *So weiss man Keinen nicht, der aus der Hölle wie-
derkommen sei. Denn es ist fest versiegelt, dass Nie-
mand wiederkommt.*
Hieher gehört auch eine stelle aus eccles. 38, 22: *ne-
que enim est conversio — denn da ist kein wiederkommen.* im
Reinaert (Willems) heisst es 4126:
*die doet is, moet bliven doot: men machse niet weder
doen leven.*
Steinhöw. Aesop 98ᵃ: *so ich aber nit gehört hab das jemand*

vss dem himmel oder der helle widerumb vff das erdt-
rich komme.
Simrock nr. 10380 und Eiselein s. 598 „*wer todt ist, kommt*
nicht wieder."

134. sapient. 11, 17.

Per quae peccat quis per haec et torquetur.

Luther: *Womit Jemand sündigt, damit wird er auch geplaget.*
Teichner (lieders. 151, 146) sagt ähnlich:
    wie man sünt, da büst man mitt.
fastnachtsp. 961, 19 soll dasselbe gesagt werden: *godt plecht*
    sünde dorch sünde tho plagen.
Hagens östr. kron. (Pez I, 1091): *es ist ain alt sprichwort*
    „*mit we der mensch sindt, mit dem mus er büssen.*"
Hadamars jagd 544, 5: *swer durch die minne unminne hât*
    ergründet, der hât ouch wol befunden: „man büezt do-
    mit, mit dem man sündet."
Baumann setzt zu v. 1279 des Reinaert hinzu: *men met dat*
    gene gestraft wordt, waer men mede gezondigt heeft.
Agricola (500 spr.) nr. 480 hat „*damit ainer sündiget, damit*
wirt er gestrafft." wörtlich nach der schrift bei Körte nr.
5808. etwas verändert bei Simrock nr. 10025 „*womit man*
sündigt, daran wird man gestraft." in einen lateinischen
hexameter gefasst: *per quod quis peccat, per idem punitur et*
idem. Zehner p. 348.

135. Ecclesiastes 1, 14.

Dilectio dei honorabilis sapientia.

Luther: *Gott lieben, das ist die allerschönste Weisheit.*
Ein altholländischer spruch (altd. bl. I. nr. 26) sagt:
    alre wijsheit fundament es, dat men gode mint ende
    bekent, daer die dulle niet op en roeken ende diewijl
    idel glorie soeken.
Simrock nr. 3981 wenig verändert „*gott lieben ist die schönste*
weisheit."

136. ecclesiast. 2, 5.

Quoniam in igne probatur aurum et argentum, homines vero receptibiles in camino humiliationis.

prov. 17, 3: *sicut igne probatur argentum et aurum camino,*
    ita corda probat dominus.
sap. 3, 6: *tamquam aurum in fornace probavit illos.*

Zach. 13, 9: *et ducam tertiam partem per ignem et uram eos sicut uritur argentum et probabo eos sicut probatur aurum.*

I Petr. 1, 7: *Ut probatio vestrae fidei multo pretiosior auro quod per ignem probatur.*

apocal. 3, 18: *suadeo tibi emere a me aurum ignitum probatum.*

Luther: *Denn gleichwie das Gold durchs Feuer, also werden die so Gott gefallen durchs Feuer der Trübsal bewähret. — Wie das Feuer Silber und der Ofen Gold, also prüfet der Herr die Herzen. — Er prüft sie wie Gold im Ofen.*

Das bild vom golde, das im feuer geläutert wird, ist zwar schon dem Homer bekannt, denn er sagt:

ἐν πυρὶ μὲν χρυσόν τε καὶ ἄργυρον ἴδριες ἄνδρες
γιγνώσκουσ᾽, ἀνδρὸς δ᾽ οἶνος ἔδειξε νόον.

was Neocorus (dithmars. kron. I, 148) übersetzt: *also im vuer golt unnd sulver wertt probertt, so wert des manns truw bi dem drunk erklert.*

und Erasmus weist ähnliches in seinen adagiis bei Cicero, Pindar und Theognis nach. doch ist nach den oben gegebenen stellen das bild ein echt biblisches zu nennen. auch Wolfram kennt es, Parcival 614, 12:

dem golde ich iuch geliche, daz man liutert in der gluot: als ist geliutert iwer muot.

ebenso Hugo, Martina 106, 58: *als man lutert daz golt, daz man wil gehalten dur liebi lazen alten, daz wirt dicke erbrennit untz daz man wol erkennit nach der kunste lere, daz ez niht mere an im hat des rostes vnd ez des besten kostes wirt so ez werden mak, also wart uf beiac geliutert diu godes bovge etc.*

Konr. v. Würzburg troj. kron. 16025: *als in der gluot ein edel golt wirt von hitze lutervar, sus wart sin edel hertze gar von seneklicher swere an triuwen luterbere, vnd ane meine erkennet. sin valsch wart uzgebrennet in heizer minne viure.*

in der tochter Syon (Schade) sagt die heilige minne 439: *swelch sêle kumt in mîne gluot, der tuon ich als fiur golde tuot, ich liuter unde reine, ich scheide und vereine.*

Suso II, 13: *leiden furbet die sele wie fewer daz eisen und liutert daz golt.*

Eiselein verzeichnet s. 246 „*wie gold bewärt im feuer*" und auch sonst spricht man von leuten. die „*treu wie gold*" sind. Simrock nr. 3840 hat einen dreispruch, worin das gleichnis ebenfalls auftritt „*das gold wird probiert durchs feuer, die frau durchs gold, der mann durch die frau.*"

137. ecclesiastic. 3, 11.

Benedictio patris firmat domos filiorum, maledictio autem matris eradicat fundamenta.

Luther: *Des Vaters Segen bauet den Kindern Häuser, aber der Mutter Fluch reisset sie nieder.*
Etwas verändert im laiendoctrinal 82: *nog sägt de sulve man: „de fader — sägen kan siner kinder hûs seker maken unde stärken in allen saken, unde syn flôk to manniger stund wärpet kinder in des dodes grund."*
bei Zinkgref nach Eiselein s. 616. Simrock nr. 10809 hat fast wörtlich *„vatersegen bauet den kindern häuser, mutterfluch reisst sie nieder."*

138. ecclesiastic. 3, 24.

In supervacuis rebus noli scrutari multipliciter et in pluribus operibus ejus non eris curiosus.

Luther: *Und was deines Amts nicht ist, da lass deinen Vorwitz.*
Wörtlich bei Körte nr. 143 und Simrock nr. 298. ähnlich türkisch (fundgr. d. orients III) *in res quas non intelligis, te non misce.*

139. ecclesiastic. 3, 25.

Plurima enim super sensum hominum ostensa sunt tibi.

Luther: *Denn dir ist vor mehr befohlen, weder du kannst ausrichten.*
So im passional I. 51, 89: *da bist ein wunderlicher man, wand du dich wilt nemen an berichten uns in dirre vrist, daz dir doch nicht bevolen ist. woldestu berichten dich, ich solde wol berichten mich.*
Agricola nr. 255. 256. Tappius 160. Lange adag. 332 und Simrock nr. 8827. 8828 haben *„er hat viel zu schaffen und wenig auszurichten"*, — *„und wenig ist ihm befohlen."*

140. ecclesiastic. 3, 27.

Qui amat periculum, in illo peribit.

Luther: *Wer sich gern in Gefahr gibt, der verdirbt darinnen.*
Neocorus II, 48. Zehner p. 351. Hiltebrandts bilderschatz s. 118. — Eisenhart (V, 16) setzt das sprichwort eigentlich wol mit unrecht unter die rechtssprichwörter und

wendet es auf den zweikampf und die nothwehr an. Eiselein s. 214 „*wer die gefahr liebt, der geht darin unter.*" Simrock nr. 3157 und Körte nr. 1843 „*wer sich in gefahr begibt, kommt darin um.*"

141. ecclesiastic. 3, 33.

Ignem ardentem exstinguit aqua et eleemosyna resistit peccatis.

Luther: *Wie das Wasser ein brennend Feuer löschet, also tilget das Almosen die Sünde.*
Bei Freidank, der diese stelle (39, 6—9) aufnimmt, lauten die worte: *wazzer leschet fiur unde gluot almuosen rehte daz selbe tuot: daz leschet sünde zaller zît dâ manz mit guotem willen gît.*
auch bei Rud. v. Ems, gut. Gerhard (Haupt) 153: *des nam er ein urkünde dort an der schrift der wârheit, diu von dem almuosen seit „swer ez mit guotem muote gît, daz ez leschet zaller zît die sünde, alsam daz wazzer tuot, daz fiur." ditz war dem herren guot ein libez bîspel unde ein trôst.*
in predigten des 13. j. (fundgr. I, 88, 26): *want div heilige schrift sprichet: sicut aqua exst. ignem, ita el. exst. peccatum „also daz wazer leschet daz fiure, also leschet daz almûsen die sunde."*
ebend. 98, 30: *also da geschriben stet „also daz wazzir daz fiur erleschet, also irleschet daz almusen die sunte."*
ebenso bei Gieshaber, predgt. I, 61: *ze glîcher wise als daz wazzer leschet daz fiur, also leschet daz almûsen die sünde.*
89: *und gib och dîn almovsen armen liuten, wan daz leste die sünde als des wasser die für.*
gest. Roman. (Keller) 10[b]: *man liset auch anderswo „recht alz wasser lescht daz feur, geleicher weys also leschet daz almûsen die sünd.*
52[a]: *als man liset Thobye pûch „ze geleicher weiz, als wasser hie leschet daz feur also leschet daz almuosen die sünd."*
Suchenwirt XLI, 1186 wendet das bild von der feuerlöschenden kraft des wassers auf den geistervertreibenden namen der Maria an. auch das laiendoctrinal (29) vergisst den spruch nicht: *Jesus Sidraches sone skrivt: „also dat water für fordrivt, so fordrivt to allen stunden almisse der lude sunden.*
die grösseren sammlungen verzeichnen den spruch nicht.

7*

142. ecclesiastic. 4, 32.

Nec coneris contra ictum fluvii.

Luther: *Und strebe nicht wider den Strom.*
Im urtexte des Morolf „*contra hominem fortem et potentem
et aquam currentem noli contendere.*" der Misnaere
sagt in einem übelverbundenen doppelsprichworte 16, 2:
diz bîspel merket algemeine: „*swer über houbet vihtet,
wider strom swimmt, den rîsent spaene in sînen
bousem.*"
gesammtabent. *35*, 1: *wer die leng wider wazzer swimmet,
der verliert grôzer arbeit vil.*
eine niederdeutsche fabel (XXIX. Wiggert scherfl. II, auch
bei Steinhöwel 124[b]) erzählt uns von einem zänki-
schen weibe, die in einen bach fällt und zu grunde geht.
nachdem man sie stromabwärts vergebens gesucht hat, da
sagt der mann: *wone gi des, dat se neder vlete? dat is wis
dat se genete noch ores kriges also vele, der se an
ernste unde an spele plach to aller tid bi oreme live,
dat se nu weder den strom drive mit wederkrige alse
se io plach, dat ik von or vel dicke sach.* ꞌdarumme
soke wi uppe dat vlet, se is uns anders umberet.
den biblischen ausdruck nimmt Greg. theol. auf: τὸ μὴ
βιάζεσθαι ῥοῦν ποταμοῦ, καὶ ἡ παροιμία παιδεύει. aber auch
Euripides Tro. bietet: μήτε προσίστη πρῷραν βιότου, πρὸς
κῦμα πλέουσα τύχαις. und Ovid. (remed. amor. I.) [stultus]
pugnat in adversas ire natator aquas. ebend. d. art. amandi:
nec vincere possis flumina, si contra, quam rapit unda, nates.
„*contra torrentum niti*" verzeichnet Erasmus. Simrock nr.
9985 „*wider den strom ist übel schwimmen*" (= *gegen ge-
walt ist übel fechten*). ebenso Körte nr. 5777. Eiselein 582.
Zehner p. 353.

143. ecclesiastic. 6, 7.

Si possides amicum, in tentatione posside eum, et ne facile credas ei.

Luther: *Vertraue keinem Freunde, du habest ihn denn er-
kannt in der Noth.*
Boëthius (Hattem. II, 92) spricht von „*nôt-friunt, tie dir
fone rehtén triuuón holt sint.*"
Rother (Massm.) 3411: *swer den uront durch sin eines rat
verlazet, so iz ime an die not gat, geswiche he deme
lantman, he hette michel baz getan.*

gesammtabent. 35, 430: *der guoten friunde nimt man war in der rehten noete.*

Hugo, Martin. 286, 27, sagt: *ez ist noch ein alter sitte vnd folget vns allen mite, daz man ie zerehter not den besten friunt furbot.*

meklbg. reimkr. LXII: *zu rechtir nod man fründe prübit, der fründ fründlich zur nod sich übet.*

Otto v. Passau erkennt obige worte dem könige David zu: *als david spricht in dem psalter „wann in der nott so erkennt man den freund aller bäst vnd aller meist."*

Wittenw., ring 45ᵈ 24, bezeugt die biblische abstammung des sprichwortes: *secht, daz mag euch schaden nicht, won die wayshayt also spricht: den freund man in den noten mag versuochen baz dann ander tag.*

rose 4775 (Kaussler, altniederl. d. II.): *want in sinen ghelucken een man sinen vrient niet kinnen kan.*

ebend. 7491: *dat men niet kinnen en mach ghetrauwen vrient van binnen, men hebbene ter noet gheprouft.*

ganz dasselbe sagt ein vers des Ennius bei Cic. Lael. „amicus certus in re incerta cernitur", wozu Erasmus bemerkt „habent eandem sententiam Hebraeorum proverbia: frater in angustiis comprobatur. Ulrich v. Hutten schreibt an Fr. v. Sickingen: „ohne ursach ist das sprichwort „„„in nöten erkennt man den freund"""" nit in brauch kommen." vom „freunde in der noth" geht gar manches sprichwort bei uns um. siehe bei Simrock nr. 2728 bis 2735.

144. ecclesiastic. 6, 14. 15.

Qui autem invenit illum, invenit thesaurum. Amico fideli nulla est comparatio et non est digna ponderatio auri et argenti contra bonitatem fidei illius.

Luther: *Ein treuer Freund — wer den hat, der hat einen grossen Schatz. Ein treuer Freund ist mit keinem Geld noch Gut zu bezahlen.*

Notker übersetzt aus Boëthius (Hattem. II, 93): *dine friunt, tie der tiuresto scaz sint.*

und aus demselben schriftsteller O. v. Passau 130ᵃ: *ein gut gancz freund ist besser dann gold und silber oder edelgestein, spricht boetius in dem bůch von dem trost.*

dem Salomo schreibt das laiendoctrinal diese worte zu (64): *Salomon dait uns kund: „we findet einen truen frund, de find einen guden shat." what büter sy, sägget mi dat!*

98: *Salomon leret dat opentliken: „frunde de sint mannigfold bäter denne sulver unde gold."*

64: *der frunde trost ist mannigfold büter wan eddele steine*
    edder gold.
und 42: *regt frund forware getäld is büter denne geld.*
auch Agricola nr. 139. Tappius 251 und Egenolff 23ᵇ ver-
zeichnen „*ein guter freund ist besser dann sylber vnnd gold.*"
Tappius 253 und Egenolff ausserdem „*ein guter freund ist*
ein edels kleinot." Körte nr. 1550 „*freunde sind über silber*
und gold." Simrock nr. 2705 „*guter freund ist ein edel*
kleinod." Griechen und Römer stellten die freundschaft
höher als feuer und wasser — πυρὸς καὶ ὕδατος ὁ φίλος
ἀναγκαιότερος — Plutarch und Cic. Lael. Erasmus fügt er-
klärend hinzu: *hodieque vulgus indoctum habet in ore quod*
est verissimum „tolerabilius vivi sine pecuniis quam sine ami-
cis." demnach sagt ein altdeutscher spruch: „*freundschaft*
    geht vor allem ding." *das lügst du, sagt der pfenning.*
    denn wo ich kehr und wende hat freundschaft gar
    ein ende.

145. ecclesiastic. 7, 40.

In omnibus operibus tuis memorare novissima tua et in aeternum
non peccabis.

Luther: *Was du thust, so bedenke das Ende, so wirst du*
    nimmermehr Uebel thun.
Boëthius (Hattem. II, 48): *Unanda uuir finem ana sehen*
    sulen an dero fore — tâte.
und dieselbe stelle bei Wern. v. Elmendorf 103: *man aber*
    sprichet alsus der wise man Bohecius: „iz inkumit
    niht zu der wisheite daz man sich donach breite daz
    nu geschaffin ist; man sal daz ende prufen mit rechter
    list."
Facetus (Wiggert scherfl. II, 180): *finem prospicito, finis no-*
    bilitat actum. in allen dingen wat du deist, su an den
    ende allermeist.
die vulgata wird angezogen in einer lateinischen hdschr. des
13. j. (ald. bl. II, 142): *memorare nov. tua et in ae. n. p.*
Boner, edelst. 90, 39: *du solt des râtes end ansehen, waz*
    von dem rate müg beschehen.
nnd 100, 89: *wer daz ende ansehen kan sínr werken, der*
    ist ein wiser man. wer an daz ende sehen wil der
    kumt niht úf des riuwen zil.
gest. Roman. 78ᵇ: *er sprach: die erst weisshait ist die „waz*
    du tûst, daz tû weisleichen vnd sich an daz end."
und 79ᵇ: *als Salomon spricht „chint gedench den endt an*
    allen deinen werchen. tûst du daz, so macht du nicht
    gesünden."

Muscatbl. 59, 24: *waz du anhebest, denke uff daz leste.*
Limbg. kron. (s. 18) wird an das catonische distychon er-
innnert: *allda spricht der weise meister also „quid-
quid agis, prudenter agas et respice finem."*
fastnachtsp. 662, 34: *es soll sich niemants hie also ver-
jehen, er sol vor das ende ansehen.*
sündenfall (niederl. schausp. Schönemann) 3432: *och we
ein dink to vorne bedechte, eir he dat anheive vnde
deide, de mochte mit allem beschede marken dat gude
unde dar to dat quade.*
Wittenw. ring 41ᵇ 19: *ir herren, ich wisst langes wol, wie
sich einr bedenken schol langen zeit und schaffen drat,
das er sich so hat bedacht.*
in dem schmählied auf Hans Waldmann (Rochholz, eidg.
lied. 322) heisst es: *wenn einer ein sach wil fachen
an, das end sol er vor wol betrachten.*
ein niederländischer denkspruch (bei Mone, niederl. litt. 310)
lautet: *wat ghij beghijnt, dat hende versijnt, t- es wijs-
heijt groot, want die-t niet en doet, heeft selden spoet,
maer dicwil noot. die wat beghijnt ende niet en versijnt,
hoe dat mach henden, die vil ghesciet hem groet verdriet.*
Steinhöwel Aesop 75ᵇ: *ein weiser man betrachtet den vssgang
eines jeden wercks ehe das er es anfacht.*
kaiser Max I. wählte zu seinem motto „*tene mensuram et
respice finem — halt mass und denk ans ende.*" Radowitz
70, 131. Buchanan macht ein scherzwort daraus „*respice
finem, respice funem.*" Juvenal erinnert an Solon: „*quem
vox, inquit, facunda Solonis respicere extremae jussit spatia
ultima vitae.*" unser sprichwort findet sich in den
sammlungen Francks (Egenolff 76ᵃ) 146ᵇ. Lehm. flor. I,
17. Langes adag. 200. (Eiselein hat dafür s. 145 „*erwig
das end*".) Körtes nr. 1105. Simrocks nr. 2057. 2058. Zeh-
ners p. 357. auch in Mannich sacr. emblemt. 61. 76 „*das
End bedacht hat vil Guts bracht.*"

146. ecclesiastic. 9, 14.

**Ne derelinquas amicum antiquum: novus enim non erit
similis illi.**

Luther: *Uebergieb einen alten Freund nicht, denn du weisst
nicht, ob du so viel am neuen kriegest.*
Cap. 7, 20 übersetzt Luther „*übergieb deinen freund um
keines guts willen.*" im jüngeren Sirach heisst es
(Duke): „*den alten freund verläugne nicht.*" ein la-
teinisches sprichwort des 12. j. gibt den rath (altd.
bl. I): *nemo viam veterem vel amici spernat amorem.*

ebend. ein anderes aus derselben zeit: *callus et anticus tibi non vilescat amicus.*

kaiserkron. 3980: *quoten vriunt alden sol man wol behalden.*

Wern. v. Elmend. 675: *gewin guter lute kunde, mache dir vil der guten frunde, die saltu stete kiesen, nicht lichte saltu sie verliezen.*

Kiurenberg 1: *swer sinen vriunt behaltet, daz ist lobelich.*

Freidank hält es für eine kunst 97,10: *ouch mouz er sin ein wise man, der quote vriunt behalten kan.*

auch der Winsbeke gibt seinem sohn den rath (Haupt, 30, 1): *sun, dinen guten friunt behalt, der dir mit triuwen bi gestât.*

R. v. Zweter II, 126c : *wer staeten vriunt behalten sol, der sol sin niht verkiesen, daz vuoget biderbem manne wol.*

br. Wernh. 6, 2: *man sol ze nôt die kunden vriunde behalten.*

Trimberg, renner 1878: *swer alte getreuwe frevnde verkevset, mit neuwen frevnden er verlevset.*

laiendoctr. 92: *men darv dartô wol guder sinne, dat men frunde holden künne: frunde find men, dat is war, mâr se sind to hôldende swâr.*

spiegel der tugd. (altd. bl. I, 88) 201: *behalt dinen vriunt mit wisheit.*

Limbg. kron. (Vogel) s. 23: *in derselbigen zeit sung man ein neuw lied in teutschen landen, das war gemein zu pfeiffen und zu trommeten und zu allen freuden: „wisset, wer den seinen ie auserkieset und ohne alle schuld seinen treuen freund verlieset, der wirt vil gern sigelôs. getreuen freund den soll niemant lassen, wenn man das vergelten nit enkan.*

Johann v. Soest (Fischard I. 82, 29): *dyn frond hog eer und hab sy lyb, und sy umb keyn sach obergyb.*

Hätzlerin 275b : *mit dienst mannichualten sol man den friund behalten.*

Wittenw. ring 29c 14: *den bewärten (freund) halt und lass in nicht!*

Steinhöwel, Aesop 47b : *behalt deine freunde.*

85b : *du solt alt früntschafft nit licht zergen lassen.*

Agricola nr. 185 und Egenolff 5a bieten „*alte freunde sol man nicht verkiesen, denn man nicht weiss, wie die newen gerathen wollen. novos parans amicos ne obliviscere veterum.*" andere sammlungen haben: „*alte wege und alte freunde soll man in würden halten.*" Gruter flor. 2, 5. „*die alten freunde die besten.*" Lehm. II, 27. fast schriftgetreu: „*alte freunde soll man nicht verkaufen, denn man weiss nicht wie die neuen gerathen.*" Simrock nr. 2724. Zehner

p. 359 bringt aus Diogenes Laërtius I. die worte Solons
φίλους μὴ ταχὺ κτῶ· οὓς δὲ ἂν κτήσῃ, μὴ ἀποδοκίμαζε.

147. ecclesiastic. 9, 15.

Vinum novum amicus novus.

Luther: *Ein neuer Freund ist ein neuer Wein.*
Ebenso Trimberg, renner 1880: *newe frevnde vnd newer
wein mugen wol gelich ein ander sein.*
Lehm. I, 205 erweitert das sprichwort *,,newer freund, newer
wein, newe weiber, wenn sie gerathen, seynd sie zu loben.‘‘*
Simrock nr. 2726 und Körte nr. 1558 *,,neuer freund, neuer
wein.‘‘* andere sprichwörter empfehlen *,,alte freunde und
alten wein.‘‘*

148. ecclesiastic. 9, 24.

In manu artificum opera laudabuntur.

Luther: *Das Werk lobt den Meister.*
In den Nibelungen heisst es 1104[a]. *ein jeslich lop vil
staete ze iungest an den werchen lit.*
im Wälsch. gast 3679: *der ist gelobt nach rehte wol, den
sin werc loben sol. niemen mac schelten den man, den
sin werc loben kan. er ist ouch âne durft gar, daz
man den lobe, daz ist wâr, den dâ lobent diu werc
sin, wan sin lop ist genuoc schin.*
Hadamars jagd 174, 1: *swaz ein meister machet, des werkes
pris in priset.*
Schade satyr. u. pasqu. X, 293: *aber nach dem gemeinen
sprichwort war ,,das werk den meister loben tar.‘‘*
Schiller denkt an dies sprichwort, wenn er in der glocke
sagt: *von der stirne heiss rinnen muss der schweiss,
soll das werk den meister loben —*
bei Agricola nr. 209. Tappius 38. Egenolff 8[a]. 152[a].
Neocorus II, 2 und 38: *,,dat werk lavet (sulvest) den mei-
ster.‘‘* Lehm. flor. I, 468 *,,lob folgt den wercken.‘‘* Lange
adag. 106 *,,das werk zeygt seinen meyster.‘‘* Zehner p. 360.
Simrock nr. 6560 und 11568.

149. ecclesiastic. 10, 12.

Rex hodie est et cras morietur.

Luther: *Heute König, morgen todt.*

Rolandsl. 179, 3: *er sprach ,,hiute ware du ain herre, nu*
    bistu ze ase worden.''

Spervogel gibt einen sinnverwandten spruch 13, 5: *ez ist*
    hiute min, morne din, so theilet man die houben.

und einen ähnlichen der Misnaere 17, 5 (vgl. warnung 2148,
    Haupt I): *swer hiute lebet, der ist morgen tôt.*

Trimberg, renner 17257: *der hevte reich ist vnd gar ahper,*
    des leip ist morgen ein stinkendez as, wie schone, wie
    rich, wie stark er was.

Boner, edelst. 75, 45: *hiut ist er arm, der ê was rich.*

im Alexander (Bruns altpl. ged. s. 354) sagt Darius zu Ale-
xander ,,*su unde merke, wat ek t'avende was unde wat ek nu*
bin; ghisterne was ek en here over vele volkes, nu enbin ek
myner sulven nicht mechtig; nu skal ek werden to erden.'' —
andere stellen die sich hier anlehnen sind:

Suchenwirt XX, 7: *der hewt in hochen eren stet, dez gluck*
    sich morgen wandelt.

Theophil. (Hoffmann) 353: *dei erste gewesen heft ên here in*
    welden und in éren grôt, unde môt dan dârna bidden
    brôt.

Eschenl. Bresl. stadtgesch. 24: *o wandelbares glücke, heute*
    machest du einen herren, den du neulich einen bufen
    auswurfest.

sündenfall (niederd. schausp. Schönemann) 587: *vor was ek*
    ein herre, nu bin ek ein knecht.

ebenso heisst es im liede vom edlen Möringer (Bragur III)
    31, 5: *vor was ich her, nun bin ich knecht.*

Wittenw. ring 57ᵈ, 7 hat des Meisners spruch: *wer heut*
    lebt, der stirbet morn.

und in einem dithm. liede (Neocorus I, 520): *gistern weren*
    se alle rike, nu stéken se hir in dem schlike. gistern
    da vöreden se einen hogen moott, nu hacken ehn de ra-
    ven de ogen uth.

andere deutsche sprichwörter reimen hierzu: *heute reich, mor-*
    gen eine leich. heute stark, morgen im sarg. heute
    putz, morgen im schmutz. heute was, morgen aas.
    heute im trab, morgen im grab. heute roth, morgen
    todt.

Aristophanes equit. I, 2 sagt ὁ νῦν ὑπερμέγας μὲν, οὐδεὶς δ'
αὔριον. Egenolff 97ᵃ. Zehner p. 364. Simrock nr. 4709.

150. ecclesiastic. 11, 30.

Ante mortem ne laudes hominem quemquam.

Luther: *Darum sollst du Niemand rühmen vor seinem Ende.*
,,*Man darf nur sterben, um gelobt zu werden''* sagt ein

deutsches sprichwort, bei Simrock nr. 6538 „*willst du gelobt sein, so stirb*“ und Freidank 61, 9 sagt „*man lobt nâch tôde manegen man, der lob zer werlde nie gewan.*“ ebenso Frauenlob 78, 1 „*man lobt die tôten vür daz leben.*“ 80, 1 „*die tôten vor den lebendigen halten prîs in aller wîs.*“ darum „*soll man keinen vor seinem tode glücklich preisen*“ Simrock nr. 10375 und Eiselein s. 598, oder nach einem reimspruche bei Lehmann flor. I, 173:

> „*rhüm niemand seelig vor seinem end,*
> *das glück im augenblick sich wend.*“

die bekannten solonischen worte „*ante obitum nemo beatus*“ (Erasm. sagt: *multis in ore est*) finden sich bei Sophocles und Euripides, z. b. Androm.

> χρὴ δ'οὔποτ' εἰπεῖν ὄλβιον οὐδένα βροτῶν, πρὶν ἂν θα-
> νόντος τὴν τελευταίαν ἴδῃς.

und Ovid metamorph. „*dicique beatus ante obitum nemo supremaque funera debet.*“ andere stellen siehe bei Zehner p. 365.

151. ecclesiastic. 11, 34.

A scintilla enim una augetur ignis.

Luther: *Aus einem Funken wird ein grosses Feuer.*
In Grimms marienliedern des 12. j. (Haupts z. X, 78, 23):
> *so wie cleine de uunke si, der urcundet dat groze uur dabi. dine wort sint den uunken gelich.*

Trimbg. renner 23934: *ein kleiner glanster entzvndet ein fur, von dem daz hovs vnd auch die schvr wirt verbrant dorf vnd stat.*

Hadam. jagd 439, 7: *von kleinen funken sicht man grôze brünste.*

das sprichwort aus dem renner auch im laiendoctrinal 176:
> *fan einer funken bürnet dan ein dorp: so sprikt ein wys man.*

Soest. fehde (Emmingh. memorab. p. 681): *wat kan tho wege brengen eyn funcke kleyn, mach men in dussem spele boseyn.*

ebend. 707: *wat kan uth enem vunken kleyn eyn groth fuer opstan intgemeyn.*

Eschenl. Bresl. geschicht. (Kunisch I, 262): *aus diesem funken warde ein gross feuer der zwitracht.*

Hoffmann, böhm. kron. (Pez II, 1050): *wan sy hetten vergessen des alten sprichworts, das „offte ein kleines füncklen zw einem grossen fewr wirdet.*“

und 1058: *wer da wil ane schaden pleiben, der lass nit einen funcken zu einen kolen werden.*

— 108 —

auch Römer und Griechen haben das sprichwort. Curtius
VI, 3 *„parva saepe scintilla contemta magnum excitavit in-
cendium."* Lucret. 4, 609 *„saepe solet scintilla suos se spar-
gere in ignes."* Pindar: ἀρχὴ ἐξ ὀλίγων γίγνεται ὥστε πυρὸς,
und in einem senarius aus den tetrastisch. des Greg. v. Nazianz
σπινθὴρ ἀνάπτει καὶ βραχὺς πολλὴν φλόγα, womit auf läster-
zungen, verläumder und zwischenträger gezielt wird. Körte
nr. 1693 *„der funke wird ein wildes feuer, so wind und holz
ihm nahrung geben."* Eiselein 196. Simrock nr. 2922ᵃ *„aus
einem kleinen fünklein kann ein grosses feuer werden."* Baier.
sprichw. 145 *„aus einem kleinen fünklein entsteht oft ein
grosser brand."* Zehner p. 368.

152. ecclesiastic. 13, 1.

Qui tetigerit picem, inquinabitur ab ea.

Luther: *Wer Pech angreift, der besudelt sich damit.*
    Dass Freidank (118, 5) diesen spruch der bibel entnahm,
erinnert schon Grimm (LXXV). dort lautet er:
    swer heizez bech rüeret, meil er dannen vüeret.
ebenso in der sêle spiegel (Mones anz. IV, 370): *swer daz
    bech rueret, der wirt vlechaft.*
und laiendoctr. 50: *Jesus Sidrach skrivet dâr in sînem bôke,
    unde is wâr: so we deme picke nalet, de werd unreine
    gemaled. also wird he ôk besmit, de by deme hofärdi-
    gen sit.*
als distychon: *hoc scio pro certo, quodsi cum stercore certo,
    vinco seu vincor, semper ego maculor.*
„womit man umgeht, das hängt einem an" sagt ähnlich ein
deutsches sprichwort. andere sagen ähnlich *„wie jeder ist,
so gesellt er sich. bei vollen lernt man saufen, bei krämern
lernt man kaufen, bei lahmen lernt man hinken, beim wein
lernt man trinken. bei den groben wird man grob"* u. s. w.
arabisch *„wer durchs zwiebelfeld geht, riecht darnach."* das
obige sprichwort findet sich bei Lehm. flor. I, 859. Zehner
p. 370. Eiselein 504. Körte nr. 4689. Simrock nr. 7730.

153. ecclesiastic. 13, 19. 20.

Omne animal diligit simile sibi; sic et omnis homo proximum sibi.

Luther: *Ein jegliches Thier hält sich zu seines Gleichen. So
    soll ein jeglicher Mensch sich gesellen zu seines Gleichen.*
    Cap. 27, 10 heisst es ebenfalls *„die vögel gesellen sich
zu ihres gleichen."* im jüngeren Sirach finden sich viele
ähnliche stellen z. b. (Duke s. 78) *„jeder vogel wohnt bei*

seiner gattung, und der mensch hält sich bei seines gleichen."
(s. 188) *„die krähe ging deshalb zum raben, weil sie eines
geschlechtes mit ihm ist"*, u. s. w. aus unserer litteratur ist
nachzuweisen aus Morolf (Hag. u. Büsch.) 507:

> *man sprichet sicherlichen eyn iglicher suchet sinen gli-
> chen.*

nach dem latein. Marcolfus *„omne animal simile sibi eligit.*"
ebenso Frauenlob (Ettmüller) 302, 7: *ieslich sîn art begert.*
laiendoctr. 34: *wente dat is ôk natûrlik, dat ein islik syn ge-
lyk to regte lêv hävven sholde.*
Agricola (500 spr.) 156 hat kürzer *„ain yeder sucht seins
gleichen.*" Lehm. flor. I, 326 *„halt dich zu deines gleichen.*"
Tappius 397 *„wer freien wil, der neme seins gleichen.*" Ei-
selein verzeichnet s. 502 reimsprüche, die nimmermehr sprich-
wörter sind:

> *alle thier ein paar sind mit einander, drum auch der
> mensch will sein selbander. — wenn man sich, heisst
> es, paaren tut, gesellt nur gleich und gleich sich gut.*

Körte nr. 2189 und Simrock nr. 3685 haben ebenfalls einen
reimspruch:

> *es ist nichts so gering und klein, es will bei seines
> gleichen sein.*

sehr bekannt aber ist das sprichwort *„gleich und gleich ge-
sellt sich gern"* Agric. II, 157. Tappius 223. Egenolff 41ᵃ.
Lehm. I, 329. Simrock nr. 3679. andere deutsche sprich-
wörter führen die biblischen worte durch beispiele weiter
aus, wie: *„vögel von gleichen federn fliegen gern beisammen.*"
Egenolff 41ᵃ. Lehm. I, 327. *„die vögel gesellen sich zu ihres
gleichen"* Simrock nr. 10988. *„wo tauben sind, da fliegen
tauben zu"* Simrock nr. 10110. *„ein hetz sitzt gern bei der
andern"* Egenolff 137ᵃ. zahlreichere beispiele aber geben la-
teinische und griechische adagia: ἀεὶ κολοιὸς πρὸς κολοιὸν ἱζά-
νει. Aristot. rhet. 11. τέττιξ μὲν τέττιγι φίλος, μύρμακι δὲ
μύρμαξ, ἴρηκες δ'ἴρηξιν. Theocr. id. 9. καὶ γὰρ ἡ κύων κυνὶ
κάλλιστον εἰ μὲν φαίνεται, καὶ βοῦς βοΐ, ὄνος δ'ὄνῳ κάλλιστον,
ὗς μὲν τῇ συΐ. Erasm. Zehner p. 373.

154. ecclesiast. 14, 5.

Qui sibi nequam est, cui alii bonus erit!

Luther: *Wer ihm selber nichts Gutes thut, was sollte der
Andern Gutes thun?*
   Einen ähnlichen gedanken gibt der dichter des Reinardus
IV. 3, 311:

> *servares aliena tuis consultus abuti?*
> *cujus erit custos, qui negat esse sui?*

Hartmann büchl. I, 1452 sagt: *zwâre jâ bin ich iedoch mîn selbes vient niht.*

Freidank bietet 113, 24: *wem sol der wesen guot, der an im selbe missetuot? swer sîn selbes vient ist, derst mîn friunt ze keiner frist.*

Trimbg. renner 4971: *der mak wol sin ein tvmmer man, als ich mich versinnen kan, swer übel sin selbes sele pfligt. daz der min sele vnhohe wigt, daz dvnket mich niht vnbillich.*

laiendoctr. 129: *wo sholde he wäsen anderen nut, de sik sulven shaden dût?*

und dazu eine übersetzung des catonischen distychons (Zarncke 175. I, 4): *sperne repugnando tibi tu contrarius esse. conveniet nulli, qui secum dissidet ipse.*

ebend. 128: *also men Catonem horet sagen: ,,de sik sulven wedder is, twivelt hyr unde dâr: is dat wis?''*

ebend. 47: *darumme sprikt aldus Salomon: ,,we sik sulven kwâd kan dôn, en kan nemünde gûd wäsen.''*

altd. bl. I, 63: *wer an îme selber missetut, her hat sine stete niht wol behut.*

Morolf 355: *wie solt mir der vmmer wesen gut, der eme selber keynes dut?*

363: *sine wisheit er verluset, wer eme selber das boste kuset.*

in der alten weisen exempp. wird Salomo mit diesen worten redend eingeführt *,,wer jm selber ein schalck ist, wie kan er eim andren gut sein?''* ebend. 38[a] *,,wer jm selber nit mag guts thun, der thut es auch keym anderen''* und 104[a] *,,wer jm selbs nit fürsichtig ist, wie mag der anderen nutz sein?''* — Steinhöwel, Aesop 151[a]: *welcher böss ist seinem eignen, welchem mag der gut sein?* — Agricola nr. 630 *,,wer jhm selbs nichts guts thut, wie solt er denn eynem andern guts thun?''* — nicht bei Simrock und Eiselein. auch der Esthe sagt *,,was soll der andern gutes thun, wenn er es sich selbst nicht thut.''* ähnliches weist Erasmus aus Römern und Griechen nach *,,ne quicquam sapit, qui sibi non sapit, sententia vel hodie vulgo frequentissime jactata.''* Cicero ad Treb.: *,,qui sibi ipse sapiens prodesse nequit, ne quicquam sapit.''* Euripides und Lucian: μισῶ σοφιστὴν ὅστις οὐκ αὐτῷ σοφός.

155. ecclesiast. 18, 22.

Ne verearis usque ad mortem justificari.

Luther: *Harre nicht mit Besserung deines Lebens bis in den Tod.*

Freidank meint diesen spruch, wenn er sagt 33, 22: *swer sünden buoze in alter spart, der hât die sêl niht wol bewart.*

aus 36, 17 bei Karajan frühlingsg. 147 mit einem anderen
reimpaare:

> *wer sünde laszt, e sy in laszen der fehrt die rechten
> hymel straszen.*

so hat auch Berthold 91: *swer sinen riuwen und sine buoze
unz an denselben (jungesten) tac spart, daz ist im ze
nihte guot.*

bei Simrock nr. 966 und Körte nr. 549 etwas verändert:

> *wer besserung ins alter spart, hat seine sache schlecht
> verwahrt.*

156. ecclesiast. 19, 2.

Vinum et mulieres apostatare faciunt sapientes et arguunt sensatos.

Luther: *Wein und Weiber bethören die Weisen.*

Diese worte führt Kerr in seiner benedictinerregel an
(Hattemer I, 91): *freidige tuat so soma spahe.* im decalog.
rhytm. (Schilter I) heisst es beim zweiten gebot:

> *die frowen unt darzu den win soltu nut suchen, wizze
> daz; er bringet dich in gottes haz darzu in schande
> unde schaden.*

im physiologus aus dem anfange des 12. j. (316): *der wise
man enthabet sich uone wibe unt von wine. manige
liute durch wib unte durch win werdent uerlorn.*

im pfaffenleben (altd. bl. I) 136 wird der biblische ursprung
des sprichworts nachgewiesen:

> *Salomôn hât gesprochen, darzuo si von reht sint gelo-
> chen (an im selben er daz wol erchennen chan) daz win
> unt wip machent unwisen man.*

Trimberg ruft aus, renner 12466: *selic ist der, dem wein und
weib niht verliesent sele vnd leip.*

die eine hälfte des sprichworts lieders. 226, 362: *do wart
der wis tumb, do want der tumb witzig sin. secht daz
macht alz der win.*

die andere hälfte Eraclius 2406: *si jêhent, die ir hânt gehôrt,
ez naeme ie diu minne vil wisen man die sinne.*

oder bei Keller, erzählg. 187, 22: *als ichs al mein tag hab
gehört, von frawen würdt mancher bethört, der maint,
man müg in nit betriegen.*

auch Brant, narrensch. 113, 25 sagt von der macht des
weines: „*wyn machet usz eym wysen man, das er die
narrenkapp streifft an.*"

deutsche hiehergehörige sprichwörter geben unsere stelle mit
anderen worten. Simrock verzeichnet nr. 11473 „*wein, geld
und gut verkehrt der weisen muth.*" nr. 11445 (Egen. 142[b]):
„*wein und weiber machen alle welt zu narren.*" nr. 11472

(Lehm. flor. I, 176) „*wein, weiber und würden ändern den ganzen menschen.*" nr. 11407 „*wein, weiber und würfelspiel verderben manchen, wers merken will.*"

157. ecclesiast. 19, 4.

Qui credit cito, levis corde est et minorabitur.

Luther: *Wer bald glaubt, der ist leichtfertig und thut ihm selbst Schaden.*

Joh. v. Soest sagt in seiner lebensbeschreibung (Fischard I. 117, 1): *dan lichtlich glauben oberlengt dy junghen vnd yn schaden brengt.*

Ambras. liederb. 161, 3: *wer leichtlich glaubt, ist bald betrogen.*

zweifelsohne ist unser sprichwort „*wer leicht glaubt, wird leicht betrogen*" eins mit obiger stelle. Simrock nr. 3674. Körte nr. 2182. Eiselein s. 240. Zehner p. 379. bei Agricola 16, Franck 4ᵃ und Lehm. flor. I, 321 lautet es fast ebenso „*wer leichtlich glaubt, wird leichtlich betrogen.*" dem biblischen ausdrucke sich ganz anschliessend hat Lehmann I, 321 „*wer leichtlich glaubt, ist leichtfertig*", und ein anderes sprichwort reimt „*wer leicht glaubt, wird leicht betaubt*" Simr. nr. 3673. Palingenius III, 149 „*qui facilis credit, facilis quoque fallitur idem*", und Agricola bringt aus Cicero de pet. consul. bei „*nervos atque artus sapientiae esse, non temere credere.*"

158. ecclesiast. 20, 32.

Sapientia absconsa et thesaurus invisus, quae utilitas in utrisque?

Luther: *Ein weiser Mann, der sich nicht brauchen lässt und ein vergrabener Schatz, wozu sind sie beide nütze?*

Die erste hälfte des spruches findet sich bei Wernh. v. niederrh. 47, 20:

want ich inhaldin eine nit vor wisen man, die gude liste aleine kan; wan virborgine wisheit der selen nit vuirsteit. an weme si irsteruit, so dat si keine vruth irwirvit.

die zweite hälfte bei Wirnt, Wigalois 7, 4:

waz vrumt dem rîchen argen man, der al der werlde guotes erban, ob er tusent marke heizet in sîner arke vil vaste besliezen?

auch die vorrede des sachsenspiegels spricht (157) vom vergrabenen schatze vielleicht mit hinblick auf das gleichnis von den anvertrauten centnern (Matth. 25 ἀπελθὼν ἔκρυψα τὸ τάλαντόν σου ἐν τῇ γῇ)

> daz myn scaz vnder der erde mit mir icht vorstat werde.

ebenso Trimberg, renner 5099: *swelch schatz begraben ist in der erden, der sol dem endecriste werden, swenn er komt, also hoere ich sagen.*

vollständig ist das sprichwort in der avent. crône 11: *verborgen schatz und wistuom, diu sint ze nutze cleine vrum, rede mit wistuom vrumt. vil emezeclichen daz kumt, daz an der rede vaelt der sin unde stét gar âne gewin.*

ferner bei Freidank 147, 9 (vgl. Grimm XCIX): *begraben schatz, verborgen sin, von den hat nieman gewin.*

oder wie diese stelle im liedersaal lautet „*ist verlust âne gewin.*"

H. v. Morungen XIX, 2: *waz sol golt begraben, des nieman wirt gewar.*

Marner 15, 9: *sol daz heizen guot, daz nieman hie ze guote kümt? begraben hort, verborgen sin — der werlte vrümt alsam der juwelen vluk, des gires smak, des raben slunt, des aren grif, des wolves zuk, der müggen mark, des bremen smalz unt des loupvrosches schre.*

laiendoctr. 62: *forborgen dogen nigtes nist: penninge, der neman mag to bat, kunst de besloten stát, unde in der érden shat begraven.*

und 122: *twe ding mätlike men find, de vorborgen nigt en sint; dat is: wysheid unde shat, wente der mag nemand to bát.*

und der Teichner sagt, lieders. 152, 16: *gewalt und wishait lobt man clain, dez man nit geniezzen mag.*

mit einem ähnlichen gleichnis in der alten weisen exempelspr. 13ᵃ: *weyssheyt verborgen würt nit gelobt wie der samen in der erden,*

auf die Reinaerts sage gedeutet von Willems aus Sartorii adagia (1561) „*een verholen schat, wat is dat?*"

dem sprichworte, das sich sehr gut auf die verwerthung „der weisheit auf der gasse" selbst anwenden liesse, stellen sich viele neuere verwandte zur seite. Lehm. I, 714, 44 hat „*verborgner schatz und verborgene weisheit ist niemand nutz.*" 253, 52 „*was hilffts einen, wenn er schon vil gelts in der kisten hat, vnd der teufel hat den schlüssel darzu?*" Simrock nr. 8899 und Körte nr. 5268: „*verborgner schatz ist der welt nichts werth.*" Simr. nr. 8900: „*vergrabner schatz, verborgner sinn, ist verlust ohne gewinn.*" Egenolff 153ᵃ: „*was soll eingegraben rostig geld?*" oder Simr. nr. 3317: „*was soll geld, das nicht wandert durch die welt?*" Persius (satyr. 1) sagt ähnlich „*scire tuum nihil est, nisi te scire hoc*

sciat alter.'' und dasselbe will wol das griechische sprich-
wort sagen τῆς λανθανούσης μουσικῆς οὐδεὶς λόγος. Sueton 4:
occultae musices nullus respectus. Erasmus. — Zehner p. 382.

159. ecclesiast. 21, 21.

Tanquam domus exterminata, sic fatuo sapientia.

Luther: *Des Narren Rede sieht wie ein eingefallnes Haus.*
      Unkluge reden mit baufälligen häusern zu vergleichen
ist gäng und gäbe. wir sagen noch heute scherzhaft: *,,er
hat einfälle wie ein altes haus.''* in diesem sinne sagt Neo-
corus (I, 20) *,,iss demnha ock dusse meinung buwfellig.''*
lügnerische reden vergleicht Notker ebenfalls mit einer sich
werfenden wand in einer glosse zu ps. LXI *,,diú uuânent is
iúh mugen in tuon, samo so haldentero uuende unde nider ge-
duôhtemo zune, diê doh fiêlin âne stôz.''* nur bei Körte nr.
1060. dazu halte man das sprichwort bei Agricola 220 u.
430 *,,narren reden was ihnen einfellt.''* (vgl. Zehner p. 95.)

160. ecclesiast. 21, 29.

In ore fatuorum cor illorum, et in corde sapientium os illorum.

Luther: *Die Narren haben ihr Herz im Maul, aber die Wei-
      sen haben ihren Mund im Herzen.*
Trimberg, renner 14072, fast wörtlich: *wann toren hertze
      leit in irem mvnde, der wisen mvnt in hertzen grvnde.*
und 17718: *torn hertz leit in irem mvnde, der wisen mvnt
      ins hertzen grvnde.*
getrennt findet sich der spruch bei Agricola 11 (500 spr.)
,,der narren mund eröffnet seines herzen grund'' und bei Sim-
rock nr. 7161 *,,weise leute haben ihren mund im herzen.''*
ebenso sagt der Araber *,,dem narren sitzt das herz auf der
zunge, dem klugen sitzt die zunge im herzen.''* sehr gebräuch-
lich ist die sprichwörtliche redensart *,,das herz auf der zunge
haben.''* auch gehört das sprichwort hieher *,,was in des wei-
sen gedanken ist, ist in der narren munde''* Simr. nr. 11503.
Zehner p. 386.

161. ecclesiast. 22, 30.

Ante ignem camini vapor et fumus ignis inaltatur.

Luther: *Der Rauch und der Dampf gehet vorher, wenn ein
      Feuer brennen will.*
Gest. Roman. 64[b] heisst es von Abibas *,,er kan machen ein*

feur aun rauch", womit die unmöglichkeit einer that lächer-
lich gemacht werden soll. Sirach zielt mit obigen worten
auf die bei zank und zwist den thätlichkeiten voraufgehenden
droh- und schmähreden. ähnlich sagt der Esthe *„wo holz
brennt, da steigt rauch auf"*, und wir sagen (Simr. nr. 8144)
„wo rauch aufgeht, da ist feuer nicht weit", (8141) *„wo
rauch ist, da muss auch feuer sein"*, und Eiselein 520 *„erst
rauch, dann feuer"* (*de fumo ad flammam* Erasm.). noch
schriftgetreuer aber hat Simrock nr. 8142 nach Lehm. 1, 5
„der rauch gehet vorm feuer her." Zehner p. 387.

162. ecclesiast. 25, 3. 4.

**Tres species odivit anima mea et aggravor valde animae illorum:
pauperem superbum, divitem mendacem, senem fatuum et insen-
satum.**

Luther: *Drei Stücke sind, denen ich von Herzen feind bin,
und ihr Wesen verdriesst mich übel: Wenn ein Armer
hoffärtig ist, und ein Reicher gerne lügt und ein alter
Narr ein Ehebrecher ist.*
Der jüngere Sirach hat (Dukes 76) *„folgende vier dinge er-
trägt der verstand nicht: einen armen der stolz ist, einen rei-
chen der es leugnet* (nämlich dass er reich ist), *einen greis
der ehebruch treibt und einen vorsteher, der sich umsonst er-
hebt* (stolz in der gemeinde ist und in der zeit der noth nicht
zugreift).
Marner (16, 18) denkt an unsere stelle, wenn er singt:
*mir selten wol behaget úz ríchen mannes münde lüge
unt swa den bern ein eichorn jaget, mich wundert armiu
hôchvart und ist alter man unwîs.*
ebenso Trimbg., renner 20931: *davon sprach ein weiser man:
„trahtet ein weiser man vmb gvt, vnd hat ein armer
tratzen mvt, vnd hat ein alt man tvmme site, da wont
luzel selden mite."*
in Mones anzeiger (VII, 500) findet sich dasselbe sprichwort
erweitert als denkspruch aus dem 15. j. verzeichnet:
*vier menschen sind got und der welt ungenäm: der arm
hochfertig, der reich lügner, der alt vnkevsch und der
kriegmacher.*
der hoffart des armen spotten viele deutsche sprichwörter.
Simrock nr. 4838 *„hoffart und armut halten übel haus."* nr.
8332: *„reicher demut meinet gott, armer hoffart ist ein spott."*
nr. 502—5: *„armer leute pracht währet über nacht. armer
leute hoffart währet nicht lange. an armer leute hoffart wischt
der teufel den arsch. armer leute hoffart und kälbermist ver-
riechen gern in kurzer frist."*

8*

163. ecclesiast. 25, 18.

Omnis malitia nequitia mulieris.

Luther: *Es ist keine List über Frauenlist.*
Salomo und Marcolfus stimmen in diesem punkte voll-
kommen überein. Salom. *„innumeras artes habet femina.*
quot habet artes, tot habet probitates.“ Marc. *„non dic*
„„„probitates“„„ sed „„„pravitates et deceptiones.“„„ und im
deutschen Morolf 761:
> *von wiben wil ich czubrengen, daz eyn bose wypp vmb-*
> *dreit den dufel mit behendigkeit.*

und fastnachtsp. 533, 4: *die frauen haben kunst án zil.*
Lampr. alexdr. 5246: *niht ist só listic só daz wíp.*
gesammtabent. II, 323: *swie wíse er sí, swie lós ein man, von*
> *wibes listen nieman kan sín gemuete enbinden.*

436: *wunder wirket wíbes list.*
und 446: *wibes kunst ist áne zil, daz si vil wol bewaeret.*
Eraclius 3139: *wíp kunnen manegen list, der in mannen un-*
> *kunt ist.*

Uhland volksl. 136, 13: *denn frawenwort und ire list betrie-*
> *gen manchen man.*

Suchenwirt XXXVIII: *das wib kan mangen spaehen list.*
fastnachtsp. 354, 14: *secht, weibes list die ist so tief, das in*
> *kein man nie vor gelief.*

ebend. 510, 13: *Lucifer, nu waistu wol, das alte weib sind*
> *poshait vol vnd sind mit zauberei überladen, darvmb*
> *geschach vns von in schaden. si kan niemant über-*
> *listen —*

Wittenw. ring 19[d] 39: *so duncht mich auch, sam gewissen*
> *ist, die frawen sind nicht ane list.*

Keller erzählg. 249, 36: *o weibes list, wy manigfalt dein wun-*
> *der sindt und dein gbalt am man, der deiner thuck en-*
> *pfindt! du magst gesehente augen plindt, du tregst ver-*
> *nunft, wicz und daz hirn. wer kan dein list all aus*
> *studirn.*

250, 8: *deiner list zw widersten mit chraft hilfft weder wicz*
> *noch maister schafft.*

309, 12: *weibes lyst hand kein gründ.*
> 17: *frawenlist sind pehend. keiner soll sich tüncken*
> *also gescheid, das er frawen list verid, wann es wurd*
> *im doch zu schber.*

349, 15: *weiber list kan niemantz beschreybenn.*
Steinhöw. Aesop 104[b]: *die alten weib seind schneller böss list.*
Ambras. liederb. 93, 4: *denn frawen list verborgen ist, sie*
> *seind freundlich im herzen, sie können weinen, lechlen,*
> *pinckeln wan sie wöllen etc.*

Simrock bietet nr. 6531 „*manneslist ist behende, weiberlist* (*ohn*') *hat kein ende.*" 2646: „*es ist nicht mehr betrug als an den frauleuten.*" 11353 und Lehm. flor. I, 143: „*weibertück ist vber alle stück.*" nach der bibel aber bei Simrock nr. 11352 „*weiberlist geht über alle list*" und 11351 „*weiberlist — nichts drüber ist*", und Bürger singt in seinen „weibern von Weinsberg":

> *denn pfaffentrug und weiberlist*
> *gehn über alles, wie ihr wisst.*

164. ecclesiast. 25, 26.

Brevis omnis malitia super malitiam mulieris.

Luther: *Alle Bosheit ist gering gegen der Weiber Bosheit.*
Im jüngeren Sirach (Dukes s. 76, 32) heisst es „*alles schlimme — nur keine schlimme frau.*" Rabbi Jehuda sagte „*vierzehen dinge giebt es, von denen immer das vorhergehende schwerer zu besiegen ist als das folgende, dieses aber doch über jenes sich erhebt*" etc. am schlusse der aufzählung dieser vierzehn dinge heisst es „*schlimmer als dies alles ist eine schlimme frau.*"
Marcolfus sagt „*brevis est omnis malitia et terror super malitiam mulieris*" und darnach Morolf (196):

> *eyme bosen wibe mag nit glichen mit bossheit in allen richen.*

Boner, edelst. 63, 49: *wiben schalkeit, diu ist groz.*
60: *schalkeit sint si alle vol.*
laiendoctr. 90: *des bosen wives wredigheid boven alle wredigheid gait.*
im leben Diocletians (nat. biblioth. 32) sagt Cato 2421:

> *ouch sagen ich iuch vf mynen eyt, das keynerley bossheit vber eines bösen wibes bossheit ist.*

fastnachtsp. 536, 10: *all posheit wechst mit frauen auf.*
14: *nit posers ist, dan ein pos weip.*
Kellers erzählg. 213, 6: *waz man saget oder synget, so vyndet man so vngeheures nicht, alz von weiben geschicht.*
in dem bekannten bohnenliede (Docen misc. II, 255) heisst es: *wer sich an böse weiber kehrt, den hält man werth zu zeiten: eh dass er ihr bosheit gelehrt, bhalt er kein geld im beutel.*
Franck 44ᵃ. 142ᵇ 143ᵃ. Lange (adag. 1596) und Tappius 514 haben „*es ist nichts vber ein böss weib. es ist kein bösere creatur auff erden denn ein böses weib.*" Agricola (500 spr. nr. 301) sich an ecclesiasticus 25, 27 anlehnend „*ein böses weib ist vber alle böse würme.*" am treusten hat das sprichwort Franck (Egenolff 142ᵃ) „*alle bossheyt ist ein schertz*

gegen eines weibs bossheyt." von der grösse der weibertücke
erzählen noch andere deutsche sprichwörter z b. *bösem weibe
kann niemand steuern — gilt die bosheit etwas, so ist ein weib
theurer als zehn männer — wer ein böses weib hat braucht
keinen teufel — mit einem bösen weibe finge man den teufel
im freien felde — kein weib ohne teufel u. s. w.*

165. ecclesiast. 27, 8.

[Ante sermonem non laudes virum:] haec enim tentatio est hominum.

Luther: *Denn an der Rede erkennt man den Mann.*
Als catonischer spruch in den altd. bl. II:
  die leute tunt dir selbe kunt ir sit mit rede ze aller stunt.
bei Neocorus II, 54: *als jener sede „loquere ut te videam".
  itt werdt erkandt ahn allen tandt de pott am klang,
  den vogll am gsang, de man an wordn an allen ordn.*
zu vergleichen sind auch stellen wie: fastnachtsp. 898, 11:
  *dem hört man an sin worten an, was er syg für ein
  goukelmann.*
ähnlich sagt Walther: *man horet an der rede wol, swie ez
  um daz herze stât.*
und Freidank 82, 10: *bî rede erkenn ich tôren.*
nach Franck 139[b] und Lehm. II, 28 *„an der red kennt man
den mann."* auch bei Körte nr. 4981 und Simr. nr. 8261
„an der rede erkennt man den mann." Lehm. I, 643 *„auss
den reden wird der mensch erkand."* Franck 139[b] *„die rede
ist des mannes bildnis. wie einer redet, so ist er."* Terenz
sagt *„mihi quale ingenium haberes fuit indicio oratio."*

166. ecclesiast. 27, 28.

Qui in altum mittit lapidem, super caput ejus cadet.

Luther: *Wer den Stein in die Höhe wirft, dem fällt er auf
  den Kopf.*
Sinn: wer anderen schaden will oder wer jähzornig ist, scha-
det sich selbst. ähnlich sagt ein talmudisches sprichwort
(Dukes 366) *„wer in die höhe spuckt, dem fällt der speichel
ins gesicht."* Lange adag. 239 verzeichnet *„wer den stein
in die höhe wirfft, dem fällt er gern auff den kopf."* Simr.
nr. 9864 und Körte nr. 5719 fast ebenso *„wer einen st. über
sich wirft, dem f. er leicht auf d. k."* dasselbe sprichwort
hat auch der Araber. Brant meint wol dies sprichwort, wenn
er im narrenschiff sagt:
  *wer walzt ein stein uf in die höh,
  uf den fallt er und tuet im we.*

Eiselein 578. — auch Luther kennt das sprichwort „*der stein den du vber dich wirffst gen himmel, wird dir auff den kopff fallen.*" vgl. übrigens oben prov. 26, 27. — Zehner p. 186.

167. ecclesiast. 28, 16.

Lingua tertia multos commovit et dispersit illos de gente in gentem.

Luther: *Ein böses Maul macht viele Leute uneins und treibt sie aus einem Lande in das andere.*

Trimberg sagt von den bösen zungen (renner 21189):
lant vnt levte hant sie betwungen.

das laiendoctrinal (s. 55) bezeugt unseres sprichwortes biblische herkunft:

Jesus Sidrach dait bekand, alse ik bescreven sag: ängestliker dink nigt geshên mag an eineme, wän bose tunge. se forwerret ôld unde junge, man unde wyv, fader unde kind, unde alle de in der stad sint, unde maket fele tohope lopen, dat männig mot forkopen, unde männigen bringet in den dôd.

Simrock nr. 6891 und Körte nr. 4151 haben den spruch in etwas veränderter fassung „*ein geschwätzig maul verwirrt ein ganzes land.*"

168. ecclesiast. 28, 28.

Ori tuo facito ostia et seras auribus tuis.

Luther: *Warum machst du nicht vielmehr deinem Munde Thür und Riegel?*

C. 22, 33 betet Sirach „*dass ich könnte ein schloss an meinen mund legen und ein festes siegel auf meinen mund drücken*" etc. Der schrift entnimmt es Kero (Hattem. I, 48): *posui ori mea custodiam* „*sazta munde minemv kehaltida.*"

der Winsbeke ertheilt seinem sohn die lehre (Haupt 24, 5):

sun, du solt dîner zungen pflegen, daz si iht úz den angen var: si lat dich anders underwegen der éren und der sinne bar. „*schiuz rigel vür und nim ir war.*"

ähnlich bei Walther III, 89: *hüetet iuwer zungen, daz ziemt wol den jungen, stoz den rigel vür die tür, la dekein boese wort davür.*

sehr gebräuchlich ist unsere redensart „*einem ein schloss aufs maul — vor den mund legen*" und das sprichwort „*man müsste viel schlösser haben, wenn man allen leuten den mund zuschliessen wollte.*" Simrock nr. 9091ᵇ.

169. ecclesiast. 30, 1.

Qui diligit filium suum, assiduat illi flagella.

Luther: *Wer sein Kind lieb hat, der hält es stets unter der Ruthe*, und prov. 13, 24: *Wer ihn* (den Sohn) *lieb hat, der züchtigt ihn bald.*
Das sprichwort wurde häufiger angewendet als das im geraden gegensatze ausgedrückte prov. 13, 24. einen hiehergehörigen spruch Salomos gebraucht Kero (Hattem. I, 39):
> *uuizzanti geskriban ,,slah chind dinaz kertu indi erloosis sela sina fona tode,*

und Salomo im Marcolfus Sirachs spruch (ecclesiast. 30, 12):
,,*tunde latera filii tui dum tenera sint*'' oder wie Marner singt 16, 19:
> *ein man der ber sin liebes kint, diewile ez sich beren lät.*

und 16, 18: *liebem kinde ist guot ein ris.*
oder wie ein sehr bekanntes sprichwort sagt ,,*je lieber kind, je schärfre ruthe*'' Simr. nr. 5593, welches sich auch bei Helbling wiewol etwas verändert findet III, 94 (Haupts zeitschr. IV):
> *je lieber kneht, je groezer besem.*

ebenso bei Trimberg, renner 13723: *wer sinem kinde wil sein getreuwe, der sol ez in der jugent zihen.*
lieders. 158, 45: *hieby merckent, daz man kint die wyl und sy claine sint, sol wisen rechte lere, daz frumt sy iemer mere.*
Hadam. jagd 253, 1: *ze liebem kinde gehoerent beseme gróze.*
Muscatbl. 45, 43: *wie lieber kind, ye scherffer rût.*
ebendas IX. 4, 9: *gût mûter hânt ir nie gelesen vor langer zeyt ,,ye lieber kind, ye grösser pesen?*''
in einem spruchgedichte des 14. j. heisst es (altd. bl. I, 88):
> *habe zuht an dime gesinde, an alde und an kinde, unt slach din kint mit eime rise, mit vorhten mache ez wise.*

Hätzlerin 133[b]: *wenn man spricht ,,dem chind die menschen aller liebst sind, so die besem praitt sein.*''
ebend. 201[b]: *junge kind mit gerten man vffziehen sol.*
Wittenw. ring 54, 12: *mit gerten sol man kinder straffen.*
im bouc van seden (Kaussler II) 409 heisst es: *dune scelds dijn kint, als het mesdoet, of slaet of bluwet, het es em goet.*
und in den denksprüchen aus dem 16. j. bei Mone anz. VII, 504 findet sich:
> *Wer sein kint lieb hat der zaiget im die gaissel frü und spat: man findet männigen biedermann, der an*

seinem kindt muss han ain feind über die zwölf jar,
es sey haimlich oder offenbar.

Agricola hat (nr. 95) „*wer sein kindt strafft, der zeucht ehre*
darauss, wer es nich straffet, der wirt schande erleben" —
„*wer sein kindt lieb hat, der sparet der ruthen nicht*" — und
nr. 649: „*jhe lieber kindt, jhe grösser rute*", wie Epictet
sagt: πατρὸς ὕβρις ἡδὺ φάρμακον, und ein lateinischer denk-
spruch „*non amat hic puerum, qui raro castigat illum.*" im
gegensatze hierzu singt freilich Walther III, 87, 1:
    nieman kan mit gerten kinderzuht beherten.
Zehner p. 394.

170. ecclesiastic. 30, 15.

Et corpus validum melius est quam census immensus.

Luther: *Ein gesunder Leib ist besser, denn grosses Gut.*
In den fastnachtsp. 683, 2: *gesunt ist pesser, denn alles*
    gut.
auch Plato meint (Gorg.): ὑγιαίνειν μὲν ἄριστον ἀνδρὶ θνατῷ.
Simrock nr. 6555 bietet „*gesundheit ist der grösste reichthum.*"
Egenolff 155ᵇ „*gesunder lieb ist über alle reichthumb*".
Lehm. I, 302 „*gesunder mann, reicher mann*".   Zehner
p. 396.

171. ecclesiastic. 30, 26.

Ante tempus senectam adducet cogitatus.

Luther: *Sorge macht alt vor der Zeit.*
Umschreibend dichtet Freidank 58, 7: *sorge machet grâwin*
    hâr: sus altent jungen âne jâr.
im laiendoctr. 58: *Jesus Sidraches sone sait, dat torne edder*
    gramigheid des minshen dage kann minderen unde an
    sundheid hinderen.
und 192: *Jesus Sidrach maket uns des wis* „*drôvheid dodet*
    den minshen unde en hävt nigt na winshen".
Folz, fastnachtsp. 1263: *gedenken auch und sehen an den*
    spruch den spricht der Saloman „*die trauikeit mit irem*
    gewaltt macht mager, geruntzelt, alt".
ebend. 734, 25 und 745, 14: *das haben gesagt die weisen*
    haiden, das trauren mag kürzen das leben. trauren
    mag nichz gutss geben.
hierzu halte man sprichwörter wie „*es kan sich einer leichter*
runtzlicht sorgen als reich" Lehm. 719, 18. „*unnütze sorge*
macht früh alt" Simrock nr. 9613. „*viel sorgen und jahre*
machen graue haare" Körte nr. 5592. „*sorge macht graue*

haare und altert ohne jahre" Simr. nr. 9604, und den versus leoninus *,, cura facit canos quamvis homo non habet annos".*

172. ecclesiastic. 32, 24.

Sine consilio nihil facias et post factum non poenitebis.

Luther: *Thue nichts ohne Rath, so gereut Dich's nicht nach der That.*

Kero (Hattem. I, 42) citirt aus der schrift: *so kescriban ist ,,alliu tua mit kiratida indi after tatim ni hrivoes".*

Marcolfus sagt *,,omnia fac cum consilio et post f. n. p".*

carm. buran. LXXVI: *prius delibera quod factum subeas, ne die postera sero poeniteas.*

Hartm. Gregorius 1279 wird derselbe rath ertheilt: *und volge miner lére, daz dir durch dinen tumben zorn der werke icht werde só gâch, daz ez dich geriwe dar nâch.*

unserer obigen stelle näher kommend Gawein (ald. bl. 154, 39): *rat ist alle dickeste gut, swer alle dinc mit rate tu, dem erget ez zv dem besten.*

holst. kron. (Staphorst, hambg. kirch. I, 125): *en islik mensche darna ile, dat he sin dinck also anschla, dat id em tho lesten nicht miss en gha.*

Frauenlob 347, 5 bringt einen ähnlichen gedanken: *,,mit vorgedank wirt sünde erwant"* — *hoer' ich die wisen sagen.*

Boner, edelst. 30, 37: *eż ist niut só guot, só guoter rât. der mensche ist saelig, der den hât. der guotem râte volgen wil, der gewinnet niht náriuwe vil um sine werk.*

und als bejahendes urtheil 70, 53: *wer mit guotem râte tuot sín werk, daz wirt im dicke guot.*

bouc van seden (Kaussler II) 105: *werc alle dine dinc bi rade, sone berouwet di niet dine dade.*

zu der von Luther sicher unabsichtlich gereimten deutschen übersetzung des Spruches (Hiltebrands bilderschatz 291) füge ich andere deutsche sprüchwörter: *,,vor der that gehet der raht"* Tapp. 521. Simrock nr. 8085 hat: *,,ohne rath keine that."* nach Franck 45b — nr. 8081: *,,rath sol vor der that gehen".* nr. 8082: *,,all ding will vor rath dann that haben"* (Franck 25a). nr. 8083: *,,halte rath vor der that"* (Franck ebend.). Körte nr. 4883: *,,bei zeit halt rath: denn nach der that kommt er zu spat".* — Zehner p. 397. — auch griechische weise ertheilen vielfach diese warnung. Epicharmus pflegte zu sagen: οὐ μετανοεῖν, ἀλλὰ προνοεῖν χρὴ τὸν ἄνδρα τὸν σοφόν, Bias: νοεῖ καὶ τότε πρᾶττε, Pythagoras: βουλεύου δὲ πρὸ ἔργου, ὅπως μὴ μωρὰ πέληται.

173.   ecclesiastic. 34, 5.

Somnia vana sunt.

Luther: *Träume sind nichts.*

Salomo sagt eccles. 5. 6: „*wo viele träume sind, da ist eitelkeit und viele worte*“. Hartmann sagt Iwein 3547: *swer sich an troume kéret, der ist wol gunéret. troum, wie wunderlich dú bist! dú machest ríche in kurzer vrist einen alsó swachen man, der nie nách éren muot gewan: swenner danne erwachet, só hástú in gemachet zeime tóren als ich.*

Stricker (Hahn III, 150) spottet der traumdeuterei: *welt ir gróze rícheit mit iwern troumen bejagen, só sult irs alten wíben sagen, die sagent iu waerlíche, daz ir saelik unde ríche werdet unde darzuo alt; der vrume ist danne trivalt.*

Hugo, Martina 136, 5: *swie doch die trovme triegent und an wahrheit liegent.*

im eingange der altniederl. rose (Kaussler II) heisst es: *het es gheseit, dat in drome niet ne es dan ydele gome, loghene ende onwaerhede, nochtan heeft men te meniger stede dicken die drome vonden waer, ende die dingen ghescien daer naer, also si in drome waren ghesien.*

in einem deutschen Cato des 15. j. (altd. bl. II) 331: *du solt nicht tröume ruchen: wir lesen an den buchen, der troum si wan vppikeit.*

Hätzlerin 126[b]: *wan träumb das sein trüg.*

Keller, erzählg. 292: *er sprach: trawm das sint trüge. do solt dich nit keren an, ob ich dir ler geben kan vnd weyslichen raten.*

Pontus u. Sidon. (buch d. lieb. 397): *ei, sprach der graf, man sol nicht an die träume glauben.*

Agricola nahm das sprichwort auf „*treüme seind lügen*“ (I, 623. II, 61) und fügte eine breite erläuterung hinzu. schliesslich sagt er „*der schloff vnd die träwme geben zuuerstehen, welcher auss den vier humoribus die überhand hab.*“ — „*en draum is en droog*“ sagt ein westphälisches schelmensprichwort und fügt hinzu: „*wat man in't bette döet, dat findt man wedder.*“ andere sprichwörter reimen lustig auf „träume“: „*träume sind fäume*“ (Kirchhof. schweiz. spr.) — „*träume sind gäume*“ (= wahrnehmungen, siehe obige stelle aus der rose) „*träume sind schäume.*“ auch der Franzose reimt: „*tous songes sont mensonges.*“ ein anderes unsauberes spr. lautet: „*ein traum ist ein dreck, wer dran glaubt ist ein geck*“ und der Holste sagt (Schütz idiot.) „*en droom is en drog, dat was he vorm jahre, dat is he ook noch.*“ so sagt auch

Theocrit: *ἴσαι δὲ ψευδέσιν ὄψεις*, und Plutarch: *ψευδεῖς ὄνειροι χαίρετ' οὐδὲν ἦτ' ἄρα*. Zehner p. 285.

174. ecclesiast. 38, 23.

Mihi heri et tibi hodie.

Luther: *Gestern war es an mir, heute ist es an dir.*
Der spruchreiche Spervogel kennt das sprichwort (13):
  ez ist hiute mîn, morne dîn: so teilet man die houben.
auch Franck (152ᵃ) führt es auf: „*heut an mir, morgen an dir*" und setzt erläuternd hinzu: „*was einer ist das seind wir all. wie es dem geht, also mags morgen mir gehen.*" Simrock und Eiselein 508 bieten das sprichwort in dieser fassung: „*heute mir, morgen dir.*" so haben es auch Engländer, Italiener und Dänen. ausserdem giebt Simrock nr. 4706 dasselbe in einem spruchreime
  „*sehr ungleich gehts auf erden zu:*
  ich heut, der gestern, morgen du."
als der gefangene französische könig Franz I. in einem zimmer den wahlspruch des kaisers Carl V. „*plus ultra*" an der wand bemerkte, schrieb er darunter „*hodie mihi, cras tibi*", und der kaiser wieder darunter „*fateor me hominem esse.*" Manl. loci commun. p. 175. — Zehner p. 404.

175. ecclesiast. 39, 40.

Non est dicere „hoc illo nequius"; omnia enim in tempore suo comprobabuntur.

Luther: *Dass man nicht sagen darf: Es ist nicht Alles gut; denn es ist ein Jegliches zu seiner Zeit köstlich.*
avent. crône 2153: *ieglich sache ist z'ir zît guot.*
zu vergleichen sind alle stellen zu eccles. 3, 1. und Soph.
Oedip. *πάντα τῷ καιρῷ καλά*. — Zehner p. 406.

176. Jesaias 65, 20.

Quoniam puer centum annorum morietur.

Luther: *Sondern die Knaben von hundert Jahren sollen sterben.*
Im Marcolfus findet sich:
  puer centum annorum maledictus erit,
und darnach im Morolf 515: *ein kint von hundert jaren ist bose czu leren czwaren.*
das laiendoctrinal (s. 83) bietet: *dat unârdigeste ding dat is ein óld minshe, des syt gewis, de sine sede an kindheid*

kért, alse ein wys man uns lêrt. he sägt alsus tofaren,
dat kint fan hundered jaren formalediged seker sy.

Zehner p. 645 bringt hier eine passende stelle aus Hesiodus
bei:

ἀλλ' ἑκατὸν μὲν παῖς ἔτεα παρὰ μητέρι κεδνῇ
ἐτρέφετ' ἀτάλλων μέγα νήπιος ᾧ ἐνὶ οἴκῳ.

177. Jeremias 13, 23.

Num mutare potest Aethiops pellem suam, aut pardus varietates
suas: et vos poteritis benefacere, cum didiceritis malum.

Luther: *Kann auch ein Mohr seine Haut wandeln oder ein*
Parder seine Flecken? So könnet ihr auch Gutes thun,
weil ihr des Bösen gewohnt seid.

Freidank gibt die ganze stelle 88, 19:
des môres hût unsanfte lât ir swarze varwe die sie hât;
des lebarten hiute sam geschiht, diu enlât ir maneger
vlecken niht: als wizzet, daz ein übel man sîn übel niht
vermîden kan.

und 88, 15 eine gleichlautende: *den ziegel und den boesen*
man nieman volle waschen kan, so daz luter ab in gê.

ebenso die gest. Roman. (Keller) 8ᵃ: *darumb spricht ein*
weiser meister Aristotiles ,,difficile est consueta derelin-
quere, ez ist unmügleich, die gewonhait zu verlazzen.''
ez spricht auch ein heiliger weissag Jeremias ,,vil lützel
mag ein mor verchern sein ungeschikter haut oder ein
part mag verchern die varb die chekchot oder vech ist.
also macht du wol tûn, wann du hast übel getan.''

auch die Griechen und Römer hatten diesen sprichwörtlichen
ausdruck. so sagt Lucian: καὶ κατὰ τὴν παροιμίαν Αἰθίοπι
σμήχειν ἐπιχειρῶ, und Aesopus: Αἰθίοψ οὐ λευκαίνεται (Ae-
thiops non albescit). Erasmus führt hierzu ein epigramm
Lucians an:

Εἴς τι μάτην νίπτεις δέμας ἴνδικον; ἴσχεο τέχνης.
οὐ δύνασαι δνοφερὴν νύκτα καθηλιάσαι.

Körte nr. 4277 ,,*mohren werden nimmer weiss.''* 4278 ,,*es*
ist vergeblich, einen mohren wollen weiss waschen.'' Simrock
nr. 7058 ,,*einen mohren kann man nicht weiss waschen.''*
sprichwörtlich ist auch der ausdruck ,,*eine mohrenwäsche*''
für ,,unmöglichkeit, unnutz.'' in Hamburg sagt man ,,*man*
mag em waschen oder ryven, so will he wol blyven'' (Schütze
holst. idiot.). sinnverwandte deutsche sprichwörter lauten:
,,*es hilft kein bad am raben. alte raben sind bös weiss zu*
machen'', und eine bekannte priamel zählt unter die unnü-
tzen arbeiten ,,*wer baden wil einen rappen weiss, und daran*
legt seinen ganzen fleiss.'' — Zehner p. 333.

178. Amos 7, 14.

Non sum propheta et non sum filius prophetae, sed armentarius ego sum vellicans sycomoros.

Luther: *Ich bin kein Prophet noch eines Propheten Sohn, sondern ich bin ein Kuhhirte, der Maulbeeren ablieset.*
Nur bei Lange adag. 508 „ich bin kein prophet, sonder ein hirt, spricht Amos."

179. Tobias 3, 22.

Quia post tempestatem tranquillum facis et post lacrymationem et fletum exaltationem infundis.

Luther: *Denn nach dem Ungewitter lässest du die Sonne wieder scheinen und nach dem Heulen und Weinen überschüttest du uns mit Freuden.*
Hartm. büchl. II, 444: *ez werdent liep unde wert nâch ungewitter lichte tage.*
lieders. 28, 150: *daz manig mensch hat gesechen nâch trüber zit ein liechten tag.*
in einem weltlichen liede aus dem anfange des 15. j. (fundgr. I. 334, 8) heisst es:
> *nach regen scheint die sunn, nach laid kümbt freud vnd wunn.*

in einem anderen bei Uhland (volksl. I. 198, 5) sagt ein landsknecht:
> *wenns gleich lang regenwetter ist, so scheint darnach die sunne.*

ebend. II. 279, 16: *nach regen scheint die sunne.*
in einem noch anderen bei Hoffm. deutsch. gesellsch. III:
> *ich hör ein sprichwort melden, auch triffts gewöhnlich ein: „nach einem regen selten bleibt aus der sonnenschein."*

ebend. 269: *die sonn scheint nach dem regen.*
Ambras. liederb. 87, 3: *es hat wol ehe so sehr geregnet, darnach so scheint die sonne.*
ebend. 210, 1: *die sonn scheint nach dem regen.*
Pindar singt: ἀλλὰ νῦν μοι γαιάοχος εὐδίαν ὄπασσεν ἐκ χειμῶνος, Theocrit idyll. 4: Χὼ Ζεὺς ἄλλοκα μὲν πέλει αἴθριος, ἄλλοκα δ᾽ ὕει, und Ovid trist. II, 142: „nube solet pulsa candidus ire dies." ein bekanntes lateinisches sprichwort sagt „post nubila Phoebus", ein englisches „after a storm comes a calm." Franck 42ᵃ „nach dem regen scheint die sonn." Tapp. 394. Simrock nr. 8287, Eiselein 524 und Körte nr. 5000: „nach regen kommt sonnenschein." Zehner p. 665.

II.

Sprichwörter des neuen testamentes.

———

180. Evang. Matthaei 3, 10. Lucae 3, 9.

Jam securis ad radicem arborum posita est.

Luther: *Es ist schon die Axt den Bäumen an die Wurzel gelegt.*
Ulfilas übersetzt Luc. 3, 9:
aththan ju so aquizi at vaurtim bagme ligith.
Otfried I, 23, 51: *ist thiu akus iu giuuezzit zi theru uuurzelun gisezzit.*
Tatian XIII, 15: *giu 'st acus gesezzit zi uuorzulum thero buomo.*
carmin. bur. XXV, 2, 7: *quod ad radicem arboris sit posita securis.*
Leys. predgt. 135, 40: *die aks ist allis angesazt an die wurcele des boumis.*
Eschenl. Bresl. stadtgesch. 281: *das beil ist bereit an die wurzel des baumes.*
und 334: *allgereit ist die axt an die wurzel gesetzt.*
Brant, narrensch. 261, 184: *worlich, die axt stat an dem boum!*
in neueren sammlungen nur bei Eiselein 49. Zehner hat es aufgenommen p. 412, und fügt in der erläuterung hinzu: „*eodem adagio nostrates utuntur, cum de hominis aut totius alicujus regionis interitu finali jamjam imminente vaticinantur.*"

181. Matth. 3, 10.

Omnis arbor quae non facit fructum bonum excidetur [et in ignem mittetur].

Luther: *Darum welcher Baum nicht gute Frucht bringet, wird abgehauen [und ins Feuer geworfen].*
Otfried I, 23, 51: *nist boum nihein in uuorolti, nist er fruma beranti, sunt ar siu nan suente, inti fiur anauuente.*
Grieshab. predgt. I, 80: *ein ieglich bovm der die guton fruht niht bringet, den sol man abhowen und soln in daz fiur werfen.*
ebend. noch einmal. ferner in Eschenl. Bresl. stadtg. 281:

9

ein ieglicher baum, der nit bringet gute früchte, sol ausgegraben und ins feuer gelassen werden.

im Weim. jahrb. b. I lautet ein niederl. spruch: *die eenen boom heeft uitvercoren, ende siet die vrucht daer aen verloren, die houwe den uit ende sy te vreden, ende sette enen anderen in die stede.*

Lehm. flor. I, 168 bietet „*einen baum, der nicht gute früchte bringt, soll man abhauen.*"

182. Matth. 4, 4.

Non in solo pane vivit homo.

Luther: *Der Mensch lebt nicht vom Brot allein.*

Otfr. krist II, 4: *tho quad Christus: giscriban ist, in brote ginuag n'ist. noh in thiu ginuhti, zi thes mennisgen zuhti.*

Jesu leb. u. leid. (fundgr. I, 151, 11): *ez enwirt ouch niht alein genôte gefûrt mit dem brôte der líp noch div sele.*

Wernh. v. niederrh. (Grimm) 8, 12: *he sprach: du weiz wol was giscriven steit. „man insal nit aleine des brodes lewin, mer des godes wortis des uns not is."* *himit was der tuvil giblant unde hatten wirs dan ê bikant.*

predgt. (fundgr. I, 101, 16): *der mennische der nemac ze ewiger noete uon dem brote leben, er mûz leben uon dem gotis worte.*

Grieshab. predgt. II, 82: *er sprach: ez stât geseriben. der mensch mag niht allaine geleben dez brôtez. er mûz och leben dez wortez.*

und 108: *der mensch lebt niht allaine dez brôtez.*

Hugo, Martina 236, 4: *als div heilic schrif vns wiset, daz niht der mensche mac geleben dez brôtes sô hie wirt gegeben sunder an allem gottes wort, daz hie dicke wirt gehort.*

Otto v. Passau, die 24 alten, 101ᵇ: *der mensch lebt nitt allein des protss.*

und in Schade's pasquillen IV, 182: *da Kristus spricht an einem ort „der mensch lebt nit allein im brot, sunder das wort gottes ist im not."* das spr. nehmen Körte 460 und Simrock 6991 auf.

183. Matth. 5, 7.

Beati misericordes quoniam ipsi misericordiam consequentur.

Luther: *Selig sind die Barmherzigen, denn sie werden Barmherzigkeit erlangen.*

Das spr. findet sich in Wippo's denksprüchen: „*qui miseretur misericordiam consequetur*", — bei Otfried II, 16, 17: „*salig thie armherze. ioh thie armu uuiht ismerze. then muat si thiu gigange. thaz iro leid si irbarme.*" und bei Grieshaber, predigt. I, 60: „*sailich sint die erbermherzigen, wan si erwerbent die erbermherzechait.*" bei Simrock findet sich nur 726 „*barmherzigkeit macht viel freunde.*" das spr. würde, wenn es noch umginge, etwa lauten „*wer sich des armen erbarmt, dessen erbarmt sich gott wieder.*"

184. Matth. 5, 13. Marc. 9, 50. Luc. 14, 34.

Quod si sal evanuerit, in quo salietur?

Luther: *Wo nun das Salz dumm wird, womit soll man salzen?*
Ulfilas übersetzt Marc. 9, 50:
   goth salt. ith jabai salt unsaltan vairthith, we supoda?
und Luc. 14, 34: *god salt. ith jabai salt baud vairthith. we gasupoda.*
Otfried Krist II. 17, 7: *oba iz zi thiu uuirdit. thaz thaz salz firuuirdit. uuer findit untar manne. mit uuiu man gisalze iz thanne.*
Tatian XXIV, 1: *oba thaz salz aritalet, in hiu filzit man iz thanne.*
Christus wendet dieses bild, nämlich vom reinigenden, erhaltenden und würzenden salz auf den beruf seiner jünger an. Simrock nr. 8685 „*wenn das salz dumm ist, womit soll man salzen.*" Zehner p. 413.

185. Matth. 5, 14.

Non potest civitas abscondi supra montem posita,

Luther: *Es mag die Stadt, die auf einem Berge liegt, nicht verborgen sein.*
die kaiserkronik sagt 97, 2: *ia scribent uns di wissagen „swer ain grozze stat uf ein hohen berch gezimpert hat, diene sol man niht uerbergen, sunder uerre gesehen werden.*
auch Brant, narrensch. 273, 40 bringt das sprichwort in einem zweispruch:
   zway ding mag man verbergen nit, zu ewig zyt sycht man das drytt: eyn stat gebuwen jn der höh, eyn narr, er stand, sitz oder gee, etc.
in unseren neueren sammlungen fehlt das sprichwort. — Zehner verzeichnet es p. 417.

186. Matth. 5, 15. Marc. 4, 21.

Neque accendunt lucernam et ponunt eam sub modio, [sed super candelabrum, ut luceat omnibus qui in domo sunt].

Luther: *Man zündet auch nicht ein Licht an und setzt es unter einen Scheffel, [sondern auf einen Leuchter, so leuchtet es denen allen, die im Hause sind].*
Ulfilas, Marc. 4, 21: *ibai lukarn quimith duthe ei uf melan satjaidau aiththau undar ligr. niu ei ana lukarnastathan satjaidau.*
Otfried Krist II. 17, 15: *ni brennit man ouh thuruh thaz giuuisso sinaz liohtfaz, thaz er iz biuuilze, mit muttu bisturze. suntar thes gihelfe thaz er iz irheffe ufan hohaz kirzistal, thaz iz liuhte ubar al.*
Tatian XXV, 2 nach ev. Lucae 8, 16: *noh intprennent lieht far inti sezzent is untar mutti noh untar betti, noh untar geborgana steti, noh untar faz, uzouch ubar kentilastab thaz iz liuhte alle then in huse sint.*
Heljand 42, 10: *ni scal neoman lioht the it habad. liudiun dernean te hardo behuuelbean. ac he it hoho scal an seli (saal) settean. that thea gesehan mugin alla gelico. thea thar inna sind. helidos an halla.*
Wern. v. Elmendf. 55. (Haupt z. IV) nach Luc. 8, 16: *iz inhilft ubir al nicht, daz man enburnet eyn licht vnd besturzit iz undir eyn vaz; so in sehet nieman deste baz.*
kaiserkron. 97, 7: *noh enzundet nicht sin liethuaz, daz er iz under den mutte besturze umbe daz, sunder sezze uf daz kerzenstal, daz iz luhte uber al.*
ged. auf Friedr. I. (Grimm, akad. abhdlg.): *ne sim reus et dignus odio, si lucernam premam sub modio.*
Körte nr. 3848 und Simrock nr. 6387 haben in kürzerer fassung „*man soll sein licht nicht untern scheffel stellen*". Zehner p. 419.

187. Matth. 6, 3,

Nesciat sinistra tua, quid faciat dextera tua.

Luther: *Wenn du aber Almosen gibst, so lass deine linke Hand nicht wissen, was die rechte thut.*
Ulfilas: *ith thuk taujandan armaion, ni viti hleidumei theina. wa taujith taihswo theina.* Tatian 33, 3: *thir tuontemo elimosina, ni wizze iz thin uuinistra, was thin zesuua tuo.* im laiendoctr. (Scheller s. 30):
unse leve here dait uns sulven bekand, wat so dait jue

*regtere hand, en shal weten de lugtere nigt: so gevet,
dâr men dat nigt gesigt.*

in Megenbg. buch d. natur III b.: *,,darumb spricht die ge-
schrifft ,,deyn lincke hand sol nitt wissen, was deyn gerechte
würcket.''* und in Claus bûr 831:
*der luchtern schal sin unbekant, wat dâr gift de vorder
hant.*

Zehner 420 citirt hierbei aus Juvencus I, 590: *quod dextera
facit, facias nescire sinistram''* und Simrock 6523 hat *,,was
die linke thut, lass die rechte nicht wissen.''*

188. Matth. 6, 21. Luc. 12, 34.

Ubi est thesaurus tuus, ibi et cor vestrum est.

Luther: *Denn wo euer Schatz ist, da ist auch euer Herz.*
Ulfilas: *tharei auk ist huzd izwar. tharuh ist jah hairto iz-
war.* Tatian 36, 2: *thar thin threso ist, thar ist thin herza.*
Heljand. 49, 23: *huuand thar is alloro manno gihuues. mod
gethatoti hugi endi herta: thar is hort ligid, sinc gesamnod.*
Gottfried v. Strassb. 3, 8 singt: *,,swâ dîn hort ist, dâ sint
dîne sinne''*, und Freidank bringt das beliebte spr. zweimal
56, 7:
*swar ie des mannes herze stât, deist sîn hort, den er
dâ hât.*
und 147, 11: *des menschen herze ist alle zît, swâ sîn schatz
verborgen lît.*
der spruchreiche minnesänger Ulr. v. Winterstett. wendet es
als refrain an, 23: *ez ist ein altgesprochen wort: swâ dîn
herze wont, dâ lît dîn hort.*
passional III, 505, 79: *wan wa dîn schatz ist begraben, da
wilt du ouch dîn herze haben.*
Hugo's Martina 129c 73: *swa des menschen schaz lît, da ist
das herze alle zit, des got selbe iach vnd hie vf erde
sprach.*
Eraclius 2387 erscheint ein ähnlicher gedanke: *aller slahte
liute phlegent des noch hiute, swer kleinode gewinnet,
daz erz von herzen minnet.*
Hätzl. liederb. 201a: *als vns das evangely schreibt ,,wa dein
schatz ist, da ist dein hertz.''* Franck (Egenolff) 104a *,,wo
dein schatz, da dein hertz, wo dein hertz, da dein gott.''* bei
Zehner p. 422. Körte 5267. *,,wo der schatz, da ist das
herz.''* nach Ulr. v. Winterstetten hat Simrock 4682 *,,wo
dein herz wohnt, da liegt dein hort'''* biblischer 8897: *,,wo
euer schatz ist, da ist auch euer herz.''* und ein neueres lie-
beslied singt: *denn wo mein schatz gekommen hin, da ist auch
stets mein herz und sinn, nach ihm mich sehr verlanget.*

189. Matth. 6, 24. Luc. 16, 13.

Nemo potest duobus dominis servire.

Luther: *Niemand kann zween Herren dienen.*
Dieses so bekannte spr. wird durch zahlreiche stellen
bezeugt. es findet sich bei Ullfias: *nimanna mag twaim frau-
jam skalkinon.* Otfried II, 22, 1:
>*ni mag thaz man duan nihein, thaz thiono hereren
>zuein, thaz er irfulle io follon.*

Tatian 37, 1; *,,nieman nie mag zuuein herron thionon."*
kaiserkron. 65, 31: *,,niemen nemac zwain hérren gedienen."*
so bei Hartmann, büchl. II. 193: *er bedarf unmuoze wol,
swer zwein herren dienen sol, die só gar undr in beiden
des muotes sint gescheiden, als die werlt unde got.*

Gottfr. Tristan 5732; *der saelige Tristan ,,wie gewirbet er
nu hiezuo, daz er in beiden rehte tuo und lône ietwe-
derm als er sol?"* —

avent. krone 115: *wer möhte daz só bescheiden, daz er disen
beiden alsó gedienen möhte, daz ez in beiden töhte, der
waere ein vil saelic man.*

Freidank 50, 6 übergeht den spruch auch nicht: *swer zwein
herren dienen sol, der bedarf gelückes wol.*

Barlaam 112, 12: *als uns Kristes lére giht. er sprach: nie-
man zwein herren mac gedienen só, daz sín bejac müge
ir beider lon bejagen.*

ein minnesänger singt (Raute 2): *,,ich sihe wol, daz dem
keiser unt den wîben mit einander nieman gedienen mak."*
ein anderer, Burkh. v. Hohenvels 13, 2: *,,zwein ein man
niht dienen kan."* Grieshaber predgt. I, 104: *,,er sprichet:
ez en muge zwain herren nieman gelich wol gedienen."* ein
lateinischer hexameter aus dem 13. j. lautet (Mone VII, 504):
nemo potest digne dominis servire duobus. Ottokar beruft sich
ebenfalls auf dieses bekannte spr. öster. reimkron. 155[a]:
>*wann daz ist wâr, daz man sait, daz niempt mit ge-
>warhait mag gedienen zwain herren, die nicht geleicher
>ding gern.*

Boner verknüpft zwei sprichwörter, wenn er sagt edelst. 44,
10: *der zwein hérret dienet wol, daz siz beide müezen
hân verguot, der muoz vil vrüe ûfstân.*

die gest. rom. (Keller) 80[a] bieten: *,,wann doch niemant zwayn
herren gedienen vnd wol geuallen mag."* Suso IV, IV: *,,mag
jemand zwein herren dienen? nein, warlich."* das laiendoctr.
(Scheller 207):
>*we läsen in evangelio: ,,men kan twén heren nigt ge-
>denen so, dat men behólde eren willen gelyk."*

Osw. v. Wolkenstein XXII, 1, 15: *und wer zbain herren*

dienen sol, und die ungünstlich sein in ayn, zwár der
bedarff gelückes wol, daz er sein dinst nützlíchen lain.
Wittenweiler, ring 20, 7: *hört, was uns die warhait spricht!*
niemant zwain herren gedienen mag schon und eben
nacht und tag.
und ebend. 21ᵈ : *niemant zwaien gedienen mag. das merke,*
zwäin, sam ich es vind, die enander wider sind.
auch Brant, narrensch. 116 „von dienst zweier herren":
der vocht zwen hasen vff ein mol, wer meynt zweyn
herren dienen wol, vnd richten uss me dann er sol. —
denn wo zwen herren hat eyn knecht, der mag jn nie-
mer dienen recht.
in verwässerter fassung im Esopus (1555 Friburg) 44ᵃ :
„welcher sich zweien herren wil verpflichten, der wirt von bei-
den teilen vndanck erlangen vnd alzeit in argwon leben." das
spr. findet sich natürlich fast in allen sammlungen Tappius
413. Franck 103ᵇ. synonym hiermit sind: *mit einer tochter*
zwen eidam berathen. zwen hasen in einem sprung fahen (wie
Brant schon sagt. = ὁ δύο πτῶχας διώχων, οὐδέτερον κατα-
λαμβάνει, und Plautus mit anwendung eines anderen bildes:
simul stare sobereque haud facile factum est) duas parietes
eadem fidelia dealbare. Zehner p. 423. Eiselein 304. 662.
Körte 2805. Simrock 4618.

190. Matth. 6, 34.

Crastinus dies solicitus erit sibi ipsi. Sufficit diei malitia sua.

Luther: *Es ist genug, dass ein jeglicher Tag seine eigene*
Plage habe.
Tatian (38, 8) gibt diese stelle durch: *„ni curet suorgfolle*
uuesan zi morgane, thie morganlihho thag ther bisuorget sih
selbo, ginuogi ist themo tage in sinemo balúuue. im Reinar-
dus mit anderen worten (I, I, 455): *„noli sollicitus fieri pro*
luce futura." denselben rath ertheilt Anakreon: τὸ σήμερον
μέλει μοι, τὸ δ'αὔριον τίς οἶδεν; und Cic. ad Attic. *„aliquid*
crastinus dies ad cogitandum nobis dabit." Luther sagt mit
bezug auf unseren spruch: *„morgen ist auch ein tag. kömpt*
tag, so kömpt auch rath." Agricola nr. 655 hat *„ein jegli-*
cher tag hatt sein eigen übel." Eiselein 586 und Simrock
10066: *„ein jeder tag hat seine plage",* und 9608 *„sorge*
nicht für morgen." Zehner 427.

191. Matth. 7, 1. Luc. 6, 37.

Nolite judicare ut non judicemini.

Luther: *Richtet nicht, auf dass ihr nicht gerichtet werdet.*

Paulus wiederholt (Roman. 2, 1) *„denn worin du einen an-
dern richtest, verdammest du dich selbst.“* in Grieshaber's
predigt. I, 55: *„ir sont niht rihten, wan so wirt uber iuch
och niht gerihtet.“* im Reinaert (Willems) 4789:
> *noch staet daer me (in der evangelien les): nolite judi-
> care et non judicabimini. ordeelt niemen, so en seldi
> selve ordeel liden geen.*

und in Brant's narrensch. 93, 23: *wie du richtest mich vnd
ich richt dich, als wirt er richten dich vnd mich.*

192. Matth. 7, 2. Marc. 4, 24. Luc. 6, 38.

Eadem mensura, qua mensi fueritis, alii remetientur vobis.

Luther: *Und mit welcherlei Mass ihr messet, wird euch ge-
messen werden.*

Auch dieses sprichwort ist nach raum und zeit sehr verbreitet.
Ulfilas übersetzt es: *thizai auk samon mitadjon thiz aiei mi-
tid. mitada izvis.* Tatian 39, 5: *in themo mezzi, thie ir
mezzet, ist iu gemezzan.* im Heljand 51, 13: *huuand it simbla
motean scal. erlo gehuuilicomu sulic. so it othrumu gedod.*
kaiserkron. 231, 6: *„man sol iu wol lonen mit al der selben
maze.“* die sinne nach gehört hierher auch eine stelle aus
Ruod. (Grimm) 33, 15: *„wir hán v virgolden nach, swaz so
ir vns ze borge hat getán.“* in den predigt. des 13. j. (fund-
gr. I, 124, 37) heisst es: *„die selbe mazze die ir den andern
gebet, div wirt iv wider gegeben.“* das grosse passional II,
343, 18 bietet:
> *Kristus sprichet: als ir mir mezzet her, sus sult ouch
> ir die maze wol geliche entfan. swer hie kleine arbeit
> wolle han, der sol entfan ouch kleinen lon.*

bei Tauler 36ᵇ. 80ᵃ und in Grieshaber's predigt. I, 56:
*„reht mit swaz messez ier messent, mit dem wirt iu herwidder
gemezzen.“* Hugo's Martina 60ᶜ 62: *„im wart mit vollen
mezze sin lon al da gehvfet.“* Ottok. reimkron. 62ᵃ: *„den
ist in dasselb mezz gemessen, herr gelaubt daz, da manz den
Ungern inmaz.“* Pyram. (Haupt. z. VI, 504) 352: *„ich
muoz dir wider mezzen, reht als dú mir verlihen hást.“* spie-
gel der tugend (altd. bl. I, 88) 133: *„swaz du wilt des
man dich erláze, des gib andern liuten die selbe máze.“* Ha-
gen's kron. (Pez I, 1058): *„und galt seinen bruder an den
meczen, darinn er vormalen vnordenlich gelihen hatt.“* exem-
pelspr. 90ᵇ: *denn es ist geschrieben: mit der massen, da jr
messent, also würt euch auch gemessen.*
Brant, narrensch. 93, 21: *mit solcher mosz wirt yedermann
gemessen, als er hat gethan.*
Pontus (Büsching I, 438): *und ihm mit gleichem mass ge-*

messen, wie er gemessen hat. ebenso lautet ein talmudisches
sprichw. (Dukes . rabb. blum.) 162: *„mit demselben mass,
womit der mensch andern zumisst, wird ihm auch zugemessen"*,
und ein rabbinischer commentator sagt *„mass für mass."*
das sprichw. ist griechischen ursprungs. Erasmus citirt zu
„eadem mensura" Hesiodus und Lucianus, und verzeichnet
die ähnlichen ausdrücke: eodem cubito, eadem trutina, pari
libra. unser sprichwort findet sich in sammlungen bei Zeh-
ner 430. Eiselein 453. Simrock 6869, der ausserdem noch
aus Lehm. I, 73 entnimmt: *„man muss jedem sein mass
wider geben. wie man dir misset, so kanst du wider messen."*
Simrock 7002: *wie man ausmisst, wird einem eingemessen.*

193. Matth. 7, 5. Luc. 6, 42.

**Hypocrita, ejice primum trabem de oculo tuo et tunc videbis
ejicere festucam de oculo fratris tui.**

Luther: *Du Heuchler, ziehe am ersten den Balken aus dei-
nem Auge, darnach besiehe, wie du den Splitter aus
deines Bruders Auge ziehest.*
Ulfilas übersetzt die stelle aus Luc.: *liuta, usvairp faurthis
thamma anza us augin theinamma. jah than gaumjais us-
vairpan gramsta thamma in augin brothrs theines.* Kero
(Hattem. I, 37): *in di du in pruader dines augin halm ke-
sahi, in dinemv kepret ni kisahi.* Tatian 39, 7: *lihhizari.
arwurph zi eristen balcon fon thinemo ougen, thanne gisihis
thu zi arwurphanne fesun fun thines bruoder ougen.* Heljand
51, 20: *lat thi that an thinan hugi fallan. huuo thu thana
erist aloscas. than skinid thi lioht beforan. ogun uuerdad thi
geoponot. than maht thu aftar thiu. suases mannes gesiun.
sidor gebotean. gehelean an is hobde.* Reinaert (Willems)
4804: *sulc siet in eens anders ooge een stro, die selve in sijn
ooge een balc heeft, tis mennich, die over een ander
geeft een ordeel, ende hi is selve die quaetste.*
Grieshab. predigt. I, 56: *„du gelichsinere, du solt dir selber
zem érsten den drâmen úz dínen ovgen wergen, vnd swenne du
daz denne getust, so soltu denne sehen, wie du der egen úz
dínes bruder ovgen wergest."*
Frauenlob singt 320, 11: *man siht ein korn von talken in
mínes ougen valken, unt lat sich einen balken in dínen
ougen walken, wiltuz niht sehen?*
ebenso in den predigt. des 14. j. (Leyser) 65, 38: *„wirf vz
den tram vz dinem ovgen allererst, darnach so machtu vzzihen
daz gestuppe von dines bruoder ovgen."* Boner's edelst. 65,
55 bietet den gedanken einfacher ausdrückend: *zem érsten
sol er bestrafen sich, will er denn, só bestraf ouch mich.*

Keller, erzählg. 575, 3: *als vil mangem noch geschicht, daz einen klein flecken siecht eynem andern jn seinen augen, der selbe tregt ein balken tavgen.*
bei Seb. Brant (Esopus 123ᵇ): *würff vor den trom vss deinem augen, ehe das du die stupffel von deines bruders aug aussziehest.*" und bei H. Sachs V, 329ᵃ (auch 381ᵈ):
gesell, zeuch vor den balken auss deim aug, darnach das pechtlein (= bàhtlîn) *klein zeuch auss des nechsten augen dein.*
auch dichtete H. S. über „den balken im aug" 1533 ein besonderes gedicht. ein talmudisches sprichw. lautet: „*nimm den span aus deinem auge! nimm den balken aus dem deinigen!*" — die erfahrung, dass man eigene fehler verkleinert, fremde vergrössert, ist so alt als das menschengeschlecht. schon Horaz sagt in seinen sermon.: *cum tua pervideas oculis mala lippus inunctis, cur in amicorum vitiis tam cernis acutum, quam aut aquila aut serpens Epidaurius?* — das sprichw. verzeichnen: Zehner 432. Simrock 710 „*man siehet den splitter im fremden auge, im eignen den balken nicht.*"
Lehm. flor. I, 54: *mancher hat ein balken in seinem aug, und will einem andern sein splitterlein aussziehen.*

194. Matth. 7, 6.

Nolite dare sanctum canibus et ne mittatis margaritas vestras ante porcos.

Luther: *Ihr sollt das Heiligthum nicht den Hunden geben und euere Perlen nicht vor die Säue werfen.*
Tatian 39, 7: *ni curet heilagaz geban hunton, noh ni sentet juwara merigrozza fori suin, min oda uuan furtreten sie mit iro fuozun, inti giuuentile zibrehhent juuih.* Heljand. 52, 6:
ne sculun gi suinum teforan. iuuua meregriton macon. ettho medmo gestriuni. helag als meni. huuand siu it an horu spurnat. suliat an sande. ne uuitun subreas gesked. tagoro fratoo.
ebenso in Haupt's z. I, deutg. der messgebräuche 23:
do hôrte ich ouch wîlen wol sagen, daz scol man uns niht verdagen: man scol die mergriezzer uur div swîn niht giezzen, sie niezzent ir niht, daz ist wâr, si behorgent si auer vil gar.
und in einem marienliede des 12. j. (Haupts z. X, I) 74, 19:
wan de schuddet de mergrezen uur die suin, beide schade unde schande sint sin.
in den carm. buran. (Schmeller) XXII, 13, 5: *nec porcis margarite mittuntur deridende.* Wirnt wendet das gleichnis im Wigalois an 7, 15:

*si wellent, daz daz iht wizze sín, swer rôtez golt under
diu swin werfe und edel gesteine: der freuent si sich
doch kleine: si wâren ie vür daz golt der vil trüeben
lachen holt, da bewellent si sich inne.*

auch Freidank hat es 123, 6: *swer berlin schütet vür diu
swín, die mugen niht lange reine sín.*

welchen spruch Hugo in seinen renner aufnahm 5856. auch
6363 sagt er „*ligen als vor swinen edel gestein.*" Megenbg.
buch d. natur III: „*wann es war nit tügentlich getan, der
die heyligkeyt für die hund würff vnnd der das edel gesteyn
wyder der schweyn füss würff, zwar das wär unpillich.*"

der Teichner singt (lieders. 171): *vnser herre, der wisz vnd
rain sprach: jr sult nit edel gestein schütten vf der
swin fart, sy erchennen nit jr art.*

Merswin, buch d. n. fels.: „*diewil man die margariten nit
vür die swin werffen sol.*" repgow. kron.: *it is oc gescreven:
menne schal vor de swin de gimmen nicht werpen.*" der sinn
des gleichnisses ist: hüte dich, die göttliche wahrheit laster-
haften, den bösen lüsten ergebenen menschen mitzutheilen.
in sammlungen bei Franck 136[a]. Zehner 436. Körte 4692.
Simrock 7736 „*man soll die perlen nicht vor die säue wer-
fen.*" auch englisch: *pearls are ill valued by hungry swine.*

195. Matth. 7, 7.

Quaerite et invenietis.

Luther: *Suchet, so werdet ihr finden.*
Graf Rudolf 13, 12: *ob is got geruchet, so vindit ir daz ir
svchit.* dem Seneca schreibt Hugo dieses sprichwort zu, ren-
ner 13914: „*des schribet vns alsus anderswa der tvgenthafte
Seneca: svche, daz dv vinden mvgest.*" ein volkslied auf die
einnahme von Doornick (1521) (Mone VII) beginnt: „*wer
sucht, der findt, hab ich gehört*", ein anderes (Mone VIII)
auf den herzog Ulrich (1534) singt: „*wer suecht, da ist,
würdt finden.*" Lehm. flor. I, 21 bietet „*wer sucht, der
findet*", I, 62 „*wer nichts sucht, der findt nichts*" (= Eise-
lein 63), Körte 5796 „*suche, so findest*" (= Franck 142[a]),
und Simrock 10010 „*suche so wirst du finden*", 10010 „*wo
man mich sucht, da findet man mich*", 10011 „*was jeder
sucht, das findet er.*"

196. Matth. 7, 13.

Spatiosa via est, quae ducit ad perditionem.

Luther: *Der Weg ist breit, der zur Verdammniss abführet.*

Zu dem sprichworte „*der weg zur hölle ist breit*" stellen sich folgende aussprüche: Kero (Hattem. I, 46): „*enger vvec ist der leitit ze libe.*" windberg. psalm. I: „*breiten uueg, ter ze hello gât.*" Walther. archip. meint den biblischen spruch, wenn er sagt: „*via lata gradior, more juventutis, implico me vitiis, immemor virtutis.*" ein denkspruch des 13. j. (Mone III) gibt den rath: „*angustam percurrere viamque relinquito latam.*" Hugo, renner 6155 spricht von der „*preitten strazze gen der helle*" und im Esopus (1555) heisst es ebenfalls: „*ein leichter gang ist zu der hellen*" und Brant, narrensch. 159, 14 sagt: „*der weg stat offen nacht vnd tag, — vnd ist gar breyt, glatt, wolgebant.*" ähnlich in einem lat. spruche des 14. j.: „*molle ostentat iter via lata, sed ultima meta praecipitat captos volvitque per ardua saxa.*" Eiselein bietet „*die hölle wagenweit steht offen.*"

197. Matth. 7, 16. Luc. 6, 44.

Numquid colligunt de spinis uvas aut de tribulis ficus?

Luther: *Kann man auch Trauben lesen von den Dornen und Feigen von den Disteln?*
Aehnliche bilder für den gedanken, dass in der natur und in der sittlichen welt vom bösen nichts gutes kommt, finden sich auch bei anderen alten schriftstellern. so sagt Theognis: οὔτε γὰρ ἐκ σκίλλης ῥόδα φύεται οὐθ᾽ ὑάκινθος. Senec. 13, ep. 87: *non nascitur ex malo bonum, non magis quam ficus ex olea: ad semen nata respondent.* Boëthius (Hattem. II, 121): „*jâ negedenchent ir gold ûfen dien boumen ze-sûochenne. noh kimmâ aba rebôn zebrechenne.*" Ulfilas übersetzt: „*ibai lisanda af thaurnum veinabasja. aiththau af vigadeinom smakkans.* Otfried II, 23, 13:
ni duit man untar mannon, thaz trubon lese ir thornon, in hiafon figun thanne, thoh mun es biginne.
Tatian 41, 3: *ja sie ni lesent fon thornun uuinberu, odo fon thistilon figun.* Heljand 52, 24: „*huuand giuuitun that eo an thorniun ne sculun uuinberi uuesan. eftha uuelon eouuiht. fagororo fruhteo. nec oc figun ne lesad helidos an hiopon.*" Grieshab. predigt. I, 80: „*dieselben valschen wissagen die sint niht so ainvaltich, daz si diu winber lesen alder suochen in den dornen, alder daz si die víga brechen in den stûdon.*" renner 15495: „*wer gesah ie torn veigen tragen*" u. 20432: „*vf weiden mvgen nicht veigen werden.*" um unmögliches zu bezeichnen sagt ein lügenmaere (Keller, erzählgn. 492, 16): „*und sach auff disteln feigen wachzen.*" Hätzler. liederb. 114[b]: „*dauon das evangelyum sait: das distel selten veigen traitt. so sicht man die weintrauben selten von dornen*

clauben." ein talmudisches sprichw. (Dukes, rabb. blumenl.
nr. 563) lautet: „*trauben an reben sind schön und angemes-
sen, trauben an dornen sind hässlich und unangemessen.*"
verzeichnet ist das spr. bei Lange adag. 10 „*man lisst nicht
feigen von dornhecken noch trauben von disteln*" (= Franck
22ᵇ), oder wie Simrock 1643 hat „*disteln tragen keine trau-
ben*" (= Körte 878) und 2348 „*man liest nicht feigen von
dornhecken.*" Lehm. flor. I. 100: „*von dornen liest man
keine trauben*", ebenso bei Körte 932 und Simrock 1675.
Zehner 441.

198. Matth. 7, 18. und 12, 33.

**Non potest arbor mala fructus bonos facere. Aut facite arborem
bonam et fructum ejus bonum: aut facite arborem malum et
fructum ejus malum.**

Luther: *Ein fauler Baum kann nicht gute Früchte bringen.
— Setzet einen guten Baum, so wird die Frucht gut,
oder setzet einen faulen Baum, so wird die Frucht faul.*
Ulfilas: *ni mag bagms thiutheigs akrana ubila gataujan. nih
bagms ubils akrana thiuteiga gataujan.* eine andere überse-
tzung bei Endel. u. Hoffmann, fragm. III, 11: „*so auch
fona des baumes obaze arcennit ni uuir daer baum.*" Otfried
XXIII. II, 15: „*ubil boum birit thaz, thaz imo ist io gislah-
taz.*" Tatian 41, 4: „*ni mag ubilan boum guotan uuahsmon
tuon.*" Heljand 53,5: „*a ccumit fan allero bumo gehuilicumu
sulic uuastom te thesero uueroldi, so im fan is uuurteon ge-
dregit ettha berht ettha bittar.*" nachweise für dieses sprich-
wort finden sich im passional III, 6, 31: „*ein edel boum git
edele vrucht.*" Grieshab. predigt. I, 80: „*der guot bovm der
mach ain böse fruht niemer bringen. so mach och der böse
bovm ain guot fruht niemer bringen.*"
Hugo's Martina 124, 1: *ieglicher fruht ir art nimet als von
dem bovme ir gezimet. wan dez bovmes adil gar nimt
man bi der fruhte war. der vbil bovm bringet niht
süeze fruht, so man giht, noch der guot bovm vbil obez.*
Leyser, predigt. des 14. j. 53, 36: „*ist die wurcele bose, so
ist der zelg vnd der boum bose vnd sin frucht.*" in einem
niederdeutsch. gedichte bei Bruns, lob der frauen 64: „*en
gud bom drecht sote vrucht.*" Suchenwirt XXV, 307: „*un-
ertig stam pirt snode frucht, eyn tzag pirt schand auf der
flucht.*" Alexius (Massm.) 46:
*ich hân gehört sagen ie, der guote boum bring schoene
bluot und frühte baere süeze unde guot. ouch sprichet
her Davit fürbaz und bediutet in dem salter daz, daz
man bi guoten werden guot und bi argen übels tuot.*

exempelspr. 24ᵃ : „*dann der baum der gut ist, muss entgelten der vile seiner guten frucht die er trägt*". — Franck 63ᵇ : „*die frucht ist wie der baum*". 144ᵃ „*ein guter baum bringt gute frucht*". bei Eiselein 57, Körte 450 und Simrock 836: „*wie der baum so die frucht*". Zehner 442.

199. Matth. 7, 26.

Qui aedificavit domum suam supra arenam.

Luther: *Der sein Haus auf den Sand bauete.*
Walther archip. bietet nur die andere hälfte des gleichnisses 172, 2: „*cum sit enim proprium viro sapienti supra petram ponere sedem fundamenti*". die sprichwörtliche redensart „*auf sand bauen*" (Eiselein 539. Körte 5176.), die auch Lehm. flor. I, 59 „*man muss nicht auff sand bawen*" und Simrock 8697 in dem spruche hat: „*wer auf gott vertraut, hat nicht auf sand gebaut*", ist griechischen ursprungs. Zehner 678.

200. Matth. 8, 22. Luc. 9, 60.

Sine mortuos sepelire mortuos suos.

Luther: *Lass die Todten ihre Todten begraben.*
Juvencus 2, 24 hat die worte: *sine defunctos defunctos condere terra,* wie Zehner 443 vermerkt. in der avent. krone 7625 findet sich: *ein tôt den andern begrabe: wer solt den nemen dar abe? alsó si den lebendigen der lebendigen unverzigen*". der Marner singt 14, 18: „*die tôten mit den tôten, die lebenden mit den lebenden sin*", und in Friberg's Tristan 38: „*die toten mit den toten dort, die lebenden mit den leenden hin*". neuere sammlungen kennen das sprichwort nicht. Zehner 443.

201. Matth. 9, 12. Marc. 2, 17. Luc. 5, 31.

Non est opus medico valentibus sed male habentibus.

Luther: *Die Starken bedürfen des Arztes nicht, sondern die Kranken.*
Ulfilas: „*ni thaurbun hailai lekeis*". Tatian 56, 4: „*ni habent notthurfti thie heilon laches ouh thie ubil habent*".
Freidank 59, 6: *den siechen hoert der arzât, die gesunden tuont sin lihten rât.*
Karaj. frühlgsg. 61: „*he sprach: dat is wair, der gesont*

is, der in bedarff geyns artzedes". Wittenw. ring 32° 3:
*„hilf auch bas vnd gar geswind der tochter und dem clainen
chind, dann den gesuntten starken knaben, die sich selber mu-
gent betragen"*. Zehner 444. Eiselein 42: *arznei gehört
für die kranken"*.

202. Matth. 9, 17. Marc. 2, 22. Luc. 5, 37.

Non mittunt vinum novum in utres veteres.

Luther: *Man fasset auch nicht Most in alte Schläuche.*
Ulfilas: *„niththan giutand wein niujata in balgins fairnjans."*
Tatian 66, 8: *„inti nioman sentit niuuan uuin in alti belgi,
alles brihhit ther niuuo uuin thie belgi, inti uuirdet furgozzan."*
Zehner 450. Luther setzt zu diesen worten der bibel hinzu:
*„ach, es hilft hie kein reif noch binden mehr, man muss es
mit einem newen fass binden. ein new fass her, so bleibet
der most drinnen"*. Körte hat 5337 nach Franck (Egenolff)
37ᵃ *„alt schleuch fassen newen most nit"*, oder wie Simrock
verzeichnet 9069 *„alter schlauch hält neuen most nicht"*.
Eiselein 551 nach Agricola: *„alte schläuche halten den jun-
gen most übel"*.

203. Matth. 10, 10. Luc. 10, 7. I. Timoth. 5, 18.

Dignus est operarius cibo suo (mercede sua).

Luther: *Ein Arbeiter ist seiner Speise (seines Lohnes) werth.*
Die letzte der parallelstellen übersetzt Ulfilas: *„jah vairths
sa vaurstva mizdons is"*. Tatian 44, 6: *„wirdig ist der
uuurhto sines muoses" (môs, mus = cibus)*. dem sinne nach
gehört hierher eine stelle aus Freidank 2, 12: *„al diu werlt
lôn enphât von gote, als si gedienet hât"*. Zehner 452.
Franck bietet 20ᵃ: *„ein jeder taglöner ist seines lons werdt"*.
Eiselein 34 und Simrock 423: *„jeder arbeiter ist seines loh-
nes werth"*.

204. Matth. 10, 16.

Estote prudentes sicut serpentes et simplices sicut columbae.

Luther: *Seid klug wie die Schlangen, doch ohne Falsch wie
die Tauben.*
In einer litanei (Massm. ged. d. XII. j.) heisst es vom
heilg. Columban mit anspielung auf seinen namen: *er was
wis als ein slange, als ein tube einfalte"*. im vaterunser

v. Krolewiz 4127: *„sit wise als die slangen sin, unde ein-*
valtich als tubelin".
und im niederdeutschen doctrinal (Scheller s. 188): *„Kri-*
stus sprak sulven, syt des wis: wäset eintfoldig alse de
duve is".
bei Körte 5335 und Simrock 9063.

205. Matth. 10, 22. 24, 13. Marc. 13, 13.

Qui perseveraverit usque ad finem, hic salvus erit.

Luther: *Wer aber bis ans Ende beharret, der wird selig.*
Kero (Hattem. I, 52): *„der duruh vvisit vnzi in enti, de-*
seer kehaltaneer ist". Notker in einer glosse zu ps. 118,
87: *„Uuanda iz chit: qui perseveraverit etc".* und Megen-
berg im buch d. natur III: *„wer beharret piss an sein end*
der wirt behalten." Zehner 453. da der spruch in älteren
und neueren sammlungen fehlt, ist allerdings an seiner
sprichwörtlichkeit zweifel zu nehmen.

206. Matth. 10, 24. Luc. 6, 40.

Non est discipulus supra magistrum, nec servus supra dominum suum.

Luther: *Der Jünger ist nicht über seinen Meister, noch der*
Knecht über den Herrn.
Ulfilas: *„nist siponeis ufar laisarja nih skalks ufar fraujin*
sai namma", und in den fragm. bei Endel. n. Hoffm. I,
28: *„nist iungiro ubar meistar noh scalh ubar"* —. Tatian
44, 16: *„nist iungiro ubar meistar".* kaiserkron. 69, 19:
„ia sprichet din maister daz: wirt der junger sam der
maister was, damit sol iz in genuogen. du wil dih
uber dinen maister uben. nu sprich, ob die zwo rede
iemen ze einer bringen mege.
und in Grieshab. predgt. I, 56: *„der iunger der sol niht*
sin über sinen meister". das sprichw. nehmen auf: Zehner
454 und Simrock 6959ª.

207. Matth. 10, 26. Luc. 8, 17. Marc, 4, 22.

Nihil est opertum, quod non reveletur. — Non est enim occultum, quod non manifestetur, nec absconditum, quod non cognoscatur et in palam veniat.

Luther: *Es ist nichts verborgen, das nicht offenbar werde.*

Dem spruche entsprechen lateinische und griechische stellen
wie z. b. bei Horaz, I. epist. 6, 24. *quidquid sub terra
est, in apricum proferet aetas.* bei Gellius 12, 11: *nihil
omnium rerum diutius posse celari,* und bei Menander: πάντ᾽
ἀνακαλύπτων ὁ χρόνος πρὸς φῶς φέρει, wie Zehner 456 be-
merkt. im lieders. 209, 49: *also sprechent die lerer, ez
        wirt allez offenberer, ob mans hie verbirt ze sagen, so
        wirtz dort an daz licht getragen.*
das laiendoctrinal (Scheller s. 76) fasst die biblischen worte
in die form eines anderen deutschen sprichwortes (Simr.
9144 „*wenn der schnee vergeht, wird sichs finden*" u. Simr.
10086): *sunte Mattheus skrivt ók al in deme evangelio dare,
        ok so sägt he apenbare: wat under den sne werd ge-
        laid, mot komen al to bekandheid, wo nouwe dat men
        it bärgen kan.*
und im kron. austriac. h. Ebendorffer (Pez II, 921): „*te-
stante domino: nihil opertum, quod non revelabitur*". ein
talmudischer spruch (Dukes rabb. blum. 596) lautet, „*dem
himmel ist alles offenbar*" und ein esthnisches sprichwort
„*gott lässt nichts in vergessenheit.*" bei Zehner 456. hier-
her gehören sprichtwörter wie: „*es kommt alles an den
tag*" Simr. 10085, und: „*es ist nichts so fein gesponnen,
alles kommt ans licht der sonnen*" Tappius 687, Franck
63ª und Simrock 9581.

208. Matth. 12, 25. Marc. 3, 25. Luc. 11, 17.

Omne regnum in se divisum desolabitur.

Luther: *Ein jeglich Reich, so es mit ihm selbst uneins wird,
        das wird wüste.*
Grieshab. predigt. II, 99: „*er sprach: ain iegelich künech-
        rich, daz under sich wirt zertailet, daz zergát und wird
        verwaisst*".
im lieders. 85, 179: *got och selb gesprochen hat: daz rich
        verdirbt vnd zergat, wo ez nit gelich trait.*
P. Eschenloer bresl. stadtg. (Kunisch I, 237): „*die warheit
        bezeuget, daz ein ieglich reich in sich geteilet vertirbet*".
und in Rochholz, eidgen. liederkr. 349: *man spricht, welch
        rych sich selbs zerteil, sol das bestendig bliben, so
        darff es glück vnd heil.*
Zehner 463 erinnert an jene bekannte stelle aus Sallust:
„*concordia parvae res crescunt, discordia maximae dilabuntur*"
und an unser deutsches „*friede ernährt, unfriede verzehrt*".
dazu wäre das sprichwort bei Kirchhofer zu stellen: „*das
reich ist nicht einig*". Simr. 8319.

209. Matth. 12, 30. Luc. 11, 23. Marc. 9, 40.

**Qui non est mecum, contra me est. — Qui non est adversum
nos, pro nobis est.**

Luther: *Wer nicht mit mir ist, der ist wider mich. — Wer
nicht wider uns ist, der ist für uns.*
Ulfilas: „*saei nist vithra izvis, faur izvis ist*".
Tatian 62, 7: „*ther mit mir nist, ther ist uuidar mir, inti
ther mit mir ni samonot, ther zispreiht*". Lehm. flor. I, 554
verzeichnet das spr. mit dem zusatze: *Julius Caesar dixit,
se eos, qui contra ipsum non essent, suos putare.* ebenso bei
Eiselein 466, Simrock 7013 und Zehner 464.

210. Matth. 12, 33. Luc. 6, 44.

Ex fructu arbor agnoscitur.

Luther: *An der Frucht erkennet man den Baum.*
Sirach sagt (27,7): „*an den früchten merkt man, wie des
baums gewartet ist*". Erasmus verzeichnet: *de fructu ar-
borem cognosco*, ἐκ τοῦ καρποῦ τὸ δένδρον γιγνώσκω, *quae
paroemia etiam in evangelicis litteris extat.* bei Zehner 389.
Simrock 838 hat nach Franck 8ᵃ „*den baum erkennt man
an den früchten*", und 839 = Eiselein 58: „*den baum an
der frucht, den buben an der zucht*".

211. Matth. 12, 34. Luc. 6, 45.

Ex abundantia cordis os loquitur.

Luther: *Wess das Herz voll ist, dess gehet der Mund über.*
Ulfilas übersetzt die stelle aus Lucas: „*uzuh allis ufarful-
lein hairtins rodeid munths is*". das fragm. bei Endell. und
Hoffm. III, 11: „*fona ganuhtsamemo muote sprihhit
munth*". Tatian 41, 6: „*fon thero ginuhthit thes herzen
sprihhet ther mund*". die biblische stelle wird im Marcolfus
gebraucht, wo sie auch in anderer fassung zu finden: „*ve-
rum dixit, qui dixit: quod in corde, hoc est in ore*". ich
finde das sprichwort im Iwein 193: *mir ist ein dinc wol
kunt: ezn spricht niemannes munt, wan als in sin
herze léret. swen iuwer zunge unéret, dâ ist daz herze
schuldec an.*
im wälsch. gast 897: *die reife brestent harte schier von
starkem wîne, daz hab wier gehoeret dicke: alsam tuot
swaz ist übels in dem muot, daz bringet man harte
snelle vür mit boesen werken úz der tür*

und 909 : *her úz kumt ze deheiner vrist, niwan daz innert-*
halben ist. (vrgl. Freid. 111, 2).
bei Gottfr. v. Strassb., Tristan 17821 : *swaz in dem herzen*
alle zít versigelt unde beslozzen lit, deist müelich ze
verberne : man üebet daz vil gerne, daz die gedanke
anget.
und im gleichzeitigen buch der rügen (Haupt's z. II, 6,)
XIV, 569 : *quidquid corde cogitabit, statim ore revelabit, et*
si sua non celabit, mea quomodo servabit?" etwas ausge-
führter bei Rudolf v. Ems, gut. Gerh. 277 : *nú hoere ich*
die wisen sagen, daz niemen lange müge tragen einen
muot verborgen mit freuden noch mit sorgen, ez recke
siner zungen ort nâch sínem willen ie diu wort, die
danne sines herzen rât beslossen in dem munde hât.
Ulrich v. Lichtst. 646, 32 : *sit ofte spricht des mannnes*
munt, als im daz herze ist gemuot.
im lieders. 5, 88 : *wan frow kom so spricht kain mund,*
wann daz im och daz hertze sait.
und 23, 40 : *quia ex abundantia cordis os loquitur. das*
tüschet : waz ain hertz ist vol daz ret der munt ob
er ez sol.
in dem altniederl. gedichte „*die rose*" (bei Kaussler II) 6347 :
want men te menigher stont seghet : dat in therte, dat
in den mont.
und aus einer altfranzös. quelle bei Mone (anz. IV, 361) :
„*he, dist le prestres, tel en penseie, teil en bouche*". Rosen-
plut (in den fastnachtsp. bei Keller 1122) sagt : *des mündes*
redgang von dem hertzen und welcherlay das hertz vol
stee, das des der münd vbergee.
Zehner 465. ebenso in Hiltebr. bildersch. 122 und ebend.
ein ähnliches spr. „*des hertzens grund quillt offt im mund.*"
Eiselein 476, Körte 2824 u. Simrock 4681. esthnisch : „*wo-*
von das herz voll ist, davon schäumet der mund" und auch
Cato sagt : „*omne supervacuum pleno de pectore manat*".
bekannt ist jenes Schillersche : „*wessen das herz ist gefüllt,*
davon es sprudelt und überquillt".

212. Matth. 13, 9.

Qui habet aures audiendi audiat.

Luther : *Wer Ohren hat zu hören, der höre.*
Kero (Hattem. I, 31) : „*der eigi oorun horendo hoorre*".
in dem fragm. bei Endel. u. Hoffm. 7, 8 : „*so huuer so*
gahlosiu orun eigi, gahori". und in einer predigt bei Gries-
haber II, 52 : „*er sprach : swer ôren habe ze hörende, der*
sol hören". Göthe hat in seinem „*sprichwörtlichem*" den

spruch: *„wer ohren hat soll hören; wer geld hat solls ver-*
zehren". Körte 4660 und Simrock 7665.

213. Matth. 13, 12. 25, 29. Marc. 4, 25. Luc. 8, 18. 19, 26.

Quisquis habet, dabitur ei.

Luther: *Denn wer da hat, dem wird gegeben.*
Ulfilas: *saei habaith, gibada imma. modo habenti dabitur,*
heisst es im Marcolfus, und in den carm. buran. (Schmel-
ler 170, 1): *„quod habenti dabitur, omnes tenent ad literam"*.
bei Krolewiz 2732: *„wan er daz selbe sprach unde vil offen-*
lichen jach: wer dâ hât, dem wirt gegeben".
Konr. v. Würzb. (v. d. Hag.) 24, 1: *rehte milte ane guot*
niht zergât: diu rede ist wâr: got gab ie gebender hende rât."
im Morolff 497: *„dem habenden sal man geben, die wile das*
er mag geleben".
in Murner's Ulenspiegel wird das sprichwort umgekehrt:
„liebe muter, wer da nit hat, dem sol man geben, vnd der
etwas hat, dem sol man etwas nemen". in sammlungen bei
Franck 61ᵃ: *„wer hat dem würt gegeben"*. Eiselein 284
und Simrock 4390, und ähnlich Franck 61ᵃ: *„wer brodt*
hat, dem beut man brodt". Zehner 466.

214. Matth. 13, 13.

Videntes non vident.

Luther: *Mit sehenden Augen sehen sie nicht.*
Agricola II, 152 bietet: *„er ist mit sehenden augen blind"*,
wie auch Hartmann sagt: *„wir sint mit sehenden ougen*
blind". Eiselein 45.

215. Matth. 13, 57. Marc. 6, 4. Luc. 4, 24. Joh. 4, 44.

Non est propheta sine honore, nisi in patria sua et in domo sua (non est acceptus in patria sua).

Luther: *Ein Prophet gilt nirgend weniger denn in seinem*
Vaterlande und in seinem Hause.
Ulfilas: *nist praufetus unsvers niba in gabaurthai.* Frei-
dank drückt es 119, 6 so aus: *„man sihet vil selten wissa-*
gen in sime lande krône tragen."
Megenberg, buch d. natur III: *„als christus spricht: nie-*

mant ist ein gemeiner weissag in seinem vaterland". Osw.
v. Wolkenst. XXII. 4, 22: *"man sihet selten weissagen tra-*
gen schôn die krôn dahaim, nur in der vrömde rain". im
ring Wittenw. 24° 19: *"nach der vil gewaren lere sag nie-*
mand wol gewesen mag ein prophet in seinem land
won er ist ze wol bekannt.
Franck 136ª u. Agricola I, 572: *"es ist kein prophet an-*
genem´yn seinem vaterlande." Cicero ad famil. 7, 6 gibt aus
Ennius: *"multi suam rem bene gessêre et publicam patria*
procul: multi domi qui aetatem agerent proptera sunt impro-
bati", Eiselein 515 zu unserem sprichworte aus Alciat. em-
blem.: *"patria dat vitam, raro largitur honores! hos melius*
multo terra aliena dabit", und den bekannten hexameter:
"in patria magno non est in honore propheta". Simrock
8021 und Körte 4855 haben nach Agricola 210: *"der pro-*
phet gilt nirgend weniger, als in seinem vaterlande". Geiler
v. Kaisersberg antwortete jemandem, der das spr. auf sich
selbst angewendet hatte: *" der pfenninc aber gilt nirgends so*
vil als da er gemünzt ist." Zehner 469.

216. Matth. 15, 11.

Non quod intrat in os coinquinat hominem.

Luther: *Was zum Munde eingehet, das verunreinigt den*
Menschen nicht.
Im laiendoctrinal (Scheller s. 161): *in evangelio sprikt unse*
here: den minshen nigt beflekket dat men in den mund
stekket; wat ût bosem härten gât, beflekket den min-
shen, dat forstât.
das sprichwort ist mir oft in des volkes munde begegnet,
es fehlt aber in neueren sammlungen, und zwar in der
fassung, *"was zum munde eingehet, sündigt nicht"*.

217. Matth. 15, 14. Luc. 6, 39.

Caecus autem si caeco ducatum praestet, ambo in foveam cadunt. Numquid potest caecus caecum ducere? nonne ambo in foveam cadunt? (vgl. Roman. 2, 19.)

Luther: *Wenn aber ein Blinder den andern leitet, so fallen*
sie beide in die Grube. — Mag auch ein Blinder einem
Blinden den Weg weisen? Werden sie nicht alle beide
in die Grube fallen?
Im gedichte von des todes gehugde (Massmann) heist es 250:
daz ist vns offenlichen verendet mit den worten der

wârhaeite: swâ ein blinde dem andern gît gelaeite, dâ
vellent si bêde in die gruobe.

in den carm. buran. (Schmeller XVII, 6, 9): *,,si cecus du-*
cit cecum, in fossam cadit secum". im wartburgkriege (Ett-
müller) 412: *,,unde leitent ie den blinden, daz er sich irval-*
len mac". auch bei Freidank 55, 9 — 12 lese ich das sehr
bekannte sprichwort: *swâ blinde gât dem andern vor, die*
vallent lîhte beide inz hor. wil sich ein blinde am
andern haben, si vallent lîhte in einen graben. (vgl.
70, 22 ff.)

pfaffenleb. (altd. bl. I) 136: *sît ir danne vinster unt truobe,*
sô leitet der blinde den blinden in die gruobe.

Philipp's marienleb. (Rückert) 6280: *du bist blint und wilt*
doch leiten ander blinden, da von iu beiden ze vallen in
die gruobe geschiht.

Marner (v. d. Hag. III): *die müezen beide strucheln, ê si*
kumen zuo dem zil, swâ blinder blinden leiten sol.

Grieshab, predgt. I, 56: *,,mach ein blinde den andern fü-*
ren? füret aber einer den andern, vallent si denne niht baide
in ain grube?" Boner, edelst. 68, 35: *wen der blinde vüeren*
wil den sehenden, dâ wirt spottes vil.

98, 48: *ûf der strâz wirt er verirrt, den der blinde vüeren*
sol; vallent sie beide daz ist wol".

und eine ähnliche stelle 85, 64: *recht als dem blinden im*
beschicht, der daz liecht treit in der hant, und ez im
doch niht ist erkant: er treit daz liecht und stôzet sich.

Konr. v. Megenbg, buch der natur III: *,,also leyt ein plind*
den andern vnd fallent beid in die gruob der ewigen verdam-
nuss". laiendoctrinal (Scheller s. 178): *is also ein sénde*
deme blinden man den wägt wyst unde gait nigt dan,
unde fallet sulven in dat grav, dâr he andere wisede av.

P. Eschenloer bresl. stadtg. II, 213: *,,o blindheit des ge-*
meinen volkes, wo das eine stat soll regiren, ist gleich wie
ein blinder sol sehende leute beleiten und füren". ein alter
deutscher spruch (Uhland volksl. 50, 5 und in dem stamm-
buche J. v. Glauburg v. j. 1577 in Mone's anz. IV, 206)
sagt: *wer sich uff ein jung maidtlein verlest, und der sich*
uff ein dornbusch setzt, lest sich ein blinden führen.

bei Zehner 474) Erasm. III, 3, 78 verzeichnet ,,*caecus caeco*
dux", und sagt ausdrücklich *,,adagium evangelicis quoque literis*
celebratum, quo lubentius etiam refero", und bringt belege
hierzu aus Cicero de fin. *,, caecum adhibebant ducem"*;
Horaz: *,,caecus iter ostendit"* und *,,caecus uti si monstret*
iter, aspice"; und das griechische μήτε τυφλὸν ὁδηγὸν, μήτε
ἀνόητον σύμβουλον. als hexameter hat das sprichwott Iuven-
cus 3, 157: *coecus forte ducem coecum si nactus oberret,*
incidet in foveam pariter demersus uterque.

Simrock 1143 entlehnt aus Lehm. flor. I, 96: ,,*wann ein blinder dem andern den weg weiset, so fallen sie beyde in die gruben*". ebenso Körte 648, nur ändern beide die letzten worte ab und setzen ,,*in den graben*". ausserdem hat Simrock 1142: ,,*ein blinder weist dem andern den weg*", und Eiselein 83: ,,*ein blinder ist der blinden führer*".

218. Matth. 15, 26.

Non est bonum sumere panem filiorum et mittere canibus.

Luther: *Es ist nicht fein, dass man den Kindern ihr Brot nehme und werfe es vor die Hunde.*

Der spruch wird gelesen im leben Jesu (Diemer 241, 19): ,,*daz nist niuht guot, daz man daz prot neim den chinden und werfe iz den hunden*". bei Mone VIII, 432 aus dem 12. j.: ,,*iz ne ist niht gut, daz man der kinde brot neme unde daz werfe den hunden*". in den carm. buran. (Schmeller XXII, 10: ,,*nam panis filiorum fit cibus catulorum sub mensa pii domini de verbis evangelii*", und ebend. XXVI, 19: *ecce, canes comedunt panes filiorum*"! in einer predigt des 13. j. (fundgr. I, 103): *ez nefuget sich niht wol, daz man der lieben kinde brot inzucke unt den hunden werfe*". Freid. 125, 13: ,,*erst tump, der siner kinde brôt den hunden gît in hungers nôt*". Konr. v. Megenbg. III: ,,*jch weyss das wol daz lyebe kind selten prott hand lend daz reiss den hunden etwas von vnd andern zuckern*". Grieshab. predgt. II, 91: ,, *ez ist niht guot, daz man den kinden daz brot nem und ez den hunden geb ze essende*". Tauler 25ª: ,,*es is nit guot, das man nimpt das brot der kinder vnd gybt es den hunden*". Zehner 765.

219. Matth. 18, 16. II. Cor. 13, 1. Joh. 8, 17.

In ore duorum aut trium testium consistat omne verbum. Duorum hominum testimonium verum est.

Luther: *Auf dass alle Sache bestehe auf zweier oder dreier Zeugen Mund.*

Hierzu ist ein bekannter spruch (bei Grimm, Reinh.) aus der fabel vom kranken löwen zu halten 173, der sich sogar auf die schrift beruft: *der thut, alzo der herre spricht:* ,,*eynis mannis rede ist ein wicht; hore och das ander teyl, so magestu geben orteyl*".

Zehner 477 weist einen ähnlichen gedanken bei Plutarch nach: ἑνὶ μαρτυροῦντι προςέχειν, οὐδὲ Κάτωνι καλῶς ἔχει.

Simrock 12095 bietet: „*durch zweier zeugen mund wird allerwärts die wahrheit kund*".

220. Matth. 19, 6.

Quod deus conjunxit, homo non separet.

Luther: *Was nun Gott zusammengefüget hat, das soll der Mensch nicht scheiden.*

Das sprichwort wird gebraucht von Rud. im guten Gerhard 4359: *ez sprichet der vil wîse bote, swaz gefüeget sî von gote, daz scheide niht des menschen rât. swaz gotes rât ge-füeget hât, daz ist in sînen hulden wol, dâ von ez nie-men scheiden sol.*

in einer lustigen predigt (lieders. 188, 37): *uz dem macht er do ain wib, ir zway sond sin ain lip. er sprach do zu in baiden: vch zway sol nieman schaiden.*

und in Keller's fastnachtsp. 1038, 23: *waist nit, welch got zuosamen hat gegeben, sol niemandt schaiden, merk mich eben.*

scherzhaft macht hieraus ein hennebergisches sprichwort (Fromm. deutsch. mund.): „*bos gott zusomme gefügt hat, das brocht dr schreiner net ze leime*". auf die vermählung herzogs Ernst zu Sachsen-Gotha mit Elisabeth Sophia von Sachsen-Altenburg wurde eine medaille geschlagen, die auf dem avers die worte trägt: *quod deus conjunxit, homo non se-paret.* ähnlich heisst es auf einer medaille zum andenken der vermählung des kurfürsten Max. Emanuel v. Baiern mit Maria Antonia erzherzogin v. Oesterreich im j. 1685: *quod deus conjunxit, in omne aevum benedicat deus.* unter den samm-lern haben es Eiselein 252, Körte 2354 und Simrock 3974.

221. Matth. 19, 21. Marc. 10, 21. Luc. 18, 22.

Si vis perfectus esse, vade vende omnia quae habes et da pau-peribus et habebis thesaurum in coelo.

Luther: *Willst du vollkommen sein, so gehe hin, verkaufe was du hast und gib es den Armen, so wirst du einen Schatz im Himmel haben.*

Aus diesen worten sind alle in folgenden stellen gebrauchten gleichnisse abzuleiten: Winsbeke 4: *sun, gip im, der dir hât gegeben und aller gâbe hât gewalt. er gît dir noch ein iemerleben und ander gabe manicvalt, mê danne loubes hât der walt. und wilt du koufen disen hort, in sînen hulden dich behalt unde sende guote boten vür,*

die dir dort váhen wíten rûm, é daz der wirt verslahe
die tür.

vgl. Grieshab. deutsche predigt. I, 21. Barlaam 133, 6 ff.
gute Gerhard 137 ff. und warnung (Haupt's z. I, 414)
188 ff.:

von diu habt rehter witze muot und gebt selbe iuwer
guot. swaz ir vor hin gesendet, deist der séle unver-
endet.

unter den deutschen sprichwörtern beruhen auf diesem bibel-
worte folgende: ,,*wer den armen leiht, dem zahlt gott die*
zinsen'' Simrock 481. ,,*wer einem armen hilfft, gedenkt an*
sich selber'' Franck 154ª. ,,*dem armen gegeben ist wol ge-*
säet'' Simr. 483. ,,*Armen geben ist gewisse einnahme*'' Simr.
484, und bei Lehmann flor. I, 234: ,,*wer armen gibt, der*
wirt nimmer arm'', I, 236: ,,*wer gern den armen gibt, der*
wuchert gottes segen'', und I, 44: ,,*wer den armen gibt, der*
leihet gott auf wucher'', wie auch ein lateinisches gedicht
auf Friedrich I. (Grimm I, 31) sagt: ,,*nam deo dat, qui dat*
inopibus, ipse deus est in pauperibus.'' ,,*giving to the poor*
encreases the store'', heisst es im englischen.

222. Matth. 19, 26. Marc. 10, 27. Luc. 1, 37. 18, 27.

Apud deum omnia possibilia sunt. Non erit impossibile apud
deum omne verbum.

Luther: *Bei Gott sind alle Dinge möglich. Bei Gott ist kein*
Ding unmöglich.
Ulfilas: ,,*nist unmahteig gutha ainhun vaurde.*'' Otfr. I, 5,
125: ,,*nist uuiht suntar uuerde, in thiu iz gott uuolle.*'' leb.
u. leid. Jesu (fundgr. I, 133): ,,*von der maht du wizzen*
dabi, daz got niht vnmuglich si.'' kaiserkron. 278, 8: ,,*gote*
dem ist niht unmegelich.'' Wernh. v. niderrh. 119 (fundgr.
II): ,,*muglich ist ime allez daz, daz er gebiute vnt wil.*''
bei Hartmann, Gregor. 2962: *wan got enist unmügelich niht*
ze tuone, swaz er wil, im ist keines wunders ze vil.
und im Iwein 6342: *got eine mac iu helfen hin, ober imz*
erblanden wil: wand im ist nihtes ze vil.
Wigalois 177, 10: *gote ist niht ze swaere noch ze gróz siner*
kraft.
Konr. v. Fussesbr. in kindh. Jesu 70, 66: *got dem elliv*
dinch vil mvgelich sint.
avent. krone 16823 sagt der sprichwortliebende Kei: *wizzent,*
daz der wâr got alle dinc getuon mac.
auch der fromme Freidank hat das weitverbreitete sprichwort
25, 7: *ich sagiu mines glouben zil: got mac tuon und*
ist swaz er wil.

Reinb. Georg 1037: *dabi mag man wol syhen, das got niht
ist vnmogelich.*
passional I, 15, 22: *und sprach: wizze, daz an gote daz sines
willen gebote nicht vnmugelich enist.*
Mai 205, 22: *got tuot wol swaz er wil. gote ist niht unmü-
gelich ze tuonne.*
ähnlich Lohengr. 9, 1: *got löset reht wol wie er wil, keiner
helfe sinen tugenden ist zu vil.*
laiendoctr. (Scheller s. 28): *ji mogen wol geloven dis, dat
gode nén ding unmogelik is.*
Kirchbg. reimkron. 136: *gode ist nicht vnmögelich.*
in einem altd. schauspiele bei Mone I, 43, 68: *da bij merke
frowe du, das nit unmüglich ist got,*
und in dem altniederl. gedichte „die rose" 5960 (Kaussler
II): *men seit, ende het es ware tale, dat alle dinc ver-
mach onse heere.*
und in einem anderen schauspiele bei Mone I, 254: „*wen
allu ding ze tuon sint got muglich.*" endlich gesammtabent.
anhang 8, I: „*und ist dir nicht worden kunt, daz got mak
tuon, swaz er wil.*" Eiselein 249 hat: „*bei gott alle dinge
möglich sind*", richtiger lautet aber das sprichwort in der
fassung bei Lange, adag. 71 und Simrock 3899: „*bei gott
ist (nichts) kein ding unmöglich.*" auch die Griechen und
Römer waren dieses glaubens: Linus: ῥᾴδια πάντα θεῷ τελέ-
σαι καὶ ἀνήνιτον οὐδέν, und Cicero de divin. lässt die Stoiker
sagen: „*nihil est quod deus efficere non possit.*" Zehner 479.

223. Matth. 19, 30. 20, 16. Marc. 10, 31. Luc. 13, 30.
Multi erunt primi novissimi: et novissimi primi.

Luther: *Viele, die da sind die Ersten, werden die Letzten,
und die Letzten werden die Ersten sein.*
Ulfilas: „*aththan managai vairthand frumans aftumans jah
aftumans frumans.*" so in den carm. buran. (Schmeller
XXII, 15): „*novissimus fit primus et primus fit novissimus.*',
Lehm. flor. I, 18 hat: „*die ersten werden offt die letzten.*"
Eiselein 149 verzeichnet den ganzen spruch als sprichwort,
Simrock 2130 indessen richtiger nur die erste hälfte dessel-
ben: „*die ersten sollen die letzten sein.*" Zehner 481.

224. Matth. 20, 16. 22, 14.
Multi sunt vocati, pauci vero electi.

Luther: *Viele sind berufen, aber wenige sind auserwählet.*
Notker sagt in einer glosse zu ps. 39, 6: „*manige sint*

keuuiset, unmanige iruuélit." im rolandsl. 264, 12: „*uil ist der di er geladet hat, lutzel ist der erwelten.*" in den carm. buran. (Schmeller XXII, 15): „*dispar quidem vocatio, sed par remuneratio.*" in einer predigt des 13. j. (Leyser 74, 25): „*vil ist der geladitin vnd lutzil der erweltin*", in einer anderen (Grieshab. I, 130): „*der gar vil ist die dem himelrich sint geladen, der erwelton der ist aber gar lüzzel.*" bei Suso II, XIII: „*vile sind der beruffenen, aber wenige der auserwelten.*" Brant, narrensch. 159, 29:

> *vil sind berüfft zu dem nachtmol,*
> *wenig erwelt; lug für dich wol.*

in Heumanni Poecile I, 19—25 findet sich eine betrachtung über die logik des wortes „multi" in diesem spruche. Zehner 482. Eiselein 69. Simrock 926.

225. Matth. 22, 21, Marc. 12, 17. Luc. 20, 25.

Reddite quae sunt Caesaris Caesari et quae sunt dei deo.

Luther: *So gebet dem Kaiser, was des Kaisers ist und Gotte, was Gottes ist.*
Ulfilas: „*usgibith tho kaisaris kaisara iah tho guths gutha.*"
Notker zu ps. 57, 7: „*kebent demo chéisare daz sin si, unde gote daz sin si.*" Reinardus III, III, 1565: „*debes esse deo, debes mihi, solve vicissim, tam sua vult Caesar, quam deus, ambo ferant.*" carmin. burana (Schmeller 94, 2): „*que Cesaris sunt, reddite, ut Christo serviatis.*" Walther von der vogelweide singt:

> *dô riet er den unwisen, daz si den kaiser liezen haben*
> *sin küneges reht, unt got swaz gotes waere.*

ebenso im sachsenspiegel (42ᵃ §. 5) und schwabenspiegel (308ᶜ): „*ok gaf vns got orkündes mer an enem penninge, dar man yne mede besochte, do he sprak: latet den keiser sines beldes geweldich vnde godes belde geuet gode.*"
Freidank 25, 11: *ir sult gote unt dem keiser gebn ir reht, welt ir rehte lebn.*
im lieders. 150, 98: *got der sprach: dem kaiser gebt sin reht und got daz sin.*
Ottok. reimkron. 19ᵃ: *ir schullt recht nemen war, daz jr dem kaiser gebt das sein, so gebt auch got was jn angehort, so seit jr nicht betort an wiczen.*
Eschenl. Bresl. stadtgesch. I, 315: „*gebet dem kaiser, was dem kaiser gebüret, und gotte, was gotte angehöret.*"
Agricola stellt es unter seine 500 sprichwörter nr. 205. in einem histor. volksliede vom j. 1620 (Körner 303) heisst es:

> *o gott hilff, das man zu der frist dem keyser geb, was*
> *keysers ist, wie dein wort selb thut lehren, vnd was*

gehört dem lieben gott, soll man auch geben ohne spott,
vnd in preissen vnd ehren.
Zehner 483. Eiselein 356. Simrock 5362. man hat auch
als pentameter den spruch: „*caesaribus censum, solvite vota*
deo."

226. Matth. 22, 40.

In his duobus mandatis universa lex pendet et prophetae.

Luther: *In diesen beiden Geboten hanget das ganze Gesetz*
und die Propheten.
Eiselein 515 und Simrock 8019 verzeichnen aus dem munde
des volkes: „*das ist das gesetz und die propheten.*"

227. Matth. 23, 3.

**Omnia ergo quaecunque dixerint vobis, servate et facite; secundum
opera vero eorum nolite facere; dicunt enim et non faciunt.**

Luther: *Alles nun, was sie euch sagen, dass ihr halten sollt,*
das haltet und thut es; aber nach ihren Werken sollt
ihr nicht thun: sie sagen es wol und thun es nicht.
Kero sagt, den mönchen gehorsam gegen den abt einschär-
fend (etiamsi aliter quod absit agat): „*kehucke daz truhtin-*
lihha gibot: „dei qhuuedant tuat. dei keuuisso tuant, tvan
nichurit." Heljand 52, 23: „*sie spread uuislic uuord, thoh*
iro uuerc ne dugin thero thegno gethahti." von tier. u. fogil.
314: „*si habent gut pilide unt nehabent aue der guten werche*
nicht, also dauit chót." Walther LXXI, 12:
si sprechent, swer ir worten volgen welle unt niht ir
werken, der si áne allen zwivel dort genesen. die pfaf-
fen solten kiuscher danne die leien wesen.
und er setzt beispielsweise hinzu: *an welchen buochen hánt*
si daz gelesen, daz sich só maniger vlizet, swá er ein
schonez wíp gevelle?
den gegensatz zwischen worten und werken berührt er aus-
serdem: 7, 12. 14, 6. 33, 27. 34, 27. 100, 22.
wartburgkr. 411: *diu worte gént ie den werken vor.*
buch der rügen (Haupt, z. II) 1053: *sic et facere debetis*
quando populum docetis: quidquid verbo praedicetis
saepe factis inchoetis, nequis possit improbare.
Freidank rügt mehrmals der pfaffen worte und werke; 69, 21:
die uns guot bilde solten gebn, der velschent vil ir sel-
ber leben. die hoehsten trugent uns bilde vor, diu ma-
negen leitent in daz hor. swes lebn ist wandelbaere,
des lére ist lihte unmaere.

und **71, 3** denkt er an die biblischen worte, wenn er sagt:
> *swer iu guote lêre gebe, unt selbe niht gaebecliche lebe,*
> *dâ nemet ir guot bilde bî, und enruochet wie dem an-*
> *dern sî.*

und indem er das schöne gleichnis von der zu asche werden-
den aber doch leuchtenden kerze gebraucht, fährt er fort:
> *genuoge gaebe lêre gebnt, die selbe ungaebecliche lebnt.*

und **123, 12:** *swer wol reit unde übele tuot, der hât niht gar*
> *getriuwen muot.*

123, 16: *schoeniu wort enhelfent niht, dâ der werke niht ge-*
> *schiht.*

ebenso Winsbeke **6, 6:** *enruoche wie die pfaffen leben, du*
> *solt doch dienen gote an in: sint guot ir wort, ir werk*
> *ze krump, so volge du ir worten nâch, ir werken niht,*
> *od du bist tump.*

Dietrich spielt im könig Laurin anf diesen spruch an **1566:**
> *dîn worte lutent friuntlîch, sint diu werke sam diu wort,*
> *sus ist ez zwâre ein grôzer hort.*

im marienleb. Philipps **6191;** „*ir sult volgen ir worten niht*
ir werken." Frauenlob **24, 7:** „*niht sehet an ir werk, ir*
sehet an ir wort: diu sint der hort; si suon ouch swaz si wel-
len." Boner, edelst. **6, 37:**
> *wâ wort und werk sint ungelîch, der mensch wirt kum*
> *an êren rîch.*

55, 23: *dîn süeziu wort sint ungelîch den werken.*

65, 49: *wer wol lêrt und übel tuot, der ergert manges men-*
> *schen muot.*

und **68, 17:** *wenn ich ze werken bring mîn wort.*

spiegel menschl. erlösung (Nyerup **450**): „*auer so sal men*
> *nicht anseen der minschen misdaet, man sal anseen de*
> *gelîiknisse, de he an sic haet.*"

Keller, erzählg. **69, 33:** *darvmb volgen wir der pfaffen lere*
> *vnd an ir bosen werck vns nit ker, so geit vns got mit*
> *jn daz hyemelrich.*

in den altniederländ. gedichten bei Kaussler, rose **4897:**
> *si segghen goede woert ende predicken, die si selue niet*
> *ne doen bliken.*

und bouc van seden **1058:** *de derde onsaleghe es de gone, die*
> *anderen lieden es ghewone recht te leerne ende goet,*
> *ende dies selue niet en doet.*

Keller, fastnachtsp. v. Rosenplut **1155:** *vnd halt was dir der*
> *briester gepewt, vnd ob er der purden nit auf sich ledt,*
> *als er dann auf der cantzeln redt, doch volg du seinen*
> *wortten die dein sel speisen vnd flewhe seine wergk die*
> *dich abweisen.*

Eulenspiegel sagt auch **69:** „*nun sehe ich wol, das die wort*
und werk nit all gleich seind." ein altes fabelbuch (Esopus

1555) lehrt 56ᵃ : „*die wort sollent mit den werken bestetiget werden*‘‘, und ein talmudisches sprichwort (Dukes rabb. blumenl. 328): „*mancher predigt schön, befolgt aber nicht seine eigenen worte.*‘‘ der spruch wurde auf rabbi Simon ben Asai angewendet, der wie Hippel die ehe besonders empfohlen hat, ohne je selbst zu heirathen. Lehm. flor. I, 461 ff. hat eine reiche anzahl hierhergehöriger sentenzen zusammengestellt: „*viel lehrer und prediger hören selbst nicht, was sie andere lehren. der thut die beste predigt, der sich selbst hört. ein lucern beleuchtet andern den weg, aber sich selbst nicht. eines lehrers bestes lob ist, wenn man jhm nachsagt: magis docet vita quam sermonibus. actio plus operatur, quam oratio. wer christlich lehrt vnnd vnchristlich lebt, der lehrt, dass man seinen wercken und nicht der lehr geleben soll. die prediger haben jhren sold dass sie predigen, nicht dass sie thun was sie predigen. die pfarrer predigen mehrertheil zu jhren ehren vnnd nicht die leuth zu lehren. seind gleich den glocken deren klang andere hören, aber sie selbst hören ihre stimme nicht.*‘‘ auch Epictet nennt die philosophen (Gellius 17) ἄνευ τοῦ πράττειν, μέχρι τοῦ λέγειν, die auch selbst gestanden: ἄλλως ταῦτα ἐν ταῖς διατριβαῖς λέγεται ἡμῖν, ἄλλως δὲ ζῶμεν. aus anderen sammlungen entnehme ich: Eiselein 650 „*richtet uns nach unseren worten und nicht nach unseren thaten (sagen die pfaffen)*‘‘ — Simrock 11851: „*folget meinen worten aber nicht meinen werken*‘‘, 11849 „*viel worte, wenig werke*‘‘, 11850 „*in worten zart, zu werken hart*‘‘, 8668 „*sagen und thun ist zweierlei*‘‘, Lehm. flor. I, 135: „*von worten zu wercken ist ein weiter weg.*‘‘ Zehner 484.

228. Matth. 23, 12. Luc. 14, 11. 18, 14.
Qui se exaltat humiliabitur, et qui se humiliat exaltabitur.

Luther: *Denn wer sich selbst erhöhet, der wird erniedriget, und wer sich selbst erniedriget, der wird erhöhet.*
Das zu allen zeiten sehr beliebt gewesene sprichwort wird durch zahlreiche stellen bezeugt. man vergleiche zuvor die parallelstellen der bibel Ezech. 16, 24. Job 22, 29. prov. 29, 23. schon Hesiodus sagt: βριάοντα χαλέπει, ῥεῖα δ'ἀρίζηλον μινύθει καὶ ἄδηλον ἀέξει, und Aesop antwortete auf Chilo's frage, was denn die götter vornähmen: τὰ μὲν ὑψηλὰ ταπεινοῦν, τὰ δὲ ταπεινὰ ὑψοῦν. Ulfilas übersetzt: „*unte wazuh saei hauhheith sik silban, gahnaivjada, jah saei hnaiveith sik silban, ushaujada.*‘‘ Kero (Hattem. I, 49) sagt in seiner benedictinerregel: „*Eocouuelih der sih erheuit, uuirdit kedeonoot, inde der sih kedeomuatit, ist erhaben.*‘‘ Hartm. leid. u. leb. Jesu (Diemer 277, 16): „*swer sich uf wider gots*

heuet, wie faste er in denne wider nider sleht." in den sprü-
chen Wippo's: „*melius est se humiliare, quam exaltare*", und
im Reinardus IV, V, 1009:

> *quo magis alta tenet nequam, magis ima meretur,*
> *et bonus ex humili surgit ad alta loco.*

ein marienlied des 12. j. (Grimm 60, 1) sagt:

> *des werden wir an godes worden gewis, de sprichet:*
> *so we otmudich is, he sal her na gewis sin der eren,*
> *he uellet so, we sich seluen wilt eren,*

und an einer andern stelle 76, 9: *he hat die geweldigen nider*
> *gesat inde di otmudigen in die hoge stat.*

an diesen spruch denkt wol auch der dichter des „könig
Rother"4467: *got der gildit harde uil, swenne sich der men-*
sche ouir uil", und der dichter des Tundalus (Hahn) 48,
75: „*die hie ze hôhe steigent, daz sint die dort seigent.*"
carm. bur. 75, 4, 7: „*omnis qui se exaltat hodie, cras humi-*
liabitur misere." Ludwg. kreuzfahrt (v. d. Hagen) 5483:
> „*wir lesen an dem ewangelio: er wirt gehohet, wer so*
> *nidert sich selben.*"

rolandsl. 125, 8 freier: *da bewaret unser herre siniu wort.*
> *sent Johannes hat gescriben dort: da diu deumut hin*
> *ze himele stiget, daz di ubermut nider niget in di uin-*
> *steren helle.*

Wigalois 167, 7: *er nidert hôch gemüete und hoehet alle güete.*
Freidank 2, 4 ganz ebenso: *got hoehet alle güete unt nideret*
> *hôchgemüete.*

Rud. weltkron. (Schütze) 174: *als ie god mit gude hohet alle*
> *demude vnde nidert falsche hoffart.*

und ebend. 203: *ee daz got mit gude gestunde der demude*
> *vnde feigete die hoffart.*

h. Georg 4072: *herre keiser Dacian, nu han ich uch kunt*
> *getan, die hochfart siget, und die demut stiget.*

Berthold predigt. 121: „*wan swer sich selbe erhoehet, den*
> *nidert got, und swer sich selber nidert, den hoehet got.*"

passional III, 490, 84: *also sprichet sin heilic munt: swer*
> *sich hie niderdrucket, der wirt hohe ufgezucket; swer*
> *aber ufzucket sinen mut, der wirt genidert in ungut.*

Grieshab. predigt. I, 80 und 115: „*alle die sich hie erhoent,*
> *die werdent genidert, und die sich hie niderent, die*
> *werdent gehoet.*"

S. Helbling (Haupt, z. IV) VII, 897 lässt die demut spre-
chen: *arm ûf erd, ze himel rîch, die tugede bêde sint*
> *an mir.*

Hugo, renner 23834 ähnlich der obigen stelle, aus dem pas-
sional: *wizzet, swer sich durch got hie smvcket, der*
> *wirt gen himel vf gezvcket, swer aber durch hoffart*
> *sich vf zucket, der wirt vor got nider gedrucket.*

in den cas. St. Galli͞ (Pertz II, 96): *„exaltat enim humiles et humiliat superbos."* Suchenwirt 36, 81: *„welich hertz in übermut regirt, daz nydert got vil sere."* Karajan, frühlgsg. 62: *„want got spricht: wer sich alre meiste vernedert, der sal erhoeget werden"*, und im altfranzös. Renard 6514: *„il s'essauce ki s'umelie."* in den deutschen ordensstatuten gesetz XXXVI: *„als das ewangelium sprichit: der sich hie geniddert, der wirt dort irhoget."* fastnachtsp. Keller 1046, 23:

> *„ouch ist geschriben, merk mich eben, ein jeder gwalt*
> *ains kurtzen läben. welcher ouch thuot erhöhen sich,*
> *der wirt genidert von got, ich sprich.*

Wittenw. ring 30ᵈ 27: *won der sich höcht, der kumet nider, und der sich nidert, der get wider.*

Brant, narrensch. 247, 123: *wer hochfart tribt, den nydert got, demut er allzyt gehöheret hat.*

Botho kron. Brunsv. (Leibnitz III, 277): *wede sick hyr in ertrick vorhevet, de schal dort vornyddert werden.*

Pontus (Büsching I) 437: *wie er schnell erhöht, wen er will, und erniedert, welchen er will, wie die schrift sagt.*

monim. hassiac. (ed. Schmincke I, 44): *das ist zu tutsche gesprochin alsus: wer der hoffart plegen wyl, der wirt hernyddert ane tzyl, unde wer sich oetmüdiget durch god, der wirt herhaben hie unde dord.*

einen altniederländischen denkspruch gibt Mone, litterat. 310: *wes oetmoedech in allen saken, soe sal tu ter eren comen, ende late di die hoverde niet genaken, god soude di daer omme verdoemen.*

und im Antwerp. liederbuch 211: *die hem seluen wil verheffen, vernedert moet hi zijn, dat selue spreect ons heere god.*

in einem alten fabelbuche (Esopus 1555) heisst es 57ᵇ: *„also beschicht den übermütigen, das si nider werden geworffen, vnd die demütigen vffrecht belybent"*, und in einem talmudischen sprichworte (Dukes, rabb. blumenl.), das auch von Mohammed angeführt wird (Diez, denkw. von Asien II, 461): *„wer sich selbst erniedrigt, den erhöhet gott, wer sich selbst erhöhet, wird von gott erniedrigt"*, und: *„meine erniedrigung ist meine erhöhung, und meine erhöhung ist meine erniedrigung."* Zehner 486.

229. Matth. 23, 24.

Excolantes culicem, camelum autem glutientes.

Luther: *Die ihr Mücken seiget und Kameele verschlucket.*
In dem fragm. Matth. bei Endell. u. Hoffm. X, 20: *„sihante uz muccun, olbantun auuar slintante."* tod. ge-

hugde 116: „*die mucken si lichent, die olbenden si verslichent.*“
carmin. buran. (Schmeller 18, 14, 3): „*camelos deglutiens*“,
ebend. 94, 2, 9: „*vae vobis hypocritae, qui culicem colatis.*“
und im pfaffenleb. (altd. bl. I) 592: *er sprichet: die mucken
    ir lichet, die olbenden ir slichet.*
in sammlungen bei Erasmus, Zehner 685, Körte 4315 und
Simrock 7119.

230. Matth. 26, 41.

Spiritus quidem promptus est, caro autem infirma.

Luther; *Der Geist ist willig, aber das Fleisch ist schwach.*
Leb. u. leid. Jesu (fundgr. I, 170, 35. Diemer 255, 26):
    vil willig ist der geist, vil unchreftig ist daz fleisch.
und in Hugo's Martina 32b 33: *wan der geist der ist bereit,
    daz fleisch hat aber blodikeit.*
ähnlich ebend. 58d 103: *daz sint liplichiv werc, div sint swe-
    rer danne ein berc dem fleisch vnd widerwertic, wan
    ez ist vngevertic und von nature trege.*
Zehner 490 und volksmund.

231. Marci 9, 49. 50. Luc. 14, 34.

Omnis victima sale salietur. Bonum est sal.

Luther: *Alles Opfer wird mit Salz gesalzen. Das Salz ist gut.*
Ulfilas: *hwarjatoh hunsle salta saltada. goth salt.* Agricola
nr. 302 hat das hieraus entstandene „*saltz ist die beste würtz*“
und verweist dabei auf das mosaische gesetz (lev. 2, 13) und
auf Kristi vergleichung seiner jünger und des evangeliums
selbst mit dem salz der erde, das da frisch sei. ausserdem
bieten Eiselein 500 und Simrock 7681 aus volksmunde „*kein
opfer ohne salz.*“ Zehner 494. 495.

232. Luc. 4, 23.

Utique dicetis mihi hanc similitudinem: medice, cura te ipsum.
(vgl. ecclesiast. 18, 20.)

Luther: *Ihr werdet freilich zu mir sagen dies Sprichwort:
    Arzt, hilf dir selber!*
Ulfilas: *aufto quithith mis tho gajukon: thu leiki hailei thuk
silban.* das sprichwort war schon in vorkristlicher zeit sehr
beliebt, wofür folgende stellen zeugnis geben: Plutarch: ἄλ-
λων ἰατρὸς αὐτὸς ἕλκεσι βρύων. Cic. ad fam. 4, 5: *in alienis
morbis profitentur se tenere medicinae scientiam, ipsi se curare*

non possunt, und ähnlich Demosthenes: τοὺς ἐπιλήπτους φη-
σὶν ἰᾶσθαι, αὐτὸς ὢν ἐπίληπτος πάσῃ πονηρίᾳ. bei uns zuerst
in Philipp's marienleben 6272:
> *des érsten mach dich selbe gesunt, siecher arzt, dâ du
> bist wunt.*

und (Colocz. cod.) heidin 197: *hilf dir selber noch úz der not.*
auch ein sprichwort bei Marner 16 gehört hierher:
> *siecher arzat, armez wissage, leider gast, die sint unwert.*

Boner, edelst. 68, 37: *wer ein arzát welle sín, der tuo im
selber helfe schín. wie wil der geheilen mich, der nicht
wol kan geheilen sich?*

ferner bei Suso: *,,Antonius sprach zu einem bruder: mensch
hilff dir selber, oder weder ich noch got werden dir je
helffen.''*

im Moroff heisst es: *es gelobet mancher gesondikeit, das an
siner gewelde nit in steit.*

Keller's fastnachtsp. 698, 30: *,,darumb ob man wolt schelten
mich und sprechen: arzet, heil selber dich!*

Brant, narrensch. 122, 18: *herr artzt, dunt selber heilen üch.*
das spr. haben folgende sammler: Erasmus IV. 4, 32 (*manet
hoc dictum his quoque seculis celebratissimum*), Lange adag.
517. Zehner 233. Eiselein 43. Körte 312 und Simr. 590.

233. Lucae 6, 31. Matth. 7, 12.

Prout vultis ut faciant vobis homines et vos facite illis similiter.
(vgl. prov. 24, 29.)

Luther: *Und wie ihr wollt, dass euch die Leute thun sollen,
also thut ihnen gleich auch ihr.*

Den spruch übersetzen Ulfilas: *jah swa swe wileid. ei tau-
jaina izwis mans. jah jus taujaid im samaleiko.* Kero
(Hattem. I, 117. I, 43): *daz imo huuelich uuesan niuuelle ni
tue.* Otfried II, 235: *ni thua, zellu ih thir ein, uuidar manno
nihein, uuiht in uuorolti alles, ni so thu thir uuolles.* Tatian
XXXI, 8: *so ir uuollet, thaz ju man tuon, so tut ir in selb-
sama.* XL, 8: *alle thinc ir uuollet, thaz ju man tuon, thiu
tuot ir in.* auf diesen kristlichen grundsatz der moral beru-
fen sich Berno, st. Ulrichs leb. (Schmeller) 784:
> *ouch saget das evangelium, behalte wir daz, ez wirt uns
> vrum: swes ir von den liuten gert, des suln si werden
> von iu gewert.*

Heinr. v. Krolewiz (nat. bibl. XIX) 3500: *swaz wir von
ieman wolten gerne, daz daz unser ieglich lerne, daz
er im daz wider tuo.*

Hugo, renner 18252: *waz du wollest, daz ich dir tv, daz tv gen mir spat vnd fru. ditz ist daz sloz, daz alle reht beslozzen hat vnd machet sleht.*

Boner, edelst. 37, 57: *waz du wilt, daz man gén dir tuo, daz tuo du gegen mir.*

lieders. 82, 129: *iglicher fliset sich dar zu das er einem andern tu ain tail, daz er von im gert, daz ain ander werd gewert.*

ein altholländischer spruch des 14. j. lautet (altd. bl. I, 74): *siet, dat ghi enen anderen biet, dat ghi wilt, dat u geschiet. dat u selven dankelik si, dat gheert een ander, gheloves mi.*

Seb. Brant, narrensch. 200, 1: *der ist eyn narr, der andern dut, das er von keym mag han für gut. lug yeder, was er andern tüg, das yn domit ouch wol benüg.*

so in den rechten der stadt Frankenberg (monim. hass. ed. Schmincke p. 753) „*was du wilt gethon haben, das thu du auch eynem andern*", und im alten schwerin. recht (Westphal. II, 2036) „*auch den spruch in acht haben: quod tibi non vis fieri, alteri ne feceris.*" ein altes fabelbuch vom j. 1555 (Esopus, Friburg) 39[a] und 105[b] gibt ebenfalls den guten rath „*was du nit wöllest beschehen werden, das thu auch keim andern.*" Lehm. flor. I, 641 meint auch „*die fürnembst rechtsregul ist: quod tibi non vis fieri etc.*" diese in den instit. und decreten sich findende regel war ein lieblingsspruch des kaisers Alexander Severus (nach Aelius Lampridius), den er an seinem palast und an öffentlichen bauwerken anbringen liess. Erasmus sagt, indem er dies sprichwort anführt: „*utinam omnes quod in omnium ore est hodie et jam pridem in sacris litteris praeceptum est, observarent*" und fügt eine sentenz aus Gregor. theolog. bei:

$$\text{ο}ῖα\ πρ\text{ὸ}ς\ ἄλλου\ μ\text{ὴ}\ πα\text{θ}εῖν\ ὅλως\ \text{θ}έλεις,$$
$$\text{το}ια\text{ῦ}τα\ κα\text{ὶ}\ σ\text{ὺ}\ μηδ\text{ὲ}\ δρ\text{ᾶ}ν\ ἄλλ\text{ῳ}\ \text{θ}έλε.$$

ein tartarisches sprichwort der Krim ist damit synonym: „*erbrich nicht die thore eines fremden harems, wenn du willst, dass die deinigen unerbrochen bleiben.*" Zehner p. 503. am gangbarsten ist das sprichwort in der fassung bei Simr. 10300:

was du nicht willst, dass dir geschicht,
das thu auch einem andern niht.

234. Lucae 6, 38.

Date, et dabitur vobis.

Luther: *Gebet, so wird euch gegeben.*

Carm. buran. (Schmeller) 19, 8: *si das, tibi dabitur* und im Reinardus III, III, 1507: *da dabiturque tibi, sapiens intelligit abbas.* lieders. 82, 34: *got dem gebenden gern git.*

Grieshab. deutsche pred. I, 55: *ir sont och gên, wan so wirt iu och gegeben.* ein lied auf herzog Ulrich v. j. 1534 (Mone VIII, 193) singt: „*wer gibt der würdt gewehrt, ist sit beim menschenkinden.*" Simrock 3074 bietet nur: „*mit geben wuchert man am meisten.*"

235. Lucae 9, 62.

Nemo mittens manum suam ad aratrum et respiciens retro aptus est regno dei.

Luther: *Wer seine Hand an den Pflug legt und siehet zurück, der ist nicht geschickt zum Reiche Gottes.*
Zehner p. 505 vergleicht die worte mit dem lateinischen (Plinius 18, 19) „*arator nisi incurvus praevaricatur*", das Erasmus für ein sprichwort hält. Eiselein 511 entnimmt aus Geiler:

wer da legt an pflueg, nicht hinter sich lueg.

236. Luc. 11, 15.

In Beelzebub principe daemoniorum ejicit daemonia.

Luther: *Er treibt die Teufel aus durch Beelzebub den Obersten der Teufel.*
Simrock 908 hat „*man muss Beelzebue mit Beelzebue vertreiben*", ebenso Eiselein 66, der aus Hieronymus beifügt: *daemones enim abigit alium alio, quemadmodum ajunt, daemone.* hierzu stellt sich ein etwas anders gefasstes spr. bei Simrock 10216 „*teufel muss man mit teufeln austreiben.*"

237. Luc. 12, 48.

Qui commendaverunt multum, plus petent ab eo.

Luther: *Welchem viel befohlen ist, von dem wird man viel fordern.*
Bei Kero (Hattem. I, 39) findet sich: *kehuckan scal simblum, daz ist daz keghuueta di uuizzan. daz demu meer ist pifolahan, meer fona imu uuirdit ersvahhit.* ebenso in den carm. buran. (Schmeller) 15, 3: *cui majus committitur, ab eo plus exigitur,* und im buch der rügen (Haupt z. II, 6) XVI, 677: *audivimus, quod videatur et communiter dicatur „cui majus committatur, plus ab eo exigatur.*" Barlaam 371, 20:

nû ist daz vil unzwîvellich, daz sich der site niht verbirt, sweme vil bevolhen wirt, man eische deste mê von im.

und Simrock 872 ,,*wem viel befohlen ist, von dem wird viel gefordert.*" Zehner p. 509.

238. Luc. 16, 10.

Qui fidelis est in minimo et in maximo fidelis est, et qui in modico iniquus est et in majori iniquus est.

Luther: *Wer im Geringsten treu ist, der ist auch im Grossen treu, und wer im Geringsten unrecht ist, der ist auch im Grossen unrecht.*
Ich kann hierzu nur aus Simrock 10478 und aus dem volksmunde beibringen: ,,*wer im kleinen nicht treu ist, der ist es noch weniger im grossen.*" Zehner p. 517.

239. Luc. 16, 29.

Habent Moysen et prophetas.

Luther: *Sie haben Mosen und die Propheten.*
Es sind das worte Abrahams, die er dem reichen manne im gleichnis Luc. cap. 16 zuruft, als dieser in der hölle bittet zu seinen fünf brüdern zu senden, damit sie nicht auch an den ort der qual kommen. der volkswitz denkt beim worte ,,mosen" an die blanken geldstücke, die jene zu hause haben, die der fidele bursche auf der hochschule ja auch mit dem worte ,,moos" (monetas?) bezeichnet.
Simrock 7112 und Körte 4305.

240. Luc. 23, 12.

Et facti sunt amici Herodes et Pilatus in ipsa die.

Luther: *Auf den Tag wurden Herodes und Pilatus Freunde.*
Herodes schickte den heiland, ihn verspottend und verachtend, in einem weissen kleide zu Pilatus, und dadurch wurden fürst und pfaffe, die bis dahin in fehde gelebt hatten, mit einander ausgesöhnt. man sagt daher, wenn zwei böse mit einander eins sind oder freundschaft halten: ,,*Herodes und Pilatus sind gute freunde (sind versöhnt).*" Körte 2766. Eiselein 301. Simrock 4594, und Zehner p. 775.

241. Joh. 2, 10.

Omnis homo primum bonum vinum ponit et quum inebriati fuerint tunc id quod deterius est.

Luther: *Jedermann gibt zum ersten guten Wein und wenn sie trunken geworden sind, alsdann den geringeren.*

Wernh. v. Elmendorf (467) verweist auf Seneca, der dem wirthe anräth:

> *lezistu scenken dinin win den luten, die vertründken sin, ich ein weiz, waz dirz me geniez is, wene ob du wazzer in den win gizes.*

ebenso Griesh. deutsche pred. II, 19: *ein iegelích man der sezzet den guoten wín zem ersten für die lüte. und swenne si denne werdent trunchen. só sezzeter denne ainen bösern wín für si.*

und in einem osterspiel bei Mone (I, 72) 37: *man git zu erste den besten win, so die lute dan drunken sin, so ist in zu dem dranke gach; nu sezzes du den bessern nach.*

Lehm. flor. I, 20 erwähnt eines apophthegma über dieses spr., und aus ebendemselben haben Eiselein 637 und Simr. 11457: *,,zuerst guter wein, und wann die leute trunken sind, der schlechte, ist der wirthe praktik.''*

242. Johannis 3, 20.

Omnis qui male agit, odit lucem.

Luther: *Wer Arges thut, der hasset das Licht.*
Martina 206ª 21 etwas weiter ausgeführt: *swer vbel tuot der schiuhit den tac vnde fluhit. suz die sunder schiehint den tac vnde fliehint.*

und in Konr. v. Megenbergs buch der natur b. III: *als vnser herr spricht ,,wer bösslich oder übel würcket, der hasset das liecht''.* bei Eiselein 37 und 423. Simrock 446 hat *,,wer arges thut, der scheut das licht'',* und negativ ausgedrückt ebend. 6388 (Körte 3843) *,,wers licht scheut, hat nichts gutes im sinn'',* und Körte 689 *,,der böse scheut das licht, wie der teufel das kreuz''.* Zehner p. 526.

243. Joh. 4, 37.

In hoc enim est verbum verum: quia alius est qui seminat, et alius est qui metit.

Luther: *Denn hier ist der Spruch wahr: Dieser säet, der Andre schneidet.*
Der dem allgemeinen rechtsbewusstsein (*wer säet, der mähet* = I Corinth. 9, 10. II Timoth. 2, 6) zuwiderlaufende spruch wird als ein schon damals bekanntes sprichwort eingeführt, das auch unter Griechen und Römern umging. ich entnehme aus des Erasmus sammlung: *,, alienam messem metere,* ἀλλότριον ἀμῶν θέρος Aristoph. equitt. I. 3. ἄλλοι

μὲν σπείρουσ᾽, ἄλλοι δ᾽ αὖ ἀμήσονται. oder bei Suidas: ἄλλοι κάμον, ἄλλοι ὤναντο, und stelle dazu Frauenlob 156, 15: *der text mir jet: hier drisch ich, daz du hast gemet.*
Hätzl. liederb. 78ᵃ : *was ich gesaet hab durch gewyn, das will ain ander schneiden.*
ebend. 292ᵇ : *er schnaid, das er nit hett gepaut.*
Eschenl. bresl. stadtgesch. 109 und 193: *besser wäre, du hettest gedacht an den gemeinen spruch: ,,nicht setze deinen sichel in einen fremden schnitt''.*
ein volkslied v. j. 1533 (Uhland I, 66, 1.) singt: *het mir zu freuden aussgesät, ein ander hat mirs abgemät.*
in sammlungen steht es zuerst bei Franck (Egenolff) 105ᵃ und Zehner p. 236. Lehm. floril. I, 37 (Simr. 8618) erweitert: *,,der eine süt, der andre schneidet, der dritte scheuert ein''.*
Eiselein 536 hat angeblich aus Agricola: *,,was einer süet, schneidet der andre''*, und Simrock 8620: *,,ich habe gesät, ein anderer müht''.* ein tartarisches spr. in der Krim lautet: *,,der eine bohrt mit dem messer in die terebinthe, der andere zapft das öl in den krug.''*

244. Joh. 10, 13.

Quia mercenarius est et non poenitet eum de ovibus.

Luther: *Denn er ist ein Miethling und achtet der Schafe nicht.*
Ein mietling achtet nicht, wie es im grossen passional III, 92, 87 heisst: *der gotes kranken schefelin und brenget si in rehtez pfat. bewaret si an aller stat vor des wolves nakeit, der ganze macht daran leit, ob der hirte entnucke, daz er die schaf im zucke.*
und in einer predigt bei Grieshaber s. 7: *,,dâ ist er ain miethirte und hôrent in diu schâf niht an''.* Eiselein 462 und Simrock 7014: *,,ein mietling achtet der schafe nicht''.*

245. Joh. 10, 50.

Quia expedit nobis, ut unus moriatur homo pro populo et non tota gens pereat.

Luther: *Es ist besser, Ein Mensch sterbe für das Volk, denn dass das ganze Volk verderbe.*
Der gedanke begegnet einige male in der kaiserkronik. (Diemer 152, 4): *,,bezzer ist daz wir zewelfe ersterben, é disiu stat ze rome uorwerde''.* 240, 15: *,,bezzer ist, daz ich aine resterbe, é so mannich menniske uon minen sculden rewerde''*, und treuer 267, 11: *er sprah ,,iz ist pezzer, daz ainer resterbe, denne div werlt elliv rewerde''.*

Konr. .troj. krieg (Müller) 24316: *si sprechent, daz vil
bezzer si, daz iuwer tohter sueze allein sterben mueze, dann
ir vnd aller iuwer her.*
Martina Hug. v. Lang 30ᶜ 64: *ez ist vil nvtzir, daz ein
man nv alleine sterbe, danne alle div welt verderbe.*
und 32ᵈ 94: (Caiphas) *der sinen rât den juden bot, daz
weger were daz sturbe ein man ovch verdurbe, ê daz
verdurbe gar div welt.*
in einem mittelniederländ. osterspiel (Haupt z. II, 302) sagt
Caiphas (1320): *besser ist, dat eyn man sterue, dan die
werelt al vorderue.*
und in einem deutschen (bei Mone I, 72) 558: *ez ist weger,
einer sterbe, dann alle die werlet verderbe.*
dabei fällt mir ein spruch ein, den ich in der fabel vom
kranken löwen (Grimm R. 432) 277 lese: „*is ist bessir,
das eyn schalk vergehe, wenne das eyn herre obil stehe*", der
freilich etwas anderes sagen will. Luther sagt in einem
briefe: „*Caiphas redet hie die warheit*", welchen ausdruck
Zehner unter seine adag. sacra 771 aufnimmt. den in der
lutherischen übersetzung der bibelstellen befindlichen reim
lässt sich der volksdichter nicht aus der hand nehmen und
so finden wir denn nach Franck (Egenolff) 8ᵃ bei Simrock
6981 und Eiselein 460: *besser ein mensch sterbe, als das
ganze volk verderbe.*

246. Joh. 13, 27.
Quod facis, fac citius.

Luther: *Was du thust, das thue bald.*
Also spricht Kristus zum verräther Judas beim abendmahle.
Roswitha, Gallican. II hat: „*quod facturus eris, hodie per-
fice*", unser „*was du heute thun kannst, verschiebe nicht bis
morgen*". ich lese dieses spr. bei Franck (Egenolff) 27ᵃ:
„*was du thun wilt, das thu balde*", ebenso 105ᵃ, und einen
hierhergehörigen reimspruch ebendaselbst 83ᵃ: *zeitlich und
bald thon hat doppel lon.* bei Simrock 10305: „*was du
thun willst, das thue bald.*"

247. Acta 5, 29.
Obedire oportet deo magis quam hominibus.

Luther: *Man muss Gott mehr gehorchen, denn den Menschen.*
Es sind Petri worte, die er dem hohen rathe zuruft. auch
der schwabenspiegel (Lassbg. 160) beruft sich darauf: *wann
ez sprichet div heilige geschrift, wen svle got me gehorsam sin,*

danne den liuten", und Agricola nimmt das spr. unter seine in den „fünfhundert spr." sich zahlreich vorfindenden biblischen auf nr. 204 : *„man muss gott mehr gehorchen, dann dem menschen.*

248. Acta 9, 5.
Durum est tibi contra stimulum recalcitrare.

Luther : *Es wird dir schwer werden, wider den Stachel zu löken.*

Notker in einer glosse zu ps. 57, 7 : *der ist herte uuider garte ze spornonne.* dasselbe sagt Salomo im lateinischen originale des Marcolfus und darnach im Morolff (v. d. Hag. u. Büsch. I) 258 : *ess ist bose weder stucke streben. dem dregen esel sal man czwefeldige slege geben.*

in den carm. buran. (Schmeller) 155, 5, 1 heisst es : *bis pungitur, qui nititur repugnare stimulo.*

bei Freidank 139, 15 : *der ohse kumberliche lebt, die wile er wider dem garte strebt.*

und mehrmals in Martina 167, 47 : *der ohse luzil zuhet, so in der gart schuhet, der gart die rinder schupfet, so er sie dicke stupfet, lasheit den rossen were erkorn, vorhten siv niht die sporn.*

ebend. 176, 74 : *alse dem ohsen der gart, der in dicke mennet, da bi er erkennet, daz er muoz vaste ziehin, dem garte niht enpfliehin.*

und ebend. 262, 107 : *wie sol man den nv geleben, wan siv wen steteclichen streben wider dem gotlichen garte, daz ist doch mvolich harte.*

die sprichwörtliche redensart πρὸς κέντρα λακτίζειν findet sich neben dem ausdruck πρὸς κῦμα von thörichtem, vergeblichem widerstreben gebraucht, auch häufig bei den griechischen tragikern, so bei Euripid. Bacch. 794 θυμούμενος πρὸς κέντρα λακτίζοιμι. Pelias. πρὸς κέντρα μὴ λάκτιζε τοῖς κρατοῦσί σου. Aeschyl. Prometh. 323 und Agamem. 1624. Pindar od. 2, 95. ebenfalls haben das bild Terent. Phorm. I, 2 : *inscitia est, advorsum stimulum calces,* und Plaut. Truc. IV, 2 : *si stimulos pugnis caedas, manibus plus dolet,* und dasselbe liegt wol zu grunde, wenn die bauern im pfaffen v. Kalenberg (280) sagen : *„wir wollen dem pfarrherr stecken den dorn selbst in seinen fuss."*

dass dieses sprichw. vom pflügen hergenommen ist, bei dem man die pflugochsen mit einem stachel zum ziehen antrieb, ist eine fast überflüssige bemerkung. Zehn. 533. Eisel. 576. Simr. 9798. auf die zerstörung der spanischen armada wurde eine denkmünze geprägt, auf deren kehrseite im umkreise die bibl. worte stehen : *„durum est contra stimulum calcitrare."*

249. Acta 20, 35.

Beatius est magis dare, quam accipere.

Luther: *Geben ist seliger, denn Nehmen.*
Freilich ist die allgemeine erfahrung mehr die, welche
der verfasser des Reinardus (I. I, 204) mit den worten aus-
drückt:

sumere lex media est, regula rare dare,
und ein deutscher denkspruch: *man glaubt, dass selger sei zu
geben denn zu nehmen, und doch mag man gar schwer
zum geben sich bequemen.*
der spruch schwebte wol der frommen landgräfin Elisabeth
vor, zu deren lobe ein späterer dichter sagt (Mencke, scr. r.
g. II, 2033 ff.): *wan besser wer geben, dan nemen.* dem
entgegen sagt Athenaeus 8, 11: ἀνόητος ὁ διδοὺς, εὐτυχὴς δ'ὁ
λαμβάνων, und auch Lehm. flor. 547, 17 kennt die umkeh-
rung des satzes: „*nemen ist besser denn geben*", wiewol er
hat (234, 21)*: es ist besser allmosen geben, denn nehmen,* und
anderswo „*seliger ist geben als nehmen.*" Zehner 535. Sim-
rock 3078.

250. Acta 26, 24.

Insanis, Paule.

Luther: *Paule, du rasest.*
Der sonst nicht nachzuweisende aber im volksmunde
noch heute begegnende sprichwörtliche ausruf wird von Eise-
lein 503, Körte 4688 und Simrock 7725 verzeichnet.

251. Roman. 2, 11. Coloss. 3, 25. Ephes. 6, 9.

Non enim est acceptio personarum apud deum.

[acta 10, 34 *in veritate comperi, quia non est personarum
acceptor deus.* Galat. 2, 6 *deus enim personam hominis non
accipit.*]

Luther: *Denn es ist kein Ansehen der Person vor Gott.*
Man vergleiche ausserdem deuteron. 10, 17. I Samuel.
16, 7. II kronik. 19, 7. Job 34, 19. sap. 6, 8. ecclesiast.
35, 15. I Petri 1, 17. bei Hattemer, denkm. d. mitt. II,
528: „*daz uuir lesen in euangelio: dú ne nimest uuara dero
manskeite.*"
Agric. II, 238 führt als spr. auf: „*das ansehen der person
im gerichte ist nicht gut*", Simr. 4001 „*bei gott gilt der bauer
so viel als der junker*", und Eiselein 31 bietet: „*gilt kein
ansehen der person.*"

252. Roman. 6, 23.

Stipendia enim peccati mors.

Luther: *Der Tod ist der Sünden Sold.*
Martina 68, 26: *wan der tôt hât gesiget unde gît den sun-*
den lôn.
bei Körte 5993 „*der tod ist der sünde sold und obendrauf*"
(= zugabe beim messen).

253. Roman. 12, 11. Col. 3, 5. Ephes. 5, 16.

Redimentes tempus, quoniam dies mali sunt.

Luther: *Schicket euch in die Zeit.*
Franck (Egenolff) 45ᵇ: „*man muss sich inn die zeit schicken.*"
Simrock 12024: „*schick dich in die zeit.*" der türke sagt:
„*wenn du siehst, dass sich die zeit nicht in dich schickt, so*
schicke du dich in die zeit."

254. Roman. 12, 21.

Vince in bono malum.

Luther: *Ueberwinde das Böse mit Gutem.*
In Nortperts tractat heisst es (diut. I, 290): „*sunter ir*
uberwintent mit dem guoten daz ubele", und in einer alten
kirchenhymne (Grimm, hymn. VIII, 5 und XXIII, 3): *vin-*
camus in bono malum — karichem in kuate ubil. für die
umkehrung des satzes eine stelle in der guten frau 1006
(Haupt z. II, 392):
swer dem andern wol tuot, tuot er im da wider leit,
daz ist ein grôziu bôsheit.
und in der warnung (ebend. I, 438) 1072: *ir sult niht er-*
niuwen übel mit übeltaete, wan daz sint des tiuvels raete,
daz ir tuot leit wider leit.
dagegen im grossen passional III. 97, 76: *swâ man gît um*
ubel gut, daz ist vor gote ein demut.
und bei Suso IV, VII: „*ihr sollet euch fleissen, dass ihr*
übel mit gut überwindet." der biblische spruch befindet sich
allerdings in geradem gegensatze zum volksbewusstsein, das
da predigt „*böses muss man mit bösem vertreiben (überbösen).*"
Agric. 335. Lehm. flor. I, 71, ja das sogar den kristlichen
grundsatz zu einem witzworte benutzt: „*überwinde das böse*
mit gutem, sagte der seiler, da spann er hanf über die heede."

255. Roman. 13, 7.

Cui timorem timorem.

Luther: *Ehre, dem Ehre gebüret!*
Im herzog Ernst 1831 findet sich ein hierher gehörender spruch: *„was man dem bederben ere tut, das ist billichen unde gut“*, und in Göthe's Faust singt die dem hexenkore vorreitende Baute *„ehre dem ehre gebüret.“* der volkswitz machte daraus *„ehre, wem ehre gebricht! herr pfarrer putzet das licht.“* Körte 990. Eiselein 132. Simrock 1796.

256. I Corinth. 3, 19.

Sapientia hujus mundi stultitia est apud deum.

Luther: *Dieser Welt Weisheit ist Thorheit bei Gott.*
In Nortpert tract. (diut. I, 281) findet sich: *„diu wisheit dirre werlte ist ein tumbheit uore gote.“* bei Roswitha Paphnut.: *sententia apostoli „nam stulta munda elegit deus, ut confunderet sophistica“*, und textgetreuer im Winsbeke 5, 5: *„ez sprach hievor ein wiser man, daz dirre werlte wisheit si vor gote ein törheit sunder wân“*, wie in der tochter Syon (Schade 398) umgekehrt von Kristi zeit redend *„gotes wisheit dûhte ein törheit.“* als wirkliches sprichwort freilich ist die stelle aus sammlungen nicht nachzuweisen.

257. I Cor. 5, 6. Galat. 5, 9.

Modicum fermentum totam massam corrumpit.

Luther: *Ein wenig Sauerteig den ganzen Teig versäuert.*
Ulfilas übersetzt: *„leitil beistis allana daig gabeisteith.“* freier in einer deutschen predigt des 12. j. (nat. bibl. b. XI. XXI, 4.): *„ein uil wenigez urhab (= hefen) erheuet einen grozen troc uollen teiges“*, und in Eschenl. Bresl. stadtgesch. (Kunisch s. 136): *„wann ein wenig sauerteig, als der zwölfbot spricht, zustöret und versauret den ganzen teig.“* der neutestamentliche sprachgebrauch bewegt sich gern in dem bilde vom allesansteckenden, allesdurchsäuernden, aber auch belebenden sauerteige, so bei Matth. 13, 33. 16, 5—12. Marc. 8, 15. Luc. 12, 1. 13, 21. Simrock 8760 hat das spr. in der fassung *„ein wenig sauerteig durchsäuert den ganzen trog.“* Zehner 541.

258. I Cor. 5, 10.

Alioquin debueratis de hoc mundo exisse.

Luther: *Sonst müsstet ihr die Welt räumen.*
Agricola nahm dies in seine sammlung auf I, 714: „*wer mit
bösen leutten nit will zu thun haben, der muss auss der welt
ziehen*", und sagt in der erklärung „*das ist ein alinaton vnd
so vil gesagt, es ist vnmöglich, dieweil wir leben, das wir böse
leutte, arbeyt, vnglück vnd mühseligkeyt können entlauffen*",
ausdrücklich hinzufügend „*diss wort ist freylich auss sanct
Pauls epistel an die Korinther genommen.*" dass keine der
bekannten sprichwörtersammlungen den biblischen spruch auf-
genommen hat, macht ihn aber als sprichwort verdächtig.

259. I Cor. 7, 7.

Unusquisque proprium donum habet ex deo.

Luther: *Ein Jeglicher hat seine eigene Gabe von Gott.*
So dichtet Walther archip. in den carminib. buran. 172,
18, 1: „*unicuique proprium dat natura munus* (19, 1 = *dat
natura donum*)" und der Marner singt: „*got git sin gabe
swem er will*", „*ultro deus subjicit bona*", wie Erasmus aus
Stobaeus anführt. „*das ist eine gabe gottes*", sagt man
sprichwörtlich.

260. I Cor. 7, 9.

Melius est enim nubere, quam uri.

Luther: *Es ist besser freien, denn Brunst leiden.*
Als reim lautet das spr. „*besser minnen, als brinnen*",
wie es im lieders. 188, 87 lautet: „*Paulus spricht von sinem
mut also, des sond wir alle wesen fro, melius est nubere quam
nimis fry. da mügt ir wol merken by, daz man mit minnen
sündet nicht, als vns der hailig man vergicht. er sprach „bez-
zer ist du minnest, denn du nách minn brinnest*", und im
pfaffenleben (altd. bl. I) 175: „*sant Paulus sprichet, bezzer
si gehíen danne brinnen*", und ebend. 188: „*Paulus sprichet,
bezzer si minnen, denne brinnen.*" dem sprichworte nahe
laufen die worte in der warnung (Haupt z. I) 1191:
*welt ir niht wan huores pflegen und die é lázen under
wegen, wie endet sich dan iuwer leben?*
Eiselein 466.

261. I Cor. 7, 38.

Qui matrimonio jungit virginem suam, bene facit, et qui non jungit, melius facit.

Luther: *Wer verheirathet, der thut wohl, welcher aber nicht verheirathet, der thut besser.*

Unser heutiges spr. macht aus dem verbum activum dieser worte ein passivum und sagt *„wer heirathet thut wol, wer ledig bleibt thut besser.“* die seligkeit ist weder an das eine, noch an das andere gebunden, oder wie Wittenweiler, ring 21ᵈ, sagt: *„und ker mich lieber an daz wort, daz ich hab funden an eim ort und spricht, daz nicht alleyn die mait besizent ewich sälichait, es mag auch seyn, daz gemähelt leut behalten werden mit der heut.“* im laiendoctr. (Scheller 88) lautet die stelle:

> *Paulus skrivt sus dárfan: is dat maged nimt einen man, daran se nigt missedút; wil se for manne syn behúd, unde hólden sik in kúsheid, se dait wol, alse Paulus sait.*

bei Körte 2726. Simrock 4520.

262. I Cor. 8, 1.

Scientia inflat.

Luther: *Das Wissen bläset auf.*

Wird angezogen von Scheraeus, misc. hierarch. 3: *„scientia sufflat. wol bewusst macht breite brust.“* ein gebräuchliches spr. ist: *„viel wissen macht kopfweh“*, und dem in rede stehenden synonym *„übrige klugheit ist schwer verbergen“* Simrock 5771. ein überkluger wird häufig *„ein aufgeblasener mensch“* genannt.

263. I Cor. 9, 13.

Qui altari deserviunt, cum altari participant.

Luther: *Die des Altars pflegen, die geniessen des Altars.*

Nach mosaischem gesetze (numer. 18, 8. 21.) sollten priester und leviten für die besorgung des äusseren gottesdienstes ernährt werden und antheil an dem auf den altar niedergelegten opfer haben. in den bylagen (III) zu Reinaert (Willems) sagt der wolf: *„bi den outaer wandelt, bi den outaer leeft.“* — *„wer dem altar dient, soll vom altar leben“* Eisel. 16. Simr. 175. ebenso französ. auch umgekehrt *„wer vom altar lebt, soll auch dem altar dienen“* Körte 101. Simr. 176.

264. I Cor. 10, 12.

Qui se existimat stare, videat ne cadat.

Luther: *Wer sich lässt dünken, er stehe, mag wol zusehen,*
dass er nicht falle.

Stehen bedeutet im neutestamentlichen sprachgebrauche:
standhaft im glauben sein, so z. b. Rom. 11, 20. I Cor.
16, 13. Ephes. 6, 14. Boner, edelst. 75, 47 gibt:

wer stât, mag er, der valle niht nider; velt er, vil
kume kunt er wider,

und ebend. 83, 51: *der vaste stande der hüete sich, daz er*
niht valle, daz rât ich.

ein lateinischer spruch bei Mone (anz. III, 32): *et metuas,*
ne forte ruas, dum stare videris, und die kronik von Köln
v. j. 1499 schliesst mit den lateinischen worten: ,,*qui stat,*
videat ne cadat." Lehm. flor. I, 220, nach ihm Eisel. 577
und Simrock 9839 haben das bibelwort in der fassung: ,,*wer*
da steht, sehe zu, dass er nicht falle." Zehner 547.

265. I Cor. 11, 3. Ephes. 3, 23.

Caput autem mulieris vir.

Luther: *Der Mann aber ist des Weibes Haupt.*

Der Schwabenspiegel sagt daher (9): ,,*da ist davon ge-*
setzet, daz der man des wibes voget ist vnd ir maister." Lehm.
flor. I, 151 hat ,,*es gehe aber wie es wolle, so bleibt doch der*
mann das haupt seines huts", oder wie Eiselein 448 und Sim-
rock 6779 wollen ,,*der mann ist das haupt, die frau sein*
hut", und ein reimspruch bei Lehm. I, 142 u. 869 lautet:
,,*wo ein mann ist und kein weib, da ist ein haupt und kein*
leib. wo ein weib ist ohne mann, da ist ein leib und kein
haupt dran." Eiselein 448. Simrock 6780. ,,*der mann ist*
das haupt und die frau die krone", pflegte meine liebe mut-
ter zu sagen.

266. I Cor. 15, 33.

Corrumpunt mores bonos colloquia mala.

Luther: *Böse Geschwätze verderben gute Sitten.*
Ulfilas: *riurjand sidu godana gavaurdja ubila.* wörtlich fin-
det sich das spr. im esthnischen wieder. im laiendoctr. s. 9
heisst es:

sunte Pawele den hôrt men sprüken, dat dôrlike wôrd
konen brüken schônheid unde gude sede.

die paulinischen worte, im urtexte ein jambischer senarius, scheinen hier sprichwörtlich gebraucht zu sein; sie werden dem griechischen dichter Menander zugeschrieben und finden sich u. a. bei Chrysostomus (zu Thessal. 1) und bei Tertullian wieder. in der fassung ,,*bös geschwätz verderbt gute sitten*" bei Franck (Egenolff) 22ᵇ. Tappius 217. Zehner 548. Körte 2069 und Simrock 3497.

267.   II Cor. 3, 6.

Littera enim occidit, spiritus autem vivificat.

Luther: *Denn der Buchstabe tödtet, aber der Geist macht lebendig.*
Notker in der glosse zu ps. 70, 15: *also Paulus chít ,,diú éhascrift diú erslâhit, diú géistscrift diú irchicchit."* dem ,,buchstaben" entsprechen nach theologischem begriff gesetz und werke, dem ,,geiste" die gnade gottes ohne gesetz und verdienst, denn nach andern sprichwörtern ist ,,*der buchstabe ein sclave*" und ,,*hält der buchstab dich gefangen, kannst du nicht zum geist gelangen.*" — Simrock 1379.

268.   II Cor. 6, 15.

Quae autem conventio Christi ad Belial?

Luther: *Wie stimmt Christus mit Belial?*
    Belial = teufel, eigentlich heillos, nichtswürdig. vgl. deuteron. 13, 13. Luther gebraucht das spr. einige male, wie Zehner 554 nachweist. derselbe fügt auch die reime bei: ,,*der herr Kristus und Belial stehen nimmer in einem stall.*" Eiselein führt unser spr. 107 aus volkes munde an. über Kristi streit mit Belial hat wie bekannt Jacobus de Theramo ein buch geschrieben, das ums j. 1450 verdeutscht wurde und 1508 im druck erschien.

269.   II Cor. 9, 6.

Qui parce seminat, parce et metet.

Luther: *Wer da kärglich säet, der wird auch kärglich ernten.*
    Die biblischen worte finden sich wortgetreu im lateinischen Marcolfus nebst einem ähnlichen spruche ,,*qui seminat iniquitatem, metet mala*", sinnverwandt mit dem versus leoninus bei Mone (anz. VII, 504): *peccatum multum nunquam remanebit inultum.* Suso IV, II bietet: ,,*der kärglich säet, der schneidet auch ärmlich, aber der reichlich säet, der sam-*

melt auch reichlich.'' eine stelle bei Chretiens de Troies lautet:

> *qui petit seme, petit quialt, et qui auques recoillir vialt,*
> *au tel leu sa semance espande, que fruit a cent doble*
> *li rande.*

Lehm. flor. I, 558 hat in allgemeinerer fassung ,,*wer nicht säet, der wird nicht schneiden*'', und an die bibel lehnend I, 71 ,,*wer kürglich säet, der hat ein kürglich erndt.*'' ein den ablasskram billigendes lateinisches gedicht sagt ,,*qui serit hic parce, parce comprendet in arce.*'' Zehner 556.

270. II Cor. 9, 7.

Hilarem datorem diligit deus.

Luther: *Einen fröhlichen Geber hat Gott lieb.*
Ulfilas: *hlasana giband frijoth guth.* Kero (Hattem. I, 47): *danta clatamuatan kebon minoot cot.* auch in den wipponischen sprüchen (altd. bl. I, 12. II, 136): *qui est hilaris dator, hunc diligit salvator,* und in den carm. buran. II, 4, 1 wird empfohlen zu geben: *vultu licet hilari, verbo licet blando,* oder wie es in einem neueren lateinischen spruche heisst: *dat bene, dat multum, qui dat cum munere vultum.* vom gastrecht singt Spervogel 12, 2:

> *vil wol dem gaste daz in síme húse stât, daz er mit*
> *zühten wese vró unt biet ez síme gaste só, daz im der*
> *wille dunke guot, den er gegen im kéret: mit líhter*
> *kost erdienet lóp, swer vremden man wol éret.*

ebenso Winsbeke: *er ist dabí ein frölich man, der wol den liuten bieten kan, só tuot sín bról den nemenden wol, und lachen beide einander an.*

auch Hugo, Martina 18[b] 48 gibt das sprichwort: *got minnet den, der frölich gít, und mit gabe niht lange bít.*

ferner das laiendoctr. (Scheller 25): *sunte Paulus skrivt sínen brév: god hävt den bliden gever lév.*

und Seb. Brant, narrensch. 252, 11: *denn wer mit eren schenken will, der lach vnd syg eyn gut gesell. — dann gott sicht ouch des gab nit an, der nit mit freuden schenken kan.*

vgl. Roman. 12, 8. Tob. 4, 9. Zehner 557. Körte 1802. Eiselein 211. Simrock 3077.

271. Galat. 6, 5.

Unusquisque enim onus suum portabit.

Luther: *Denn ein Jeglicher wird seine Last tragen.*

Der bibelfeste Pet. Eschenloer in seinen Bresl. stadtge-
schichten sagt: *„wann als der apostel spricht: ein jeder wird
seine eigene bürde tragen."* im esthnischen sagt man: *„gott
gibt jedem sein theil"*, und zwei bekannte spr. lauten: *„es
trägt ein jeder sein päckchen"*, und *„es hat ein jeder seine
last."*

272. Galat. 6, 7.

Deus non irridetur.

Luther: *Gott lässt sich nicht spotten.*

Ecke von Repgow sagt in der klage (einleitg. zum sach-
senspiegel) 227 *„got, den da nieman kan triegen."* Rudolf,
weltkron. II, 101: *„got mag nieman liegen, ouch mag in
nieman bedriegen."* ein ähnlicher gedanke liegt in den wor-
ten: *„swer gotes gebote widerseit, daz erz die lenge niht ver-
treit."* Servat. 1517 (Haupt z. V.) Ulrich v. Lichtst. im
frauendienst 56, 23: *„daz weiz er wol, dem niemen niht ge-
ligen mac."* ebenso im leben Dioclet. (nat. bibl. XXII.) 1156:
*„got, der weiss wol die geschicht, den do nieman mag betrie-
gen"*, und in der soest. fehde (Emminghaus 698) *„goth let
sich alletyt nycht affen."* Agricola bietet nr. 553 *„gott kann
niemandt liegen"* und nach Eiselein 250 *„got treugt nit und
wird nit betrogen."* Lange adag. 453 *„gott lasst sich nicht
teuschen, — der muss viel können, der gott will blenden"*, an-
lehnend an das alte orakel πολλάκεν εἰδείης οἷς τὸν θεὸν ἐξαπ-
ατήσαις Erasm. und Simrock 3922 hat das höhnende spr.
„gott ist kein baier, er lässt sich nit spotten."

273. Galat. 6, 7.

Quae enim seminaverit homo, haec et metet.

Luther: *Denn was der Mensch säet, das wird er ernten.*

In den carm. buran. (Schmeller) XIX, 8: *qua mensura
seminas, hac eadem metis.* Gottfried wendet im Tristan
12231 ff. das etwas weiter ausgeführte bild auf den dienst
der minne an:

> *wir nemen der dinge unrehte wâr: wir saejen bilsen
> sâmen dâr und wellen danne, daz uns der liljen unde
> rôsen ber. entriwen, daz mac niht gewesen, wir müezen
> daz her wider lesen, daz dâ vor gewerket wirt, unt ne-
> men, daz uns der same birt. wir müezen snîden unde
> maen daz selbe, daz wir dâr gesa~n.*

auch Freidank 3, 5 hat den spruch: *die liute snident unde
maent von rehte, als sie den acker saent,*

zu welcher stelle W. Grimm die schönen worte Heinr. von Meisen anführt ,,*(die märtyrer) hânt weinende gesaet unde lachende gemaet.*'' die sassenkronik (Scheller 226, 29) sagt vom teufel:

> *nû ging to des düveles ärne! dat wolde he maigen gerne, dat he lange hadde gesaid.*

und Konr. im troj. kriege 3507: ,,*der missehelle samen woltent si dâ snîden.*'' einige male gebraucht das spr. Hugo v. Langst., Martina 11, 1 und 214ᵈ 95:

> *dâ man snîdit unde maeiet, swaz man alhie geseiet.*

66ᶜ 65: *swie danne ist hie gesaeget, sam snîdet unde maeget div sele dort.*

104ᵈ 91: *aber die zevollen mit hoffart sin geswollen vnd sich sô hôhe plaegent, die snîdent unde maegent, darnâch si gebuwen hânt.*

ebenso sagt Suchenwirt im liederb. der Hätzl. 203ᵇ: ,,*er schneidt, was er gesäet hatt*'', und Brant, narrensch. ,,*was einer nicht hat ussgespreit, daz ist zu sniden im verseit.*'' in ihren sprichwörtersammlungen geben es Tappius 440. Lange, adag. 426: ,,*was (wie) du seest, das (so) wirstu ernden.*'' Eiselein 536 und damit zusammenfallend bei Lehm. flor. I, 558 ,,*wie die saat so die ernte*'', bei Franck (Egenolff) 146ᵇ ,,*wie gesäet so geschnitten*'', und bei Simrock 8614 ,,*wie man aussät, so scheuert man ein.*'' Zehner 558 und Erasmus erinnern an Cicero de orat. ,,*ut sementem feceris, ita metes*'' und an Aristot. rhetor. III, 3 αἰσχρῶς μὲν ἔσπειρας, κακῶς δ' ἐθέρισας.

274. Coloss. 4, 1. Ephes. 6, 9.

Domini — scientes, quod et vos dominum habetis in coelo.

Luther: *Ihr Herren wisset, dass ihr auch einen Herren im Himmel habt.*

Agricola II, 174 hat: ,,*es ist doch gut, das die herrn auch einen herren im himel haben.*'' ich zweifle aber daran, ob diese worte je sprichwort gewesen sind, denn sie finden sich sonst nirgends. vgl. eccles. 5, 7.

275. I Thessalon. 5, 21.

Omnia autem probate, quod bonum est tenete.

Luther: *Prüfet aber Alles und das Gute behaltet.*

Im Reinardus sagt der die hähne der klosterweinfässer aufziehende wolf: *scriptura teste probate omnia, sic scriptum est, atque tenete bonum,* und in den carm. buran. (Schmeller)

193, 2, 1: *in secta nostra scriptum est, omnia probate etc.*
das sprichw. lautet gewöhnlich: „*prüfet alles und das beste
behaltet*“, so bei Körte 4857 und Simrock 8026.

276. II Thessal. 3, 10.

Si quis non vult operari, non manducet.

Luther: *So Jemand nicht will arbeiten, der soll auch nicht
essen.*
Ulfilas: *ei jabai was ni vili vaurkjan ni matjai.* Boner um-
schreibt es edelst. 42, 22: „*wer nicht arbeitet, sô er sol wer-
ben umb die spíse sín, der muoz líden grózen pín.*“ fälsch-
lich dem Lucas legt Windeck im leben Sigismunds (Mencke
scr. r. g. I, 1236) die auf pfaffenträgheit zielenden worte bei:
„*ob etliche nit werken würden, der esse auch nit*“, von wel-
cher trägheit ein alter klosterspruch sagt „*bos hic non come-
dat, qui jam juga ferre recusat.*“ Mone bietet in s. quellen
u. f. I, 188: „*wer mit will essen, soll ierst mit dreschen*“,
wozu man das von Erasmus aus Diogenianus geholte ἂν μὴ
καθαρῆς καὶ ἀλέσῃς, οὐ μὴ φάγῃς halten mag. ein esthnisches
spr. sagt „*niemand bekommt ohne arbeit zu essen.*“ in
sammlungen steht es bei Tappius 360. bair. sprichw. (Mayer)
I, 34. Eiselein 34. Körte 232 und Simrock 413, der aus-
serdem den spruch bringt „*wer nicht arbeiten will, der lass
das brot auch liegen still.*“

277. 1 Timoth. 6, 7.

Nihil enim intulimus in hunc mundum, haud dubium quod nec aufferre quid possumus. (vgl. eccles. 5, 14.)

Luther: *Denn wir haben nichts in die Welt gebracht, darum
offenbar ist, wir werden auch nichts hinausbringen.*
Ich verweise dieses nur durch Agricola II, 492 beglau-
bigte sprichwort „*wir haben nichts inn diese welt bracht, wir
werden auch nichts mit vns hinaussbringen*“ zu Job 1, 21.

278. I Timoth. 6, 10.

Radix enim omnium malorum est cupiditas.

Luther: *Denn Geiz ist die Wurzel alles Uebels.*
Das in vielen europaeischen sprachen bekannte spr. be-
gegnet in deutschen quellen vielfach. zuerst in einer lateini-
cshen hymne (Grimm, hymn. VIII, 6): „*absistat avaritia,
malorum radix omnium = fer stante frecchi, ubilero uurza*

allero" und auch im Waltharius heisst es 858: „*gurges ava-ritiae, cunctorum fibra malorum.*" Freidank 91, 2 (und nach ihm Hugo in renner 7561) hat in einem anderen bilde:
  swer gitecheit und erge hát, deist gruntveste aller missetát.
und im gleichzeitigen Renard (Méon I, 185): *envie est telle racine, où touz li max prenent orine.*

lieders. 82, 135: *der weltliches durch gittkait lat, das ist urhab aller missetat.*

renner 7612: *dev da genant ist geitikeit vnd aller sünde panyr treit.*

und 7867: *wurtzel und mvter is geitikeit aller der svnden hie genant.*

ferner wiederholt im laiendoctr. (Scheller 46): *girigheid, alse Paulus sait, is ene wortele aller bôsheid.*

  47: *Jesus Sidrach hävt gesäd, dat de snode girigheid gait fôr alle bôsheid.*

  148: *de hilge sunte Paulus sait: girigheid is en wortel aller bôsheid.*

fastnachtsp. (Keller) 1043, 18: *Timotheus spricht yn diser zyt, kain böser wurtzel sy, dann gyt.*

mit einem seitenblicke auf die pfaffen in Windecks leb. Sigism. (Mencke I, 1235):
  der geirigkait ist ain wurzell aller posen dingen.
Schiltberg. reise (Penzel 88): *der geiz der diese bitte dir ein-gab, ist aller übel wurzel.*

endlich im Gransonlied (Rochholz 151): *o geiz, o geiz, du schnöde wurz, ich mess dich lang, ich mess dich kurz, ich seh kein gutes zeichen.*

in sammlungen bei Agricola II, 494. Eiselein 217. Körte 1866. Simrock 3204.

279. II Timoth. 2, 5.

Nemo coronatur, nisi legitime certaverit. (vgl. apocal. 2, 10.)

Luther: *Niemand wird gekrönt, er kämpfe denn recht.*
Ulfilas: *jabai haifsteith was, ni veipada niba vitodeigo brikith.*
hieher gehören folgende stellen: Martina Hugos v. L.
23ᶜ 61: *die kenpfen tragent krone niht von reht, ê man in sigis giht.*
176ᵇ 56: *und sine kenpfen kronet.*
und besonders 238ᵇ 33: *wan der hoh botte paulus hat gekvn-det vns alsus, daz nieman werde gekronet dort, wan der hie vntz an daz ort hat mit reht gar gestriten gedultec-lich mit vesten sitten.*
die Herzogin Sophie v. Liegnitz hatte das motto „*hie leid, dort lohn, hie kampf, dort kron*" Radowitz 57. Göthe hat

unter der überschrift „sprichwörtliches" den spruch: „*gleich ist alles versöhnt; wer redlich ficht, wird gekrönt.*" den letzteren spruch kennen auch Zehner 562 und Simrock 2315.

280. Titus 1, 15.

Omnia munda mundis.

Luther: *Den Reinen ist Alles rein.*
Ulfilas übersetzt: *all hrain hrainjaim.* der sinn der bibelworte ist hier einfach der: der sittlich reine mensch kann ohne gefahr für sein gewissen oder für sein geistiges leben jede speise als eine reine geniessen. im Reinardus III, 228 ist unser spr. gemeint: „*esse docet mundis omnia munda liber*", und ebend. 238: „*sanctis sancta suis sanctus deus omnia fecit, nil comedit satanas et malus usque manet.*" denn wie es Matth. 4 heisst „*was zum munde eingehet, sündigt nicht.*" so bei Franck (Egenolff) 58ᵃ. 100ᵇ. 127ᵇ. Körte 5046. Simr. 8391, und umständlich erklärt bei Zehner 566.

281. Ebrae. 6, 16.

Omnis controversiae eorum finis ad confirmationem et juramentum.

Luther: *Der Eid macht ein Ende alles Haders.*
In der fassung „*der eid ist ein ende alles haders*" bei Lehm. flor. II, 33, Eiselein 138, Simrock 1897, und endlich bei Eisenhart, grunds. der deutsch. rechte in sprichw. 554 und Hillebrands deutsche rechtssprichw. 332. juristisch wird das spr. auf das jus delatum, den zugeschobenen eid, im römischen rechte bezogen. bei uns aber ist der eid nur beweismittel und hat nicht die geltung eines rechtskräftigen urtheils.

282. Ebrae. 9, 27.

Statutum est hominibus semel mori.

Luther: *Den Menschen ist gesetzt Einmal zu sterben.*
Auch Sirach sagt 14, 18: *denn es ist der alte bund* „*du musst sterben.*" in den versus de unibove 164, einem zur thiersage gehörenden gedichte, heisst es: „*sunt mortis multa genera, unum finem dant omnia.*" könig Etzel sagt nach Hagens köln. kronik 214 zur heiligen Ursula: „*junffrouwe, ich sage dir nû als ê, de eins stirft, hie enstirft neit mê.*" im grossen passional II, 189, 88: *ich weiz, daz ich steruen muz, wande ich bin schuldich einen tot.*

und ebend. 414, 2: *wir sin alle schuldec unserme herren ei-
nen tot, so wol muge wir die not in gut verenden als
in ubel.*
Heinz. v. Konst. in der minne lehre 234, sich den biblischen
worten ebenfalls anschliessend: *,,ich gedâht: du kanst niht
mê wan eines tôdes ersterben."* in des minners klage (Schmel-
ler 635, 7): *,,zwâr ich sol doch niur eines tôdes sterben"* von
meiner mutter hörte ich oft sagen *,,einen tod sind wir nur
schuldig."* ebenso ist noch heute gangbar *,,einen tod können
wir nur sterben",* welche beide sprichwörter bei Eiselein und
Simrock fehlen.

283. Ebrae. 11, 1.

Est autem fides sperandarum substantia rerum argumentum non apparentium.

Luther: *Es ist aber der Glaube eine gewisse Zuversicht dess,
das man hoffet und nicht zweifelt an dem, das man
nicht siehet.*
Hugo von Trimberg schreibt die worte Augustin zu, renner
18646: *davon sprach sant augustin ein vil merklich wortlin:
,,daz ist gelaub vnd anders niht, daz man gelavbt, des
man niht siht."*
bei Eiselein 239 und bei Simrock 3668 *,,glaube ist von din-
gen die man nicht sieht."*

284. Jacobi 1, 12.

Beatus qui suffert tentationem.

Luther: *Selig ist der die Anfechtung erduldet (überwindet).*
Im rolandsliede ist 264, 10 unser sprichwort gemeint
,,der ist salic geborn, der in der note gestat." Grieshaber in
seinen predigten II, 89 bietet: *,,ez sprichet och s. Jacob:
der man ist salich, der bechorunge lidet",* u. Eschenl. bresl.
stadtg. (Kunisch) II, 19: *,,selig ist der man, der da trüget
anfechtungen."* hierzu ist das spr. bei Simr. 331 zu halten:
,,anfechtung macht gute kristen." bei Körte 180: *,,anfech-
tung lehrt aufs wort merken",* und ein reimspr. bei Mannich
sacra emblem. 49: *,,anfechtung lehrt, dass man gott hört."*

285. Jacobi 1, 17.

Omne datum optimum — desursum est.

Luther: *Alle guten Gaben kommen von oben.*

Das auch von Luther mehrmals gebrauchte spr. findet sich nur in neueren sammlungen, so bei Lehm. flor. I, 29 und 363, Eiselein 200, Simrock 2973 und im volksmunde. es erinnert an das bei Agricola I, 6 verzeichnete: *„was vom himmel fällt, schadet niemandt."*

286. Jacobi 2, 17.

Fides si non habet opera, mortua est in semet ipsa.

Luther: *Der Glaube ohne Werke ist todt.*

Das sehr beliebte spr. wird durch zahlreiche stellen belegt. Graff hat: *„din geloube uppik ist ane guotiu werk."* fundgr. I, 69: *„swa diu glovbe ist ane die guten werc, da ist si tot, da ist si vnnutze."* ebend. I, 61: *„diu kiloube ist tot ane dei werch"*, und I, 76: *„er sprah: der gelovbe der waere tot unde ze niht an die guten werch."*

Walther v. d. vog. singt I, 7, 11: *swelch kristen kristentuomes giht an worten, und an werken niht, der ist wol halp ein heiden. daz ist unser meiste nôt: daz eine ist ân daz ander tôt: nû stiure uns got an beiden.*

der Schwabenspiegel sagt 140[b]: *„wan gvt gelovbe ane gvtiv werk ist vor got ein totz dinc. und gvtiv werk ane den gelovben ist vor got alsam."* Barlaam 89, 31: *„geloube âne werc ist tôt."*

bruod. Wernher wendet es auf freundschaft an 6, 1: *man seit, daz der geloube si gar one guotiu werk ein niht: als ist mit rede ein vriunt, den man niht an der helfe siht.*

Grieshab. deutsche predigt. I, 53 und II, 125: *„und davon sprichet st. Jacobus: der heilige gelovbe der ist tôt ân diu guoten werch."*

Heinz. v. Konst. (a. Pfeiffer) III. 12, 4: *und waren des versinnet: daz der geloube ist halber tôt, der niht der werke beginnet.*

Frauenlob (Ettmüll.) 13, 14: *„gloub âne werke ist leider tôt."*

in zwei stellen in der Martina 49[b] 39: *ê doch ist der gelovbe ein wint und âne guotiv werc och blint. guotis werk och niht entfrumet, ob reht gloube darzvo niht kvmet, si sin svnders beide tôt.*

207, 16: *die liute sich selbin torint, die dem geloubin bi gestânt vnd doch der werke niht enhânt, sint ân einander beidiv tôt.*

in den statut. des deutschen ordens (Hennig) gesetz XXXIII: *wenne der geloube tot ist ane die werg, also sint ouch die werg ane geloubin.*

laiendoctr. (Scheller s. 20):

ok skrivet Jacob al blôt, dat de love is dôd, dâr nene
guden wärke folget na.
Hätzler. liederb. 231ᵃ : *der glaub ist tod on werck.*
auch Wittenweiler, ring 25ᵇ 4, führt wie Wernher oben das
sprichw. als seinen zeitgenossen geläufig an:
so ist dir auch der gelaub enwicht an die werch, sam
man da spricht.
diesen spruch, der ein princip des katholischen und lutheri-
schen bekenntnisses in sich fasst, verzeichnet Eiselein 240.

287. Jacobi 3, 2. (I reg. 8, 46.)

In multis enim offendimus omnes.

Luther: *Wir fehlen alle mannigfaltig.*
Walther v. d. vog. singt II, 58, 31: *nû sagent si mir ein*
ander maere, daz niht lebendiges âne wandel si.
und Freidank 120, 17: *nieman ist sô vollekomen, daz er dem*
wandel si benomen. ân wandel nieman mac gesin, daz
ist an der werlde schin.
scherzhaft heisst es in einem apophthegma bei Eiselein 163
und bei Simrock 2335 angeblich nach Agricola: „*wir felen*
alle mannigfalt! — sprach die übtissin, als ihr der bauch an-
schwoll."

288. Jacobi 4, 4. 5.

Amicitia hujus mundi inimica est dei.

Luther: *Der Welt Freundschaft ist Gottes Feindschaft.*
Lieders. 64, 10 werden die worte irrthümlich dem Paulus in
den mund gelegt: „*bin ich gotes diener, so bin ich der welt*
vnmaer. hat mich denn die welt vür wol, so gefal ich got
nit wol."
in weiterer eusführung warnung 379 (Haupt z. I, 438):
mangar ist der werlt genaeme unt gote widerzaeme: sô
ist einer gote genaeme unt der werlt widerzaeme: sô ist
einer genaeme unt in beiden zaeme; der ander unge-
naeme, in beiden ungezaeme. (vgl. auch Ottok. reim-
kron. 155ᵃ .)
hiernach in der umkehrung bei Agric. I, 4 und Tapp. 320
„*gottes freundt vnd aller menschen feindt*", woraus später der
aufständischen bauern wahlspruch hervorging „*gottes freund,*
der pfaffen feind." herzog Kristian von Braunschweig
liess 1622 aus der domkirche in Paderborn 12 silberne apo-
stel von ungeheurer grösse herausnehmen und daraus thaler
münzen, die als aufschrift die worte führen „*gottes freund,*

der pfaffen feind.“ Eiselein 255. Körte 2389. Simrock 3983. 3984.

289. I Petri 1, 25.

Verbum autem domini manet in aeternum.

Luther: *Des Herrn Wort bleibet in Ewigkeit.*
    Dasselbe drückt Freidank 73, 26 mit den worten aus: *„nieman doch gevelschen mac gotes wort unt liehten tac.“* genauer im Servatius (Haupt z. V, 78) 1507: *„got ist niht wankel gemuot: swelch rede er ze einem mâle tuot, diu ist immer veste“*, und auch Seb. Brant, narrensch. 273, 58 schwebte wol der spruch vor: *„worheit die bleibt in ewigkeit.“* Agricola I, 272 hat: *„was auss gott ist bleibt.“* am Luther-hause zu Eisleben stehen die worte:
    gottes wort und Luthers lehr, die vergehen nimmermehr.
nach Hildebr. bilderschatz 219 liess der kurfürst Johann v. Sachsen auf die livrey seiner bedienten die buchstaben setzen: *V. D. M. I. E.*, und nach Spalatinus (Mencke annal. II, 658) über seine thür. letzterer fügt die anekdote hinzu: *dicente quopiam contra proverbium saxonicum „verbum dei manet in ermelis“, fuit qui sic calumniatorem exciperet: imo sic habet „vivus diabolus manet in episcopis.“* in einem pas-quille auf den herzog Heinrich v. Braunschweig (Schade IX, 266) heisst es: *„menschlicher trotz muss untergan: alein go-tes wort bleibt ewig bestan,“* auch in Hildebr. bildersch. 404.

290. I Petri 5, 5. Jacob. 4, 6. (vgl. Job 22, 29.)

Deus superbis resistit, humilibus autem dat gratiam.

Luther: *Gott widerstehet den Hoffärtigen, (aber den Demü-
    thigen gibt er Gnade).*
Notker fügt ps. 28, 5 die glosse bei: *„diê hôhost kestigen sint in uuerlte, diê gediêmuôtet er“*, und zu 106, 32: *„der hôhmuôten uuidir stât unde diêmuôten genâdet.“* dasselbe soll wol gesagt sein könig Rother 4467: *„got der gildet harte uil, swenne sich der mensche ouir wil“*, wenn nicht etwa da-bei an Matth. 23, 13 (s. o.) zu denken ist. eine predigt des 13. j. (fundgr. I, 123, 27) gibt die biblischen worte also: *Paulus sprichet „got der widerstet unde druchet die hochfertige, den deimuotigen den git er sin gnade.“* ein versus leoninus lautet: *„hoc retine verbum: frangit deus omne superbum.“* als sprichwort verzeichnen es Simrock 4847 u. Eiselein 314.

291. II Petri 2, 22. (s. prov. 26, 11.)
Sus lota in volutabro luti.

Luther: *Die Sau wälzet sich nach der Schwemme wieder im Koth.*

Das sprichwörtliche gleichnis, welches auf menschen zielt, die von Kristo abfallen und sich der sünde wieder zuwenden, findet sich in einer alten litanei (fundgr. II) 23: *„er sprichit, der tu ouch rehte sam daz swin, daz sich mere unsubirch mache, swenniz in der horlachen lit ce diu daz iz sich wasche.“* darauf spielt auch wol Gravenberg im Wigalois 8, 18 an: *„swer mac den guot geléren, der ein valschez herze treit? er bewillet sich mit der bôsheit, als sich daz swin mit horwe tuot.“* ein versus leoninus in Mones anz. VII, 504 sagt von der natur des schweines: *„sus magis in coeno gaudet quam fonte sereno.“* eine predigt des 13. j. (Mone VIII, 510): *„si sint alsam daz swin, daz sich bewillet in der hulwen“*, und lieders. 178, 868:

> *nit anders wann ein tumbez swin, daz schoeniu pluemen lazzet sin, vnd in des boesen horwez pfuol suochet siner ruwe stuol.*

ähnlich dem horazischen *„amica luto sus“* bietet Lehm. flor. II, 130 *„die sau ist am liebsten im dreck“* u. I, 399: *„es ist keiner sau nie besser, sie lieg denn im koth.“* das spr. verzeichnen Zehner 240. Erasmus. Eiselein 540. Simrock 8729, und in anderer fassung Agricola 621 und Tappius 83: *„und wenn man einer sau ein gulden stück anzüge, so legt sie sich doch mit in dreck.“*

292. II Petri 3, 8.
Unus dies apud deum sicut mille anni, et mille anni sicut dies unus. (ps. 89, 4. 84, 11.)

Luther: *Ein Tag vor dem Herrn ist wie tausend Jahre, und tausend Jahre wie ein Tag.*

Im Salomon u. Morolf 3294 ist diese stelle gemeint, wenn es heisst: *got vater selbe spricht so: in mynem huse ist ein tag besser, wan al die werlt gehaben mag.*

ebenso im Freidank 4, 3: *diu buoch sagent uns vür wâr, ein tac sî dâ tusent jâr.*

h. Georg 909: *wer da sihet, dem sint tusent jâr als hie mit vrouden ein halber tac.*

Martina 10, 3: *ein tac der ist dâ tusint jâr.*

45[b], 45: *dâ man sich rehte frowen mac, dâ tusint jâr sint als ein tac, der dâ gestir hine schiet, in der welte vnd vor ir diet.*

80ᵃ 13: *vnd ir solt niezen die himilschen wunne bí der engel*
kunne, dá als ein tac tusint jár vor gotis antlüze clár
sint, der gestir hin schiet.

254ᵈ 99: *das lebin niht ende nimet, daz in himelrích gezimet.*
túsent jár sint als ein tac, dez div welt gester pflac.

tochter Syon (Schade 377) sagt die allliebe: *tohter mín, dú*
sagest wár, als kurz mache ich túsent jár als den ge-
sterigen tac.

auch im spiegel der tugende (altd. bl. I, 88) 363: *túsent jár*
ze himele sint ein tac: waz ist daz sich dem gelíchen
mac.

und in einem volksliede bei Uhland II, 335, 7: „*do (im*
himmel) sint doch tusent jor als hüt." der spruch ist gerade
nicht sprichw. zu nennen, denn er findet sich in keiner der
bereits angeführten sammlungen, doch hat er jedenfalls sprich-
wörtlichen anstrich.

293. I Joh. 4, 1.

Nolite omni spiritui credere.

Luther: *Glaubet nicht einem jeglichen Geiste.*

Der 22. spruch des Facetus (Wiggert, scherfl. II) enthält die
biblischen worte: *omni spiritui non credas, nam latet anguis*
in verbis, simplex quia decipitur cito sanguis.

und in niederdeutscher umschreibung ebend.: *love allen gei-*
sten nicht: durch dusse sake si des bericht, wente ein
envoldich man sek to wol nicht hóden kan.

Boner sagt im edelst. 28, 25: *ze dienste beut sich manig man*
dem, den er wölt verderbet hán. der wís man sprichet,
daz man nicht sol gelouben allen geisten wol.

Joh. v. Soest (Fischards arch. I, 118, 25): *nyt solt getruwen*
yederman dan wer weyss wasz iglicher kan; alleyn got
yr getruwen solt.

Seb. Brant, narrensch. 105: *wer yedem narren glouben will,*
so man doch hört der gschrifft so vil, der schickt sich
wol jns narren spil.

264, 33: *nit yedem geist man glouben soll, die welt ist falsch*
und liegens vol.

Agricola erklärt das sprichw.: „*du solt allen geystern nicht*
glauben" in echt reformatorischem sinne. Simrock 3187.

294. I Joh. 4, 18.

Caritas foras mittit timorem.

Luther: *Liebe treibt die Furcht aus.*

Das nur bei Hugo v. Langenst. Martina 167[d] 109 gelesene sprichwort: *von der schribet och alsus der hohe lerer Paulus, daz div minne vertribet alle vorhte swa si belibet,*
findet sich bei Simrock 6423.

295. Apocal. 2, 10. (II Timoth. 2, 5.)

Esto fidelis usque ad mortem et dabo tibi coronam vitae.

Luther: *Sei getreu bis in den Tod, so will ich dir die Krone des ewigen Lebens geben.*
Ein lateinischer gereimter denkspruch von Wippo lautet:
vir fidelis coronatur in celis.
und derselbe spruch in den altd. bl. II, 136:
qui est fidelis, coronatur in celis.
wer treu ist, wird gekrönt. volksmund.

296. Apocal. 3, 15.

— neque frigidus es, neque calidus.

Luther: — *Du weder kalt noch warm bist.*
Das gleichnis zielt auf unentschiedenheit, zweideutigkeit im handeln und entspricht somit der sprichwörtlichen redensart „*den mantel nnch dem winde hüngen*", wird aber sonst häufiger auf doppelzüngler angewendet. so spricht Walther v. d. vog. I, 29, 11 von „*zwo zungen habent kalt und warm, die ligent in sime rachen.*" von Trimberg sagt 15942 „*si ist weder kalt noch warm*", und ein beliebter ausdruck ist „*kalt und warm aus einem munde blasen*", der sich u. a. bei Reinm. v. Zweter findet 2, 61: „*du bleses kalt unt huches warm ûz eines mannes munde, staeter triuwen bist du arm.*" dann im renner 21715: *so habe wir atem ze aller stunde kalt und warm in einem munde.*
ebenso bei Brant, narrensch. 116, 17: *wer tun will das eym yeden gfalt, der muosz han ottem warm und kalt.*
und 231, 21: *weder kalt noch warm, svnder lau.*
und in Aviani fabulis (Esopus 1555 Friberg) 89[a] „*dein mund hitzigt und keltet.*" Franck (Egenolff) 8[b]. 41[b]. Tappius 276. Lehm. floril. II, 32. ein bairisches sprichwort (Mayer I, 109) reimt: „*bei ihm gehts kalt und warm aus einem darm.*" etwas anders in den fastnachtspielen bei Keller 742, 18: „*heiss im mund und kalt im herzen.*" Eiselein 359 zieht Geiler an: „*so man jetzo sagt von dem künig, wo er sei, zu Wolfach oder zu Gengenbach, das gibt weder kalt noch warm.*" den noch heute gangbaren sprichwörtlichen

ausdruck geben ausserdem Lange adag. 453: „*auss einem munde kann er kaltes und warmes blasen*" (*souffler le chaud et le froid*) Simrock 5385. Körte 6437. Zehner 698. möglich dass die vorstellung eine noch ältere und vielleicht aus dem griechischen stammende ist, wenigstens ist stark an Aesops apolog vom satyr und bauer zu denken.

———

Register.

A.

Seite

Wo ein aas ist, da versammeln sich die adler 33
vor abend anders als am morgen 105
wer seinen acker baut, hat brotes die fülle 49
wer seinen acker fleissig bauet, macht d. hauf. 50
es wird schrecklich über Aegypten regnen. 16
aegyptische finsterniss 16
almosen löscht sünde, wie wasser das feuer 99
die des altars pflegen, geniessen des altars 174
gehe hin zur ameise, du fauler 44
selig ist, der die anfechtung erduldet 183
es ist kein ansehen der person vor gott 170
gelinde antwort stillet den zorn 54
wer antwortet, ehe er höret etc. 61
ein arbeiter ist seiner speise werth 143
wer nicht arbeitet, soll auch nicht essen 180
was der arge fürchtet, das begegnet ihm 48
wer arges thut, hasset das licht 166
arm bei grossem gut 50
es ist viel speise in den furchen der armen 52
wer den armen sein ohr verstopft etc. 65
wer den armen gibt, dem wird nichts mangeln 64. 78
der arme wird von seinen freunden verlassen 62
arznei gehört für die kranken 142
arzt hilf dir selber 161
starke bedürfen keines arztes 142
wie einen augapfel hüten 36
auge um auge 17
mit sehenden augen sehen sie nicht 148
die axt ist den bäumen an die wurzel gelegt 129

B.

ein balken im auge 137
selig sind die barmherzigen, denn sie werden etc. 130
einen baum, der nicht gute frucht bringt, soll etc. 129
fauler baum bringt nicht gute frucht 141
den baum erkennt man an der frucht 146
dir ist mehr befohlen, als du ausrichten kannst 98
wem viel befohlen ist, von dem wird man viel fordern 164
deine besserung verschiebe nicht 110
wenn ein blinder den andern leitet, so fallen sie beide etc. . . 149

Seite

ein blinder zeigt andern den weg 149
blut fordert blut 15
blut schreit um rache . . . . , ... 14
wer menschenblut vergiesst, dess blut soll wieder vergossen werden 15
wer borget, ist des lehners knecht 67
wer mit bösen nichts zu thun haben will etc. 173
überwinde das böse mit gutem 171
wir haben nichts in die welt gebracht etc. 180
man muss den kindern nicht das brot nehmen 151
der mensch lebt nicht vom brot allein 130
wenn dich die bösen buben locken, so folge ihnen nicht . . . 42
der buchstabe tödtet, der geist macht lebendig 176

D.

drei dinge sind nicht zu sättigen 80
drei dinge sind übel 115

E.

der egel hat zwo töchter 80
ehre dem ehre gebürt 172
ehe man zu ehren kommt, muss man leiden 61
der eid macht ein ende alles haders 182
besser einer stirbt, als das ganze volk verdirbt 167
es ist alles eitel 83
bedenke das ende 102
wer bis ans ende beharret, wird selig 144
du bist erde und wirst wieder erde 13
wer sich selbst erhöhet, der wird erniedriget werden 158
wer in der ernte schläft, wird zu schanden 46
die ersten werden die letzen sein 154
wie essig den zähnen, so etc. 48

F.

der faule im bette gleich der thür in der angel 72
um der kälte willen will der faule nicht pflügen 65
der faule verbirgt seine hand im topfe 64
wir fehlen mannigfaltig 185
man kann nicht feigen von disteln lesen 140
feuer im busen tragen 44
alles fleisch ist wie heu 40
unverdienter fluch trifft nicht 70
keine list ist über frauenlist 116
besser freien, denn brunst leiden 173
auf freud folgt leid 53
neuer freund, neuer wein 105
ein treuer freund ist ein grosser schatz 101
deinen alten freund übergib nicht 103
freunde erkennt man in der noth 100
was man vor den frommen spart, wird den bösen zu theil . . . 78
der fromme ist gottes augapfel 36
bei frommen bist du fromm 36
an der frucht erkennt man den baum 146
an den früchten wird des baumes wartung erkannt 146

Seite

aus funken wird feuer 107
die furcht des herrn ist der weisheit anfang 32

G.

jeder hat seine gabe von gott 173
alle gute gaben kommen von oben 183
gebet, so wird euch gegeben 163
geben ist seliger als nehmen 170
gott giebt, gott nimmt 24
einen fröhlichen geber hat gott lieb 177
der herr hats gegeben, der herr hats genommen 24
wem viel gegeben ist, von dem wird man viel fordern 164
wer sich in gefahr begiebt, kommt darin um 98
gehorsam ist besser als opfer 20
der geist ist willig, das fleisch ist schwach 161
glaube nicht jedem geiste 188
geiz ist eine wurzel alles übels 180
niemand wird gekrönt, er kämpfe denn recht 181
wer geld liebt, wird geldes nicht satt 90
das geld muss alles zuwege bringen 93
geld und gut macht muth 124
es ist besser, du gelobest nichts, denn etc. 90
der gerechte muss viel leiden 38
der gerechte ist gottes augapfel 36
der gerechte erbarmt sich seines viehes 49
wer im geringsten treu ist, der ist es auch im grossen 165
das gerücht ist besser als reichtum 66
ein geschlecht vergeht, das andere kommt 84
böse geschwätze verderben gute sitten 175
das gesetz und die propheten 156
gestern an mir, heute an dir 124
gestohlenes brot schmeckt wol 45
sei getreu bis in den tod, so will ich dir die krone des lebens g. 189
glaube ist von dingen, die man nicht sieht 183
der glaube ohne werke ist todt 184
wer leichtlich glaubt, wird leicht betrogen 112
der ruchlosen glück bringet sie um 42
gold wird im feuer bewährt 96
wer sich auf gott verlässt, wird beschützt 79
wen gott lieb hat, den züchtigt er 43
wenn gott zerbricht, so hilft kein bauen 32
gott gibts den seinen im schlafe 41
gott siehet das herz an 20
gott führt seine heiligen wunderlich 34
gott lieben ist die schönste weisheit 96
gott gibt, gott nimmt 24
gott widerstehet den hoffärtigen, aber den demüthigen etc. . . 186
wass gott will muss werden 88
gott ist der rechte kriegsmann 16
vor gott gilt kein ansehen der person 170
man muss gott mehr gehorchen als den menschen 168
gott lässt sich nicht spotten 178
gott hat mehr, als er vergab 23
bei gott ist kein ding unmöglich 153

Seite

gottes feind, der welt freund . . . 185
gottes freund, der pfaffen feind . . . 185
gottes wort bleibet in ewigkeit . . . 186
was gott zusammenfügt, soll der mensch nicht scheiden 152
die gottlosen trinken die neige . . . 39
was der gottlose fürchtet, wird ihm begegnen . . . 48
grosse leute fehlen auch . . . 39
wer andern eine grube gräbt, fällt selbst hinein . . . 72
gut macht freunde . . . 62
unrecht gut hilft nicht . . . 46
gutes mit bösem überwinden . . . 171

H.

hagel über Aegyptenland . . . 16
wer viel redet und nicht hält . . . 69
besser eine hand voll mit ruhe . . . 89
die hände in unschuld waschen . . . 37
wer da hat, dem wird gegeben . . . 147
bei heiligen bist du heilig . . . 36
wer heirathet thut wol, wer nicht heirathet thut besser 174
Herodes und Pilatus sind freunde . . . 165
wer sich auf den herrn verlässt, w. b. . . . 79
der herr hats gegeben, der herr hats genommnen . . . 24
niemand kann zween herren dienen . . . 134
herren haben auch einen herren im himmel . . . 179
wess das herz voll ist, davon geht der mund über . . . 146
heute könig, morgen todt . . . 105
heute mir, morgen dir . . . 124
hochmut kommt vor dem falle . . . 56
hoffart des armen ist übel . . . 115
die hölle wird nie satt . . . 80
die hölle gibt nichts wieder . . . 95
aus der hölle kommt niemand wieder . . . 95
der weg zur hölle ist breit . . . 139
wer zu viel honig isst, speiet . . . 70
man soll das heiligthum nicht den hunden geben . . . 138
ein lebendiger hund ist besser als ein todter löwe . . . 91
der hund frisst das gespeiete wieder . . . 71

I.

Jacob's stimme, Esau's hände . . . 15
allerlei dienet nicht jedermann . . . 124
der jünger ist nicht über den meister . . . 144

K.

gebet dem kaiser, was des kaisers ist . . . 155
mit fremdem kalbe pflügen . . . 18
— weder kalt noch warm . . . 189
kameele verschlucken . . . 160
der kampf mit dem leben verglichen . . . 25
wer recht kämpft, wird gekrönt . . . 181
wer sein kind lieb hat, der züchtigt es . . . 120
man muss den kindern nicht das brot nehmen . . . 151

Seite

wer im kleinen treu ist, der ist es auch im grossen 165
ein knabe von hundert jahren 124
der knecht ist nicht über den herrn 144
wehe dir land, dess könig ein kind ist 93
des königs grimm ist ein bote des todes 56
wie stimmt Kristus mit Belial 176

L.

nach dem lachen kommt trauer 53
bleibe im lande und nähre dich redlich 38
wehe dir land, dess könig ein kind ist 93
ein jeder wird seine last tragen 177
zum laufen hilft nicht schnell sein 92
das leben ist ein streit 25
das leben ist ein schatten 31
das leben ist wie der wind 30
wer viel lehren muss, muss viel leiden 86
ein gesunder leib ist besser als viel gut 121
die letzten werden die ersten sein 154
man muss das licht nicht unter den scheffel stellen. 132
besser ein gericht kraut mit liebe als etc. 55
liebe ist stark wie der tod 94
liebe treibt die furcht aus 188
lass die linke hand nicht wissen, was die rechte gibt 132
lass dich einen anderen loben 75
das loos stillet den hader 62

M.

mann und weib sind ein leib 11
der mann ist des weibes haupt 175
ein böses maul verwirrt das land 119
halte mass in allen dingen 123
mit welcherlei mass ihr messet, wird euch wieder gemessen . . 136
der mensch ist staub 13
der mensch ist wie heu 40
alle menschen müssen sterben 182
der mensch stirbt nur einmal 182
der mensch siehet was vor augen ist, etc. 20
ein messer wetzt das andere 77
ein miethling achtet der schafe nicht 167
wie du mir, so ich dir 68
wer nicht mit mir ist, ist wieder mich 146
mohrenwäsche 125
er hat Mosen und die propheten 165
man schüttet nicht most in alte schläuche 143
mücken seigen 160
dem munde thür und riegel machen 119
was zum munde eingehet, sündigt nicht. 149

N.

ein nachbar in der nähe ist besser als zwei brüder in der ferne . 76
nackend bin ich von meiner mutter etc. 24
wer mit narren umgeht, hat unglück 51
ein narr antwortet, ehe er höret 61

Seite

auf des narren rücken gehört eine ruthe 47
dem narren gefällt seine weise 50
ein narr, wenn er schwiege, wäre weise 60
was soll narren geld in der hand, weisheit zu kaufen 60
schläge auf der narren rücken 47
einen narren im mörser zerstossen 78
dem narren ist ehre wie schnee im sommer 70
antworte dem narren nach seiner narrheit 71
ein narr schüttet alles auf einmal aus 79
narrenherz ist im maul 114
narrenrede ist wie ein eingefallenes haus 114
wer die nase hart schnäuzt, blutet 83
es geschieht nichts neues unter der sonne 85

O.

du sollst dem ochsen, der da drischet etc. 18
wo nicht ochsen sind, da ist die krippe rein 53
wer ohren hat zu hören, der höre 147
kein opfer ohne salz 161

P.

Paule, du rasest 170
wer pech angreift, besudelt sich 108
man soll die perlen nicht vor die säue werfen 138
wer seine hand an den pflug legt und zurücksieht 164
es kommt allzeit Pharao, der Joseph nicht kennt 16
Philister über dir 19
Pilatus und Herodes sind freunde 165
viel predigen macht den leib müde 94
ich bin kein prophet, sondern ein kuhhirt 126
ein prophet gilt nirgends weniger als etc. 148
prüfet alles und das gute behaltet 179

R.

thue nichts ohne rath 122
wo rath, da sieg 67
wie der rauch den augen, so der faule etc. 48
rauch und dampf geht vor dem feuer 114
recht muss doch recht bleiben 40
an der rede erkennt man den mann 118
reden hat seine zeit 87
nach regen folgt sonnenschein 126
das reich, wenn es uneins ist, wird wüste 145
reiche und arme müssen unter einander sein 67
dem reinen ist alles rein 182
richtet nicht, damit ihr nicht gerichtet werdet 135
der ruchlosen glück bringt sie um 42
besser eine hand voll mit ruhe, denn etc. 89
wer die ruthe schont, hasst seinen sohn 52

S.

wie du säest, wirst du ernten 178
wer kärglich säet, wird kärglich ernten 176

Seite

was der mensch säet, das wird er ernten 178
dieser säet, der andere schneidet 166
salz ist gut 161
wenn das salz dumm wird, womit soll man 131
auf den sand bauen 142
vier dinge sind nicht zu sättigen 80
die sau legt sich nach der schwemme wieder 187
ein wenig sauerteig durchsäuert den g. t. 172
ist Saul auch unter den propheten 19
du hast viel zu schaffen und wenig ausz. 98
einen schatz im himmel erwerben 152
wo euer schatz ist, da ist euer herz. 133
vergrabener schatz ist unnütz 112
was gott zusammenfügt, soll der mensch n. sch. 152
schelten bei verständigen ist mächtiger, als etc. 59
ein geschwätziges maul verwirrt ein ganzes land 119
schweigen hat seine zeit 87
seid klug wie die schlangen, doch ohne etc. 143
mit sehenden augen nicht sehen 148
jedes thier hält sich zu seinesgleichen 108
wer sich selbst nicht gut, wie sollte der etc. 109
der sieg kommt vom herrn 65
wer im sommer sammelt ist klug 46
sorge macht alt vor der zeit 121
splitterrichter 137
wider den stachel löken 169
die stadt auf einem berge mag nicht verb. s. 131
zum streite hilft nicht stark sein 92
starke bedürfen des arztes nicht 142
wer da steht, mag sehen, dass er nicht f. 175
wer den stein in die höhe wirft, dem etc. 118
besser ein mensch sterbe, denn das g. v. v. 166
der mensch stirbt nur einmal 182
alle menschen müssen sterben 182
stolzer mut kommt vor dem fall 56
wider den strom schwimmen 100
suche so wirst du finden 139
kein mensch ist ohne sünde 22
womit jemand sündigt, damit wird er gepl. 95

T.

ein tag im himmel ist wie tausend jahre 187
ein jeglicher tag hat seine eigene plage 135
den teufel durch Beelzebub austreiben 164
thorheit ist zuweilen besser als weisheit 92
die mit thränen säen, werden mit freuden ernten 41
was du thust, thue bald 168
wie man mir thut, so will ich wieder thun 68
wie ihr wollt, dass euch die leute thun sollen, etc. 162
einen tod kann man nur sterben 182
niemand ist vor dem tode zu rühmen 106
der tod ist der sünden sold 171
lasst die todten ihre todten begraben 142
wer todt ist kommt nicht wieder 95
man kann nicht trauben von dornen lesen 140

Seite

träume sind nichts 123
sei treu bis in den tod, so will ich dir etc. 189

R.

nach ungewitter kommt sonnenschein 126
wer unglück fürchtet, dem wird es begegnen 48
wer nach unglück ringt etc. 49
wer unrecht säet, wird übel ernten 176
die hände in unschuld waschen 37

V.

des vaters segen bauet den kindern häuser etc. 98
alles verborgene kommt an's licht 144
der gerechte erbarmt sich seines viehes 49
viel worte, viel sünde 47
wol dem volk, das gott zum herrn hat 38

W.

weder warm noch kalt 189
die hände in unschuld waschen 37
verstolne wasser sind süss 45
ein zänkisches weib gleicht einer dachtraufe 76
weiberlist geht über alle list 116
weiberbosheit ist die schlimmste 117
weiber bethören die weisen 111
erst guten wein, dann schlechten 165
wein und weiber bethören die weisen 111
nach weinen folgt freude (lachen) 53
wer mit weisen umgehet, wird weise 51
sei nicht allzu weise 191
die weisheit lässt ihre stimme hören 42
weisheit ist besser als gold 43
weisheit ist besser als stärke 92
weisheit kommt nicht in eine boshafte seele 95
weisheit dieser welt ist vor gott thorheit 172
die welt räumen 173
der welt freundschaft, gottes feindschaft 185
wir haben nichts in die welt gebracht etc. 180
besser wenig mit gerechtigkeit, als viel etc. 56
das werk lobt den meister 105
wer auf den wind achtet, hört nicht 94
wissen blähet auf 174
wolken und wind ohne regen 69
viel worte, viel sünde 47
worte thun oft mehr als schläge 59
thut nach ihren worten, nicht nach ihren werken 156

Z.

zahn um zahn 17
alles ist zu seiner zeit gut 124
schicket euch in die zeit 171
alles hat seine zeit 86
durch zweier oder dreier zeugen mund etc. 151
wer zum zorn reizt, zwingt hader heraus 83
besser den zorn ertragen, als burgen erfechten 58
eine böse zunge verwirrt ein ganzes land 119
zwei ist besser als eins 89
zwei wärmen sich bald 89

Verzeichnis der biblischen stellen.

		Seite
Genesis	2, 24. . . .	10
—	3, 19. . . .	13
—	4, 10. . . .	14
—	9, 6. . . .	15
—	27, 22. . . .	15
exodus	1, 8. . . .	16
—	9, 18. . . .	16
—	10, 22. . . .	16
—	15, 3. . . .	16
—	21, 24. . . .	17
deuteron.	5, 19. 21. . . .	17
—	10, 17. . . .	170
—	25, 4. . . .	18
judicum	14, 18. . . .	18
—	16, 9. 12. 14. .	19
I Samuelis	10, 12. . . .	19
—	15, 22. . . .	20
—	16, 7. . . 20.	170
—	24, 14. . . .	21
I regum 8, 46. . . 22.		185
II paralip. 19, 7. . . .		170
—	25, 9. . . .	23
Job	1, 21.	24
—	7, 1.	25
—	7, 7.	30
—	8, 9.	31
—	12, 14.	32
—	14, 12.	31
—	22, 29.	158
—	22, 29.	186
—	28, 28.	32
—	34, 19.	170
—	39, 30.	33
psalm.	4, 4.	34
—	7, 16.	72
—	9, 16.	72
—	16, 8.	36
—	17, 26. 27. . . .	36
—	18, 26.	51
—	25, 6.	37
—	32, 12.	38
—	33, 20.	38

		Seite
psalm.	36, 3.	38
—	62, 10.	39
—	75, 10.	39
—	84, 11.	187
—	89, 4.	187
—	89, 6.	40
—	90, 5.	40
—	94, 15.	40
—	101, 12.	31
—	111, 10.	32
—	119, 19.	40
—	125, 5.	41
—	126, 2.	41
—	144, 15.	38
prov.	1, 7.	32
—	1, 10.	42
—	1, 20.	42
—	1, 24.	42
—	1, 32.	42
—	3, 12.	43
—	3, 14.	43
—	6, 6.	44
—	6, 27.	44
—	8, 10.	43
—	9, 10.	32
—	9, 17.	45
—	10, 2.	46
—	10, 5.	46
—	10, 13.	47
—	10, 19.	47
—	10, 24.	48
—	10, 26.	48
—	11, 27.	49
—	12, 10.	49
—	12, 11.	49
—	12, 15.	50
—	13, 7.	51
—	13, 20. . . . 36.	51
—	13, 22.	78
—	13, 23.	52
—	13, 24. . . . 52.	120
—	14, 4.	53

		Seite
prov.	14, 13.	53
—	15, 1.	54
—	15, 17.	55
—	15, 33.	61
—	16, 8.	56
—	16, 14.	56
—	16, 18.	56
—	16, 32.	58
—	17, 3.	96
—	17, 10.	59
—	17, 16.	60
—	17, 28.	60
—	18, 12.	61
—	18, 13.	61
—	18, 18.	62
—	19, 4.	62
—	19, 13.	76
—	19, 17. . . . . 64.	78
—	19, 24.	64
—	19, 25.	59
—	19, 29.	47
—	20, 4.	65
—	20, 17.	45
—	21, 13.	65
—	21, 31.	65
—	22, 1.	66
—	22, 2.	67
—	22, 7.	67
—	24, 6.	67
—	24, 29. . . . . 68.	162
—	25, 14.	69
—	25, 15.	54
—	25, 16.	70
—	25, 27.	70
—	26, 2.	70
—	26, 3.	47
—	26, 5.	71
—	26, 11. . . . . 71.	187
—	26, 14.	72
—	26, 15.	64
—	26, 27.	72
—	27, 2.	75
—	27, 10.	76
—	27, 15.	76
—	27, 17.	77
—	27, 20.	80
—	27, 22.	78
—	28, 8.	78
—	28, 19.	49
—	28, 27. . . . . 64.	78
—	29, 11.	79
—	29, 23.	158
—	29, 25.	79
—	30, 15.	80
—	30, 15. 16.	80
—	30, 33.	83

		Seite
eccles.	1, 2.	83
—	1, 4.	84
—	1, 10.	85
—	1, 15.	85
—	1, 16.	32
—	1, 18.	86
—	2, 26.	78
—	3, 1.	86
—	3, 7.	87
—	3, 15.	88
—	4, 6.	89
—	4, 9. 10. . . .	89
––	4, 11.	89
—	5, 4.	90
—	5, 9.	90
—	5, 14. . . . . 24.	180
—	7, 17.	91
—	7, 21.	22
—	9, 4.	91
—	9, 11.	92
—	9, 16. 18. . . .	92
—	10, 1.	92
—	10, 8.	72
—	10, 14.	93
—	10, 19.	93
—	11, 4.	94
—	12, 12.	94
cantic.	8, 6.	94
sapient.	1, 4.	95
—	1, 16.	32
—	2, 1. 5. . . .	95
—	3, 6.	96
—	6, 8.	170
—	11, 17.	96
ecclstc.	1, 14.	96
—	2, 5.	96
—	3, 11.	98
—	3, 24.	98
—	3, 25.	98
—	3, 27.	98
—	3, 33.	99
—	4, 32.	100
—	5, 14.	24
—	6, 7.	100
—	6, 14.	101
—	7, 20.	103
—	7, 40.	102
—	9, 14.	103
—	9, 15.	105
—	9, 24.	105
—	10, 12.	105
—	11, 30.	106
—	11, 34.	107
—	13, 1.	108
—	13, 19. 20. . . .	108
—	14, 5.	109

	Seite			Seite
ecclstc. 18, 20.	161	Matth. 9, 13.		20
— 18, 22.	110	— 9, 17.		143
— 19, 2.	111	— 10, 10.		143
— 19, 4.	112	— 10, 16.		143
— 20, 32.	112	— 10, 22.		144
— 21, 21.	114	— 10, 24.		144
— 21, 29.	114	— 10, 26.		144
— 22, 30.	114	— 12, 7.		20
— 22, 33.	119	— 12, 25.		145
— 25, 3. 4. . . .	115	— 12, 30.		146
— 25, 18.	116	— 12, 33. . . . 141.		146
— 25, 26.	117	— 12, 34.		146
— 27, 8.	118	— 13, 9.		147
— 27, 10.	108	— 13, 12.		148
— 27, 28.	118	— 13, 13.		148
— 27, 29.	72	— 13, 57.		148
— 28, 16.	119	— 15, 11.		149
— 28, 28.	119	— 15, 14.		149
— 30, 1. 12. . . 52.	120	— 15, 26.		151
— 30, 15.	121	— 18, 16.		151
— 30, 26.	121	— 19, 6. . . . . 11.		152
— 32, 24.	122	— 19, 21.		152
— 34, 5.	123	— 19, 26.		153
— 35, 15.	170	— 19, 30.		154
— 38, 22.	95	— 20, 16. 22, 14. . .		154
— 38, 23.	124	— 22, 21.		155
— 39, 40.	124	— 22, 40.		156
Jesaias 40, 6.	40	— 23, 3.		156
— 65, 20.	124	— 23, 12.		158
Jerem. 13, 23.	125	— 23, 24.		160
Ezech. 16, 24.	158	— 24, 13.		144
Amos 7, 14.	126	— 24, 28.		33
Zachar. 13, 9.	97	— 25, 29.		148
Tobias 3, 22.	126	— 26, 41.		161
Matth. 3, 10.	129	Marc. 2, 17.		142
— 4, 4.	130	— 2, 22.		143
— 5, 7.	130	— 3, 25.		145
— 5, 13.	131	— 4, 21.		132
— 5, 14.	131	— 4, 22.		144
— 5, 15.	132	— 4, 24.		136
— 5, 38.	17	— 4, 25.		148
— 6, 3.	132	— 6, 4.		148
— 6, 21.	133	— 9, 40.		146
— 6, 24.	134	— 9, 49. 50. . . .		161
— 6, 34.	135	— 9, 50.		131
— 7, 1.	135	— 10, 7.		11
— 7, 2.	136	— 10, 21.		152
— 7, 5.	137	— 10, 27.		153
— 7, 6.	138	— 10, 31.		154
— 7, 7.	139	— 12, 17.		155
— 7, 12.	162	— 13, 13.		144
— 7, 13.	139	Luc. 1, 37.		153
— 7, 16.	140	— 3, 9.		129
— 7, 18.	142	— 4, 23.		161
— 7, 26.	141	— 4, 24.		148
— 8, 22.	142	— 5, 31.		142
— 9, 12.	142	— 5, 37.		143

			Seite
Lucae	6, 31.	. . . . .	162
—	6, 37.	. . . . .	135
—	6, 38.	. . . . .	136
—	6, 38.	. . . . .	163
—	6, 39.	. . . . .	149
—	6, 40.	. . . . .	144
—	6, 42.	. . . . .	137
—	6, 44.	. . . 140.	146
—	6, 45.	. . . . .	146
—	8, 17.	. . . . .	144
—	8, 18.	. . . . .	148
—	9, 60.	. . . . .	142
—	9, 62.	. . . . .	164
—	10, 7.	. . . . .	143
—	11, 15.	. . . . .	164
—	11, 17.	. . . . .	145
—	11, 23.	. . . . .	146
—	12, 34.	. . . . .	133
—	12, 48.	. . . . .	164
—	13, 30.	. . . . .	154
—	14, 11.	. . . . .	158
—	14, 34.	. . . 131.	161
—	16, 10.	. . . . .	165
—	16, 13.	. . . . .	134
—	16, 29.	. . . . .	165
—	17, 37.	. . . . .	33
—	18, 14.	. . . . .	158
—	18, 22.	. . . . .	152
—	18, 27.	. . . . .	153
—	19, 26.	. . . . .	148
—	20, 25.	. . . . .	155
—	23, 12.	. . . . .	165
Joh.	2, 10.	. . . . .	165
—	3, 20.	. . . . .	166
—	4, 37.	. . . . .	166
—	4, 44.	. . . . .	148
—	8, 17.	. . . . .	151
—	10, 13.	. . . . .	167
—	10, 50.	. . . . .	167
—	13, 27.	. . . . .	168
acta	5, 29.	. . . . .	168
—	9, 5.	. . . . .	169
—	10, 34.	. . . . .	170
—	20, 35.	. . . . .	170
—	26, 24.	. . . . .	170
Rom.	2, 11.	. . . . .	170
—	2, 19.	. . . . .	149
—	6, 23.	. . . . .	171
—	12, 11.	. . . . .	171
—	12, 21.	. . . . .	171
—	13, 7.	. . . . .	172
I Cor.	1, 20.	. . . . .	172
—	3, 19.	. . . . .	172
—	5, 6.	. . . . .	172
—	5, 10.	. . . . .	173
—	7, 7.	. . . . .	173

			Seite
I Cor.	7, 9.	. . . . .	173
—	7, 38.	. . . . .	174
—	8, 1.	. . . . .	174
—	9, 9.	. . . . .	18
—	9, 13.	. . . . .	174
—	10, 12.	. . . . .	175
—	11, 3.	. . . . .	175
—	15, 33.	. . . . .	175
II Cor.	3, 6.	. . . . .	176
—	6, 15.	. . . . .	176
—	9, 6.	. . . . .	176
—	9, 7.	. . . . .	177
—	13, 1.	. . . . .	151
Galat.	2, 6.	. . . . .	170
—	5, 9.	. . . . .	172
—	6, 5.	. . . . .	177
—	6, 7.	. . . . .	178
Ephes.	3, 23.	. . . . .	175
—	5, 16.	. . . . .	171
—	5, 31.	. . . . .	11
—	6, 9.	. . . . .	170
—	6, 9.	. . . . .	179
Coloss.	3, 5.	. . . . .	171
—	3, 25.	. . . . .	170
—	4, 1.	. . . . .	179
I.Thess.	5, 21.	. . . . .	179
II. Th.	3, 10.	. . . . .	180
I. Tim.	5, 18.	. . . 18.	143
—	6, 7.	. . . . .	180
—	6, 10.	. . . . .	180
II. Tim.	2, 5.	. . . 181.	189
Tit.	1, 15.	. . . . .	182
Ebr.	6, 16.	. . . . .	182
—	9, 27.	. . . . .	182
—	11, 1.	. . . . .	183
—	12, 6.	. . . . .	43
Jac.	1, 12.	. . . . .	183
—	1, 17.	. . . . .	183
—	2, 17.	. . . . .	184
—	3, 2.	. . . 22.	185
—	4, 4. 5.	. . . . .	185
—	4, 6.	. . . . .	186
I. Petr.	1, 7.	. . . . .	97
—	1, 17.	. . . . .	170
—	1, 24.	. . . 40.	186
—	5, 5.	. . . . .	186
II.Petr.	2, 17.	. . . . .	69
—	2, 22.	. . . 71.	187
—	3, 8.	. . . . .	187
I. Joh.	4, 1.	. . . . .	188
—	4, 18.	. . . . .	188
Jud.	v. 12.	. . . . .	69
apoc.	2, 10.	. . . 181.	189
—	3, 15.	. . . . .	189
—	3, 18.	. . . . .	97
—	3, 19.	. . . . .	43

Verbesserungen.

S. 17. Z. 7 v. u. Suso statt Suss.
S. 22. Z. 9 v. u. perfectus statt perfiectus.
S. 40. Mitte — ps. 90. 5 statt Job 90, 5.
S. 46. prov. 10, 5 statt prov. 10, 15.
S. 111. (sp. nr. 156, Z. 2.) Kero statt Kerr.

Das Sprichwort bei Peter Lang

Wolfgang Mieder
Proverbs in Literature: An International Bibliography
3-261-3034, 1978, 154 S., brosch./lam.
sFr. 32.40

Wolfgang Mieder (Hrsg.)
Ergebnisse der Sprichwörterforschung
3-261-2935, 1978, 256 S., brosch./lam.
sFr. 81.60

Friedrich Petri (Peters) – Der Teutschen Weißheit
Herausgegeben u. eingeleitet von Wolfgang Mieder
Nachdrucke deutscher Literatur des 17. Jahrhunderts, Bd. 46
3-261-3246-4, 1983, 1126 S., geb.
sFr. 280.—

Christoph Lehmann
Florilegium Politicum
Politischer Blumen Garten
Faksimiledruck der Auflage von 1639
Herausgegeben und eingeleitet von Wolfgang Mieder
Nachdrucke Deutscher Literatur des 17. Jahrhunderts, Bd. 61
3-261-04092-0, 1050 S., geb.
sFr. 208.—

Karl Friedrich Wilhelm Wander – Das Sprichwort
betrachtet nach Form u. Wesen, für Schule u. Leben, als Einleitung zu einem
großen volksthümlichen Sprichwörterschatz
Sprichwörterforschung, Bd. 1
3-261-03249-9, 1983, 247 S., brosch./lam.
sFr. 68.—

Wolfgang Mieder (Hrsg.)
Deutsche Sprichwörterforschung des 19. Jahrhunderts
Dieser Neudruck, der ausschliesslich sehr schwer zugängliche Schriften, ent-
hält, wird die Sprichwörterforschung des 19. Jahrhunderts summieren. Er
dürfte deshalb nicht nur von historischem Interesse sein, sondern auch der
neueren Forschung nützen.
Sprichwörterforschung, Bd. 2
3-261-03433-5, 1984, 345 S., brosch./lam.
sFr. 92.—

Oswald Robert Kirchner
Parömiologische Studien
Diese beiden Schriften von Kirchner (mit einer Einleitung und Anmerkungen
von Wolfgang Mieder, Hrsg.), sind der Höhepunkt der Sprichwörter-
forschung des 19. Jahrhunderts.
Sprichwörterforschung, Bd. 3
3-261-03434-3, 1984, 183 S., brosch./lam.
sFr. 58.—

Wolfgang Mieder
Investigations of Proverbs, Proverbial Expressions, Quotations and Clichés
A Bibliography of Explanatory Essays which appeared in *Notes and Queries*
(1849–1983)
Sprichwörterforschung, Bd. 4
3-261-03435-1, 1984, 424 S., brosch./lam.
sFr. 88.60

Wolfgang Mieder
Sprichwort, Redensart, Zitat – Tradierte Formelsprache in der Moderne
Die 19 Studien dieses Bandes umfassen Abhandlungen über Thomas Mann,
Carl Zuckmayer, Günter Grass u.a. Besondere Aufmerksamkeit wird auch
Ausdrücken wie «Der Apfel fällt nicht weit vom Stamm», «Last but not least»
u.a. gewidmet.
Sprichwörterforschung, Bd. 5
3-261-4009-2 1985, 203 S., brosch./lam.   sFr.   58.—

Wolfgang Mieder (Hrsg.)
Archer Taylor, The Proverb and an Index to «The Proverb»
With this reprint of Archer Taylor's celebrated book (1931) and his «An Index
to 'The Proverb'» (1934), the classic and comprehensive study on paremiology
is once again available. It deals with definition problems, metaphorical pro-
verbs, proverbial types, variants, proverbs in folk narratives and literature,
loan translations and the classical or Biblical origin of many proverbs. The
large index contains many comparative and bibliographical notes on major
European proverbs, and together with «The Proverb» it represents to this day
the undisputed standard work on modern international paremiology.
Sprichwörterforschung, Bd. 6
3-261-04049-1, 1985, 416 S., brosch./lam.   sFr.   66.—

Thomas Scherer
Phraseologie im Schulalter
Untersuchung zur Phraseologie deutschschweizerischer Schüler und ihrer
Sprachbücher.
Europäische Hochschulschriften, Reihe 1: Deutsche Sprache und Literatur,
Bd. 515
3-261-5015-2, 1982, 167 S., brosch.   sFr.   35.—

Theres Gautschi
Bildhafte Phraseologismen in der Nationalratswahlpropaganda
Untersuchungen zum Vorkommen und zum Gebrauch von bildhaften Phra-
seologismen in der Nationalratswahlpropaganda der FDP, SVP und der SP
des Kantons Bern von 1919–1979
Europäische Hochschulschriften, Reihe 1: Bd. 536
3-261-5034-9, 1982, 224 S., brosch.   sFr.   49.30

Heinz Geyr
Sprichwörter und sprichwortnahe Bildungen im dreisprachigen
Petersburger Lexikon von 1731
Symbolae Slavicae, Bd. 13
3-8204-6136, 1981, 234 S., brosch.   sFr.   46.45

Roland Richter
Georg Rollenhagens Froschmeuselers: Ein rhetorisches Meisterstück
Europäische Hochschulschriften, Reihe 1: Deutsche Sprache und Literatur,
Bd. 109
3-261-01494-6, 1975, 139 S., brosch./lam.   sFr.   39.70

4015 071

Preisänderungen vorbehalten